ディエゴ・マラドーナの真実

追悼・増補版

MARADONA
The Hand of God
Jimmy Burns

ジミー・バーンズ著
宮川 毅訳

ベースボール・マガジン社

神様がぼくをいいプレーヤーにしてくださったのだ。
グラウンドに出る時、いつも十字を切るのはそのためだ。
やらないと、神様を裏切ったような気がするのだ。

ディエゴ・マラドーナ

ディエゴ・マラドーナの真実　追悼・増補版　目次

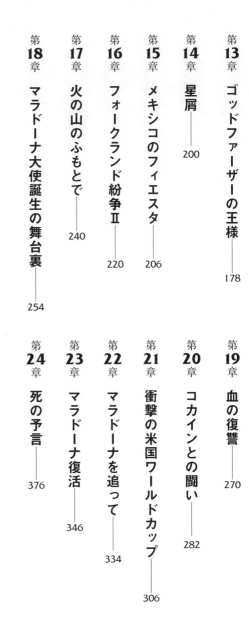

序章

これは天からたぐい稀なる才能を授かり、自らを「神」と信じたがゆえに苦難の道を歩いた、ひとりの天才サッカー選手のストーリーである。

そのディエゴ・マラドーナが１９６０年に生まれて今日までの三十余年の生涯は、かつては遊び半分のレジャー・スポーツだったサッカーが、劇的に様変わりしてきた時期をそのまま反映している。サッカーは、いまや選手はじめ、所属クラブの監督、役員、さらにはサポーターまでもが、メディアと商業利益にさらされる世界的規模のスポーツに変貌している。マラドーナは、「自分は大衆の中に生まれ、大衆のためにプレーをしている」と言う。しかし、その実は法外な移籍料、テレビ放映権料、さらにはスポンサーシップとマーケティングによって、莫大な金を動かす『マネー・マシン』に欠かせない、重大な役割を務めてきたのである。

著者である私の体内にはスペイン人の血とイギリス人の血が半々、ほんのちょっぴりイタリア人の血も混じっている。だから幸いにも私は、ニューキャッスルやバルセロナを応援する日もあれば、別の日にはミランやボカ・ジュニアーズに声援を送ることもできる。ここから私は、サッカーが本来的に普遍性を持っているという哲学を抱くようになっている。

その中で私がとりわけマラドーナという人間にひかれたのは、私がスペインで生まれ、欧州、南米にわたる文化の中で成長したことが大きな理由である。むろん、マラドーナという人間を理解するには、彼から、まるで無尽蔵のようにわき出た魔法のプレーの数々、彼の持つカリスマ性、そして彼がいかにファンの心をつかみ、相手チームの敵愾心《てきがいしん》を煽《あお》る術を心得ていたかを知っていることが先決である。これについては、同時代のほかのどの選手にも見られないほど、ジャーナリストたちは、彼についておびただしい記事や論評を書いてきた。

しかし、本書では、マラドーナの才能を証明する典型的なゲームをいくつかは引き合いに出したものの、この天才選手がいかに絶妙な動きでゴールを決めたかということを主眼にはしていない。私の主たる関心は、ひとつの特異な社会的、政治的、そして宗教的な現象としてのマラドーナを徹底追及することであった。つまり、サッカーのスクリーンの向こうにいるマラドーナ、彼のプロ・サッカーの人生が始まってからのさまざまな神話、彼を取り巻く利権集団、彼が生まれたアルゼンチンの迷信と政治的陰謀、そしてワールドカップにおける薬物に関連した医師団やサッカー関係者の共謀についての真相解明が私の目的だった。

それだけに資料を集めるに当たっては、あらゆる場所に飛んで行かねばならず、また――時には危険を覚悟で――踏み込んだ調査も行った。さらに、ディエゴ・マラドーナが自分の周りに張りめぐらせた世界

――秘密主義、宣伝、自己欺瞞《ぎまん》――の壁を突き破っての取材では、多くの人の協力を必要とした。そうしたことにより私はマラドーナに教えられたとも言える。彼のことを取材したおかげで、サッカーの存在理由、あるいは逆に存在理由をなくさせている理由、そして暗い谷底に落ちた時の救いにもなることを教えられることにもなった。

真実を究めるために録音テープが無尽蔵に必要だったが、私は、それだけの資金、我慢、そして純粋さに欠けたかもしれない。しかし、取材半ばにマラドーナの麻薬中毒のカウンセリングを担当した精神分析医が、「この本を書き上げた時には、おそらく私が知っている以上のことを、あなたは発見しているだろう」と言ってくれた。

さらに、私が書くことを決意したのは、ある友人の言葉だった。元アルゼンチン代表選手のオッシー・アルデイレスは私にこう忠告したのだ。

「ディエゴについて本を書く場合に重要なのは、真実というのは常に痛みを伴うということを忘れないことだ」

（1996年発行の日本語版初版より）

ディエゴとともに死す

ここからの序文は、ふたつの物語、いやむしろふたつの物語がひとつになったものだ。そのふたつの物語は、ディエゴ・マラドーナの言動をまとめたこの非公認の自伝が出版された物語、彼の自伝を書き始めてから私の人生の中に起きた不思議な変化の物語だ。プロ・サッカー界の悲劇的な天才と出会ったおかげで著すことができた物語だ。

この本が書店に並び始めた1996年9月初旬、マラドーナはがロンドンへ来ることを決め、自身の物語の続きを進めようとしていた。彼は薬物によるノイローゼを発症していたが、一時的に人生の情熱を取り戻したのだ。その頃、私は、鬱屈とした日々を過ごしていた。

マラドーナは、小学生に向けた国際サッカーフェスティバルのスターゲストとしてロンドンに行く。だが、ただ子供たちとボールを蹴るためだけに、ロンドンに来るとは思えない。私を精神的にも肉体的にも、合法的にボコボコにするためにロンドンへ向かっているのだ。

土曜日の夜遅く、マラドーナが夕餉をとっているというレストラン「サンロレンゾ」に、屈強な体躯のガールフレンドふたりをボディガードにして向かった。サンロレンゾはナイツブリッジのハロッズの近くにある。金持ちか何か賞を獲得した人物でなければ縁のない場所だ。ディエゴは酒を飲んでいた。彼は、なぜそこに私がいたのか分かっていないようだった。私と面識があったことさえも、ブエノスアイレスからナポリ、バルセロナ、パリを経由し、ここまで追って、彼についての本を書いていたことも覚えていない様子だった。

ロシアンルーレットで相手に拳銃を渡すかのように本を手渡すと、マラドーナはぱらぱらとページをめくり、ジュニアーノ一家（ナポリのマフィアの頭）とポーズをとっている写真を目にしてほくそ笑んだ。私の存在を無視したまま、本を閉じてテーブルの上を滑らせてマネジャーのギジェルモ・コッポラに渡した後、「お前は、何てクソ野郎だ！」と、おそらく私に言い放った。「お前は俺が何を隠そうとしていたのか見つけ出そうと必死だったんだろ。その俺にお前はかける言葉もないのか！」。その後、コッポラが私のガールフレンドのひとりを指さしながら、「マラドーナはあのイングランド人をよく思っていない」と威圧的にささやいた。私はルーレットがいま回り始めたことに気づいた。

翌日、私はスペインのテレビ局から出演依頼を受け、その4日後、マドリードに飛んだ。マラドーナは薬物治療を受けるためにロンドンからスペイン南部のアリカンテに向かった。アリカンテでマラドーナは、地元ラジオ局で直近の薬物治療について告白し、私の本を叩きつけて「バーンズはまったくダメなやつだ。俺を打ちのめしやがった」と激怒し、本に協力した選手、監督、代理人の名前をあげ、法的処置を辞さないと脅した。数時間後、ナイトクラブに繰り出したマラドーナは、翌朝ホテルに帰ってきた際、電気施設の故障による停電のためにエレベーターに閉じ込められて、大暴れをした。エレベーター内を足から血が出るまで蹴り倒し、救出されてからはテーブルやイスを壊してわめき続けた。保険会社から派遣された担当者に「お前の仕事はクソの塊だ！」と叫んだ。

この出来事は、マラドーナがアメリカ・ワールドカップ中のドーピング陽性で15カ月の出場停止を科せられて、古巣のボカ・ジュニアーズに復帰してからちょうど1年後のことだ。ある意味、デジャブーだ。マラドーナの人生は、スターダムと恥辱の間を大きく揺れ動いている。マラドーナの近しい友人でさえ、「こんな状態が続くなら、近々亡くなってしまうのではないか」と漏らすようになっていた。

私はスペインで最も人気のあるテレビ番組に臨んだ。この出演は、私にとっては悪魔との協定のようなものだ。スペインで私の著書を宣伝するチャンスを得た代わりに、お粗末なコメディやちょっとしたポルノを交えた番組に出演することに合意したのだ。

出番がやってきた。インタビューアーはマラドーナのネガティブな面にだけ焦点を当てる質問をした。私に重傷を負った天才にとどめを刺してほしいと思っているようだったが、彼の人生を陥れてきたのは医者やマネジャー、政治家たちであり、犠牲者であるマラドーナへの同情を表して、和解の気配がするような形で終わらせた。

そして、マラドーナはスペインからブエノスアイレスに、私はロンドンに戻った。マラドーナはこの先、永遠に続くのではないかと思われる薬物治療を受ける。彼を陥れようとする悪魔との戦いは年々より頻繁にやってくる。体は衰えもう2度とかつてのようなプレーはできない。私もまた、別の面でマラドーナと一緒にもがいていた。この本が物凄い関心を集めていると編集者が教えてくれたが、その本は私にまったく違うものを思い出させてくれるものになったのだ。大きな痛みを抱えるこの本を、過去のものにすることができないでいた。

ロンドンに冬の寒さがやってきた。本の宣伝が終わったと思った時、突然電話が鳴った。アルゼンチンのジャーナリストたちが、マラドーナの近年の堕落についてどう思っているのか聞きたがっていた。コッポラが逮捕され、麻薬密売の主要関係者という疑いをかけられ、私の本に対する世間の興味は大きく膨れ上がった。マラドーナは、友人や親友が投獄されていることを悲しみ、この動きはすべて自分に対する大きな陰謀で、私の本もその中に含まれていると思っていた。私が取材した人の何人かに、マラドーナの弁護士から、発言を撤回するよう圧力をかける手紙が届いていた。

だが、コッポラが警察の罠にはめられたことが判明すると、起訴は取り下げられた。この調査結果が発表される前に、マラドーナは一瞬人々の前に現れ、自身とマネジャーは無実であると発表した。その時、裁判所の事務官やスタッフたちがサインと記念撮影をお願いしたという。マラドーナの人気がいまなお不滅であることが分かる出来事だ。

このように過去の称賛によってマラドーナは、善悪を超越した存在として、アルゼンチンでとてつもない権力を手に入れていた。だからこそ、アルゼンチンの編集者から、この機会に本の宣伝活動をしようと誘われた時に、私はそれに飛びついた。私はいまでも彼に魅了されている。私の中の何かが、マラドーナと同じレベルに近づいていると感じている。取材対象者と取材者は、だれの領域でもなく、すべてが始まった彼の領域で、予想したこともない方法で、それを解決しなければならないのだ。

97年4月2日、ブエノスアイレス行きの旅客機に乗る準備をしていた。15年前のこの日は、アルゼンチンとイギリスの間でフォークランド紛争が勃発した日だ。日付の一致に不安がよぎった。出発の数日前、ロンドンのオフィスに、フォークランド戦争の退役軍人を名乗る人物から殺害予告が届いていたのだ。警察に助けを求めたが、にべもなく断られていた。

ビクトリア駅の空港チェックインカウンターに向かうと、「車椅子が必要という情報がありますが?」と尋ねられた。私はしっかり両足で立っているのに。私は頭の中でマラドーナのいたずらではないかと訝しんだ。空港でも名前が呼ばれて同様に尋ねられ、マラドーナのいたずらだと確信した。

ブエノスアイレスに到着すると、出版社の広報担当が卒倒しそうな表情で言った。

「こんな経験は初めてです。だれもこの本に手を出そうとしません。みんなアンチ・マラドーナと疑われたくないのです。どうもマフィアが絡んでいそう…」

数時間後、早速、新聞社からインタビュー取材が入った。ホテルのロビーで話をしていると、元アルゼンチン代表監督のカルロス・ビラルドの姿が目に飛び込んできた。私は彼に、86年のメキシコ・ワールドカップの大会展望を取材したことがある。マラドーナはそれが気に入らないようで、弁護士に頼んで、ビラルドと私が取材したほかの人たちに手紙を書かせ、私に話した内容を否定しない限り、行動を起こすと脅していた。私は、ビラルドに挨拶して取材のお礼を伝えようと思い、「やあ、カルロス。ディエゴのことを聞きに来たジミー・バーンズを覚えているかい？」と言って友好的に手を差し出した。ビラルドは一瞬手を差し出したが、すぐに私に気付いて手を引っ込めた。「ああ、覚えているさ。お前はくそ野郎だ。さっさとこの国か出ていけ！」と罵倒して立ち去った。

翌朝の新聞にこのやりとりが記事として出た。「この本がアルゼンチンで出版されることは簡単ではないと警告を受ける」と書かれた。

ブエノスアイレス3日目。アルゼンチンメディアの超現実主義に煽られて、マラドーナがコカインでダウンした時のような、パラノイアの気分になっていた。この日はラジオの生放送が入っていた。電話インタビューが始った。ある女性が「バーンズは私たちにとって唯一のものを奪いに来たんだと思う」と言えば、ほかの投稿者は「お前はクソ野郎だ！」と続ける。すると、刑務所から解放されたばかりのギジェルモ・コッポラが登場した。コッポラは危険だ。「バーンズはウソツキだ。この本の内容すべてがでたらめだ」とリスナーたちに宣言する。ざわつく中で「この本を読んだのか？」と尋ねると、コッポラは読んでいないことを認めた。

4日目。マラドーナがチリでのテレビ番組中に倒れた。薬物の過剰摂取か？　心臓発作か？　いや大丈夫だ、スタジオが熱かっただけだと、コッポラが言っていた。出版社の広報担当が、私と話をしたいという地元ジャーナリストをたくさん見つけてきた。

5日目。アルゼンチンの人気サッカー番組の録画インタビューだった。質問したジャーナリストは、私の答えのほとんどが編集されることを認めた。「本に書かれた政治、麻薬、マフィアは、微妙なテーマだ。マラドーナが反発するかもしれないから放送しない」と言った。

続いてまた電話インタビュー。コッポラはまたしてもが専門家として呼ばれていた。このときもコッポラは私をウソツキだと非難した。続けて、95年に取材したマラドーナの元公認会計士マルコス・フランキが出てきた。彼も当時、私の取材を受けていたので、私を罵った。

その後、地元の弁護士に会いに行った。フォークランド紛争後の軍事政権の人権侵害を巡る裁判の取材で仲良くなった弁護士で、当時は副州検察官だった。いまはテレビキャスターを務め、私とフランキが番組に登場できるように調整してくれた。その番組は、言いたいことが言えるように、出演者は事前に法的処置をとることを禁じる書類にサインをする。自分の正当性を証明するチャンスとなると思い、そのオファーに惹かれたが、フランキは私の取材を受けたことは認めたものの、番組の出演をキャンセルした。

6日目。ブエノスアイレスのショッピング街で、表紙のマラドーナと同じようなポーズをとるようにとカメラマンに頼まれた。細身のスーツを着たスポーツ選手らしくない姿で、このポーズは滑稽だ。すべての〝サーカス〟に疲れてきたので、ノーマン・メイラー著の「性の囚人」について考えることにした。性の囚人ならぬ、「マラドーナの囚人」の名声は、毎週、何度も電話が鳴り、望んでもいないインタビュー依頼が届くことだった。

今度はエビータ・ペロンが埋葬されている霊園近くの広場に連れてこられた。そこでは野球帽をかぶり、大きなマイクを持った男が、マラドーナ陣営を代表してまた打撃を与えてきた。私（が本を著すこと）の権利を無視して「もし、突然アルゼンチン人がチャールズ皇太子とダイアナ妃について本を出版したら、イギリス人はどう思うか？」と質問してきた。私は、「きっと喜ぶと思うよ！」と答えておいた。

7日目。ブエノスアイレスでの最後の夜、翌日、朝食時に最後のインタビューがあることをすっかり忘れてしまった。音楽、アルコール、女性、街灯の下で大麻を吸う人……その夜は典型的なマラドーナの夜と言えるかもしれない。ラプラタ川の夜明けを見ているうちに、インタビューが始った。私とマイクだけで、静かに、そして威嚇するように。自分を貶める言葉の数々。世界全体が敵のようだ。言葉が出てこない。マラドーナの義理の父親がリスナーに向かって本をボイコットするように訴えている。

追記。ロンドンに戻った初日、春の気配を感じたが、私は疲れていた。イギリスに住むアルゼンチン人の友人のところに、コッポラから電話がかかってきた。「なぜジミーにあんなにひどい目に遭わせたんだ、私は30パーセントのカットしか要求していないんだ」とコッポラは言った。その後、私はロンドンの書店で、発売されたばかりの自分の本のペーパーバックを握りしめながら、その一部が他人のものであるように感じていた。ゲームの興奮と限界を思い知らされた。マラドーナを愛し、憎んだ。愛する人によって陥れられた最悪の状況から抜け出しつつある。サッカーに夢中になっている人たちとは、もっと慎重に付き合っていこうと思う。

（2020年発行の英語版の序章を要約）

第1章 生還 RESURRECTION

「心のクラブ」ボカへの復帰

1995年10月、春真っただ中のブエノスアイレス。ジャカランダの甘い香りがする中、ドラムの重低音を響かせ、熱狂的に旗を振りながら、何千人ものサポーターがボカ・ジュニアーズの本拠地、ボンボネーラ・スタジアムに向かっている。ボンボネーラはスペイン語でチョコレート箱の意味だが、この光景には甘さも落ち着いた雰囲気もない。巨大集団がラテン・アメリカで最も洗練された首都の静かな日曜日を、まるで茶の間に放たれた部族のように粉々に打ち砕く。女性も子供もほとんどいない。このスポーツはいまだに威圧的なものなので、男たちは上半身裸になり、脱いだTシャツを鎖のように振り回している。彼らは戦争に向かうかのように容赦なく突き進んでいく。

彼らのボスであるディエゴ・マラドーナは、二階建てのバスの上から彼らを見下ろしている。黒い瞳には揺るがない意志を見せ、髪は刈り上げられボカカラーに染め、手には携帯を握りしめている。ラジオのリポーターがヒステリックな声をあげながら彼らの歌声をリードしている。「俺たちのアイドルが来る、俺たちのアイドルが来る！」と何度も何度も繰り返し叫んでいる。対戦相手のリバープレート側に見える錆びついた家の横を熱狂しながら行進し、この場所は譲らないと主張しながら催涙ガスや長い警棒を備えた警察隊との戦いを準備する。

スタジアムに入ると、サポーターたちはゴール裏スタンドに詰めかける。グラウンドを取り囲む金網や堀が彼らの情熱を燃え上がらせ、さらに際立たせる。ボンボネーラ・スタジアムは彼らの足踏みの音と爆竹で震え、1分ごとにサポーター集団の踊りの勢いは大きくなっていった。

グラウンドの中央には、包装されリボンをかけられた巨大な箱が、トラックの荷台に載ってゆっくり回転している。しかし、マラドーナとボカ・ジュニアーズのほかの選手たちがソーセージのような形をしたプラスチックから現われ、サポーターの目線は釘付けとなった。マラドーナが胸の前で十字を切り、両手を天に向けて誇らしげに突き上げると地響きのような唸りが沸き起こった。「マラドーオーナ！　マラドーオーナ！」とサポーターが叫ぶ。「お帰り、ディエゴ！」と書かれた巨大な風船が下りてくる。

マラドーナへの忠誠心を失ったことがない上半身裸の男たち〝デスカミサドス〟にとって、それは一種の魔法のようなものだった。彼らのアイドルはボールを拾うとリラックスした様子でリフティングをはじめ、胸の高さに蹴り上げて下ろす。それからボールを近くに置いたまま、スタジアムを縦横無尽に走る紙のリボンをスキップして飛び越え、箱のほうに向かうと、箱が動き出そうとしていた。また大きな爆発音がすると、マラドーナの幼いふたりの娘がボカカラーのドレスを着て登場した。マラドーナの親友でマネジャーであり、夜の使者でもあり、セレモニーが大好きなギジェルモ・コッポラによるサプライズプレゼントである。過去の悪夢を払いのける安心感のある無邪気さを演出するのが狙いのようだ。

　マラドーナがドーピング検査で陽性となりアメリカ・ワールドカップから追放されてから、ちょうど15カ月がたとうとしていた。多くの人は、あの瞬間、成功とスキャンダルの間で揺れ動いてきたキャリアが終わりを告げた思った。だが、ボンボネーラ・スタジアムで神は復活し、マラドーナはそう簡単には死なないということを世界に挑戦的な形で証明した。プレーを見た限りでは、相手DFの間をすり抜けてゴールを決める加速力はないが、ほぼ完ぺきに近いパスと視野の広さは疑う余地がなかった。数分後には、ボカがゴールに向かってシュートをする数少ないチャンスを生み出し、退屈だった試合に活気を与えた。ゲーム終盤になり、ついにゴールがこじ開けられた。だがマラドーナは直接関与していない。しかし、試合を通してマラドーナが存在感を示していたことで、6万人の観衆のだれもがマラドーナのゴールだと主張しているかのようだ。ボールがゴールネットに収まると、マラドーナは振り向いてグラウンドを駆け抜け、家族、コッポラ、テレビカメラに向かって両手をあげて勝利をアピールする。彼がこのようにテレビカメラに向かって走ったのは、不運の米国ワールドカップで初ゴールをあげたギリシャ戦にまで遡る。この日も彼は、まだトップレベルであること、簡単には負けないことを人々に証明したかったのだろう。

「オーレー、オレ、オレ、オレー、ディエゴー、ディエゴー!」と観衆は大合唱になった。そう、神が生還したのだ。

アルゼンチンの国民的英雄

どん底まで落ちぶれたあとのこの復活はここボンボネーラ・スタジアムで開催されるべくして開催された。マラドーナは、生まれ育った国から別れることなどありえないことを思い出させてくれた。彼についてひとつだけ確かなことは、彼が死んだら、どんな死に方であろうと、ブエノスアイレスでの葬式はエビータと同じくらい盛大に行われ、それでも人々は彼が死んだ事実を受け入れられないだろうということだ。アルゼンチンがサッカー狂の国だとすれば、マラドーナと同様にアメリカ先住民と貧しい移民の混血の多いボカ・ファンによる熱狂的な儀式ほど、その熱さを表すものはないだろう。アルゼンチンは長い歴史の中で胡散臭い偽預言者を何人も生み出してきた。彼らにはほかに信じられるものがないから、サッカーに生き、サッカーで呼吸しているのだ。

有能なアルゼンチン人選手はだれもが「いつかはボカのためにプレーしたい」という野望を口にするものだ。マラドーナも若い頃にそう言っていたが、彼の場合はさらにもっと先まで進んでいた。彼はワールドカップで優勝するという第二の野望を抱いたのだ。21歳になったばかりのマラドーナはボカのリーグ優勝に貢献した。そしてキャプテンとしてアルゼンチンをワールドカップ優勝に導き、ボンボネーラ・スタジアムに戻ってきた。86年にメキシコで開催されたワールドカップでの素晴らしい活躍により、世界史上最高のサッカー選手という称号を手に入れた。163センチで相手からの激しいチャージにびくともしない強靭さと素晴らしいバランスを持ち、ペレのような技術と想像力にヨハン・クライフのようなしなやかさと多彩さを備えていた。しかし、マラドーナは常に比較の対象にされるレベルを超越していた。クラブの会長の要求や監督が求める規律を拒否するのと同じように、簡単にカテゴライズされることを拒んだ。そこに彼のカリスマ性がある。

マラドーナは、自身のサクセスストーリーを世界に発信することで、アルゼンチン国民に愛されたのである。彼らにとってこの国の歴史の中で起こった数多くの失敗を埋め合わせる存在なのだ。マラドーナは、アルゼンチンにアイデンティティだけでなく、束縛からの解放を提供した。人々は彼のプレーに純真さを見て、それを「詩」と呼んだ。

マラドーナが幅広い人々の間で支持されるのは、天から与えられた才能によって偉大な業績を達成し、広く知られて評価されるという可能性を、示しているためである。運命に導かれて貧困から大金持ちになるという成功を手にした天才の伝説は、スラム街の埃っぽい広場で素晴らしいボールコントロールを見せた少年時代のマラドーナのニュース映像の中に、鮮烈なイメージとして存在している。それは、天性の才能を持ち、勝つことに執着しながらも、まだサッカーを愛していることを示す神話へと発展していったのである。天気の良い日は、マラドーナは自分が何者であるかを忘れて、ただ外に出てプレーしていた。

マラドーナの普遍性を表す逸話は無数にある。たいていの場合、彼自身のことよりも、個々の国のことを語っている。しかし、特にふたつの逸話を紹介したい。それは、マラドーナが文化的な偏見や国境を超えて活躍していることを示すものである。最初の逸話は、アルゼンチン人女性の一行が観光客としてピラミッドを訪れた際に、エジプト人に嫌がらせを受けた時の話。放っておいてほしいと何度お願いしても無視され、女性たちは次第に嫌な気分になっていた。女性たちのひとりが、マラドーナがかつて中東のどこかで親善試合に出場し、小さい子供たちのためにサッカースクールを開設したことを、ボカ・ファンの兄から聞いたことを思い出し、少し離れたところに目を向けて「マラドーナ！」と叫び始めた。それを聞いたエジプト人たちはそわそわして興味の対象が女性からサッカーに移り、女性観光客たちは何もされずに先へ進めたたという。

ふたつ目の逸話はマラドーナがロンドンの地下鉄で、帽子をかぶりロングコートの襟で顔のほとんどを隠していた時のこと。彼が英国を訪れるのはかなり珍しいことだが、オックスフォードの弁論講堂での講義後の帰り、乗る予定の飛行機に遅れそうになっていた。講義を依頼した若いアルゼンチン人大学院生から、ヒースロー空港まではタクシーよりも地下鉄のほうが早いと説得されて、しぶしぶ変装して電車に乗ることを承諾した。変装したのはもしだれかに気づかれたら、襲われるのではないかと恐れたからだ。順調に進んでいたが、ヒースローから4駅手前で、地乗客のひとりがマラドーナに気づき、大声でその存在を知らせた。瞬時にその車両の全員が会話を止めて顔を上げた。数秒後、乗客がマラドーナを取り囲んでサインをせがんだ。大半がイングランド人だった。そのうちのひとりは「『神の手』ゴールを忘れたわけではないが、マラドーナがイングランド戦で決めた、サッカーの歴史の中でだれもが称賛する5人抜きのゴールも覚えている」と本人に伝えたのだった。

サッカーと政治、貧困

その天賦の才はマラドーナの物語の一部に過ぎない。マラドーナが神であるという神話は、経済的興味や国や地域の特異性によって煽られ、そのキャリアの初期段階から、商業的にも政治的にも利用されてきた。マラドーナのイメージは、移籍金の高騰につながり、テレビ放映権やスポンサー契約の普及を促し、サッカーが世界の市場に参入するための重要な動きを生み出した。マラドーナのボカへの復帰にも、さまざまな側面があった。その背景には、70年代後半に初めてマラドーナのスポンサー契約を成立させたビジネスマンが、テレビに連動した1000万ドルの契約を締結したことがある。

マラドーナは、サッカーが無情にも特に政治とのかかわりが情熱的に強く、スター選手へのメディアのプレッシャーがとてつもなく大きい国で、サッカーの厳しい要求に応えられずに転げ落ちる役割を自覚もなく演じなければない場所を選んでプレーした。

マラドーナに対するあまり啓発的ではない外部からのプレッシャーは、医療関係者を名乗る人物からもあった。皮肉なことにお金を生み出すマシンとして短期的な興味しか示さず、マラドーナが人間として安定して生きていけるかどうかという長期的な問題は考慮されなかった。

マラドーナの人生の悲劇は、幼少期の貧困に根差している。長男として生まれ、幼い頃からサッカーを通して一家の稼ぎ手として重荷を背負わされ、教育を受ける時間も、ほかの選択肢を探る機会も与えられなかった。私はマラドーナがボカでプレーを始めた1シーズン目に時に、彼の両親であるチトロとトタの隣に座って、一緒に観戦したことがある。特に母親のトタが息子の姿を執拗に追いかけていたのが印象に残っている。

とはいえ、マラドーナがまったく異なるバックグラウンドで生まれることは想像できない。スラム街からは成功への渇望と、不合理な信仰と世渡りの知恵による苦しい価値観が生まれた。彼がもしもほかの友人、マネジャーを選び、ほかの国でプレーしていたら、マラドーナの人生がまったく違ったものになったかどうかは分からない。

彼の側近やアドバイザーは、彼がキャリアを通して経験したグラウンド内外の挫折について、医者たちと同じくらい大きな責任がある。マラドーナの人生にかかわった人物の中には、従順さと忠誠心をはき違えた者があまりに多く、批判したほうが得策だったにもかかわらず、彼の奇行を許してしまっていたようだ。

より広い視野で見ると、マラドーナが、特定のサッカーの力に対する偽善を繰り返し訴えていたことも、正当性がないわけではなかった。マラドーナの欠点が彼らに都合がよければ見て見ぬふりをし、彼の賞味期限が切れたと判断すると厳しく取り締る、ということが繰り返されてきたのだ。マラドーナがプレーしていたすべてのクラブの役員たち、代表チーム監督、アルゼンチン・サッカー連盟、そして何よりも世界のサッカー界を統括するＦＩＦＡも多くの批判を受けるべきだ。マラドーナを商業的に利用しようとしたことは、必ずしもサッカー界にとって最善の利益につながるものではなかった。

ただ、マラドーナを単に自らではどうにもならない状況の犠牲者として描くのはあまりに安易すぎる。実際、彼は最悪の敵と最高の友をいつも一緒に引き連れていた。大勢に人に囲まれていることに耐えられないが、無視されたり反感を買っていると思ったりすると、ひどく落ち込んでしまう。そうしたマラドーナ固有の性格の弱さが、彼の成功や名声からくるプレッシャーに対処できない要因だった。

マラドーナの状態が一番いいのは、ひとりかふたりの友人と一緒にソフトドリンクを飲んだりピザを食べたりするような、他愛もないことをしている時だ。彼はそういう時はリラックスでき、周囲に寛大で楽しくなるのだ。最悪の状態の時は、前夜の疲れが残っている時、敗戦のストレスが残っている時、怒りっぽく、説教がちになり、記者会見では聞かれていないテーマについて王様のように語る。

もしもオジー・アルディレスが助言したように、マラドーナがスペインではなくてイングランドに行っていたら、状況はどんなふうに変わっていただろうか。予想することしかできないが、もしかしたら、サッカー以外のことに発言しなければならない機会も大幅に減ったかもしれない。私生活ももっと落ち着いた静かなもので、今ほど複雑になることもなかったはずだ。しかし、イングランドのサッカー界は、アーセナルなどで活躍したポール・マーソンの薬物依存症やエリック・カントナのカンフーキック事件などのような、今なお物議を醸すような大きなサプライズが絶えなかっただろうが。

マラドーナはアルゼンチンでは常に話題となり続けている。彼の政治観は、議論で検証されたことのない中途半端なアイデアの寄せ集めである。95年に作られたイギリスとで放映されたドキュメンタリー番組では、マラドーナを過激な革命として描こうとしていたが、彼がカストロ（キューバの革命家）を称える時、最後に生き残った真のリーダーであると、主張したからである。マラドーナの政治の考え方は、粗野ではあるが熱烈な愛国主義に過ぎず、アルゼンチン政治にも影響されやすく、実行するには非論理的だ。

英語のフェアプレーの概念はアルゼンチンではそれほど受け入れられておらず、スペイン語のビベッツァの概念ほど一般的には浸透していない。ビベッツァは一般的には「生き生きしている」という意味だが、サッカーでは創造的、トリッキーの意味で使われ、否定的な意味合いでは使われない。アルゼンチンの文化的ヒーローは、アルゼンチン作家ホセ・エルナンデスの傑作叙事詩に登場するマルティン・フィエロと呼ばれるガウチョ（主として牧畜に従事していたスペイン人と先住民その他との混血住民）で、イカさまばかりして、うまく立ち回って過ごしている。マラドーナ自身も94年のインタビューで、アルゼンチンの田舎の率直さよりも、ブエノスアイレスのスラム街のビベッツァ（巧妙さ）を、自らの中に強く持ち合わせていると認めている。

スラム街の住人（ビジェロ）のもうひとつの側面は、親戚や友人との緊密な関係である。つまり部族単位での生活への忠誠心であり、ほかの部族を蔑むような気持ちが存在する。それゆえにマラドーナは公人としては非常に近寄りがたい存在なのである。彼の記者会見は慎重に準備・操作され、質問に対して半分しか答えないか、彼が話したいと思ったことしか話さない。1対1のインタビューでは、自身をさらけ出せるジャーナリストだけに語り、しかも限られた時間でしか行わない。

これらすべては、彼の薬物中毒が予想よりもずっと長引いていることの説明にもなる。彼は自分の人生が崩壊したことを隠すために薬物を使用していたことを後々になって認めた。そのテーマについて告白することを長く拒否していたが、96年初めにアルゼンチンの社会派雑誌「ゲンテ」のインタビューに応じ、自身の薬物乱用の詳細を語るとともに、若者への薬物乱用防止教育の強化を訴えたのである。

マラドーナは14年以上の間、世間が関心を持つのは彼のサッカーの才能だけだという理由で、この問題について語るのを拒んできた。ナポリのマフィアとの関係やイタリアにいる実子についてなど、グラウンド外での生活についても同様の理由で拒否してきた。もしマラドーナがマラドーナでなかったとしたら、彼の立場は擁護されるだろう。ほかの言い方をすれば、彼が自らの意志で、プロとしてのキャリアの枠を超えて、社会的責任を求められる世界に身を置くことを許さなかったら、彼はそれを引き受けることができなかったし、引き受ける気もなかったということだ。

ここにこそ、マラドーナの人間としての欠陥が最も強く現れている。彼のことをなんの疑いもなく称賛する人は、ＦＩＦＡなどの権力の象徴に率直に攻撃したことや、貧困な人々を擁護した姿勢を尊重している。現実には、ディエゴ・マラドーナは、エスキーナやビラ・フィオリートで貧困に苦しむ両親の元隣人よりも、金を生み出すFIFAのマシンの一部として、自分自身のために多くの時間を費やしてきた。また、薬物に誘惑されたり、育てると約束した子供たちを捨てたり、犯罪組織と一緒にシャンパンを酌み交わしたりするなどして、未来の世代のサッカー選手に手本を示すことよりも、自分自身の権利を守るために時間を浪費してきたのだ。

おそらくこれは商業化され過ぎたスポーツ界の弊害である。スポーツ界で最も商業化されているサッカーに私たちは過剰な期待を寄せ、サッカー選手たちもまた自分自身に過剰な期待を寄せているのではないだろうか。もしそうでなければ、私はこの本を書くことはなかっただろう。何年か前までは、マラドーナは自己執着が強く、あまり賢くはないにもかかわらず、サッカーが生み出した最高の選手のひとりとして単に歴史に残るだけだったかもしれない。しかし、彼は自身の時代の中で神話となり、何百万人もの人々を引き連れていき、その責任を求められている。

マラドーナがサッカーにもたらした魔法について議論の余地はないが、劣悪なレフェリング、対戦相手の反スポーツ的行為、知識や理解が足りないために不適切なマネジメントを行った役員たちのせいで、彼のキャリアのある瞬間には、この魔法が抑制されてしまったことも事実である。しかし、マラドーナの究極かつ悲劇的欠陥は、彼自身が自分の失敗の責任を完全に負うことなく、その発言や行動を通して、自分が神のような存在であるという神話を永続させてきたことにある。マラドーナはあまりに頻繁に自身の才能を浪費してしまった。そのために、サポーターだけでなく、自分自身からも、神が味方してくれるサッカーを純粋に楽しむ機会を奪ってしまったのだ。

薬物使用による15カ月出場停止処分ののち、「心のクラブ」であるボカ・ジュニアーズへ95年に復帰

第2章

星からのお告げ

A CHILD IS BORN

南半球の天空高く輝き、病院の冷たい床に真珠のような光を反射させた星からのお告げがあったのかもしれない。ドーニャ・ダルマ・サルバドーラ・フランコ・マラドーナが男児ディエゴを出産したのは1960年10月30日、いみじくもミサの儀式とサッカーの行われる日曜日のことであった。

ブエノスアイレスの労働者が住む郊外地、アベジャネダにあるエビータ・ペロンにちなんで名付けられた病院での出産時の状況は、いまも深く伝説に包まれている。ダンス・フロアで最初の陣痛を感じてからしばらくたつと、彼女にとって最初の男児が文字通りお腹の中から、『足で蹴る』ようにして、この世に誕生した。しかも、その時、人々から『トタ』の愛称で呼ばれていたこの母親は、やがては世界中の解説者が絶叫することになる「ゴーオーール」という大きな叫び声を上げた。そして医師は、まだ血まみれの赤子を抱き上げて「おめでとう！　元気な赤ちゃん。いや、なんてお尻の大きいお子さんだ…」と、母親に見せたというのだ。この時、このマッチョな男児は、一種の神秘に包まれることになった。

誕生日の宝物

ディエゴ・マラドーナが住んでいた掘っ建て小屋には、ぬいぐるみのクマさん人形もなければ、もちろんファミコン・ゲームもなかった。あったのはただ1個の革製のサッカーボールだけだった。それはやっとひとり立ちができるようになってから、しばらくたった3歳の誕生日のプレゼントに、叔父のシリロが贈ってくれた物だが、マラドーナにとってはダイヤモンドにも等しい宝物だった。

彼はのちにこう語っている。

「貧しい小屋で子供生活を送ったことを隠したがる人がいる。私は違う。なぜなら貧しい小屋で暮らす少年だったからこそ、今日の私があるのだ。いまの都会の子供と違って、私達は自由に遊べた。自分が思い切り遊べるスペースを持っていたんだ。その最初のサッカーボールは、いまでも私の人生最高のプレゼントとして、心の中に大事に残っている。もらった日の夜、私は朝までしっかりと抱きかかえて眠った」

こうして少年はブエノスアイレスの貧しい郊外地、ビラ・フィオリートにある自宅近くのゴミ捨て場のようなところで、一日中ボールを蹴るようになった。やがてボールが埃まみれになり、小石の上を跳ね回っている間に、少年ディエゴ・マラドーナはいつしか絶妙な球さばきを身につけ始めた。そして自由勝手にどこへでも転がっていこうとするたったひとつのオモチャから、次第、次第にテクニックとインスピレーションが生まれてくるようになった。

サッカーボールをくれた叔父シリロは、ディエゴの人生にとってはそれ以外でも重要な存在となった。水道も電気もない小屋でヨチヨチ歩きの頃、ディエゴは暗闇の中で迷い、肥溜めにはまってしまった。

「ディエギート！　クソの上に頭を出すんだ！」。こう叫んで救い出したのも叔父のシリロだった。一家の排泄物の溜まりから引っ張り上げると、シリロはディエゴを母親のトタに渡した。トタはウンコまみれになり、ショックで泣き叫ぶ息子をいたわり、汚れをふき取ってやった。

それから30年後、薬物まみれで絶望の泥沼にはまり込み、自己懐疑に落ち込んだディエゴ・マラドーナが、トラブルの絶えない人生の解決の糸口を探し求めようとする時、彼が見せた感情と行動の原点は、あの幼時体験にあったはずだ。ショッキングな出来事の記憶の底深くには、恵まれないままのあまりにも短い少年期の思い出と重ねて、いかに深く落ち込んでも自分はやがては這い上がれるのではないか、との期待感が常にあるのだ。

逆境になればなるほど強くなるのが、スーパースター、ディエゴ・マラドーナが誕生するずっと以前からの、マラドーナ家の伝統だった。

父親側、母親側のどちらも、正規の結婚から出てきた家系ではなかったようだし、マラドーナという名前の由来も不明である。精々ほんの二世代前までのパラグアイ国境近く、アルゼンチン北東部コリエンテス州のまだ原始的な国境の町エスキーナ時代までさかのぼれる程度である。マラドーナの父ディエゴ・シニアと母親のトタのふたりはここで生まれ、成年期の始めを過ごしてから南のブエノスアイレスに出てくるまで、このエスキーナで暮らしていた。ディエゴ・シニアとトタの両家は、ほんの200メートル足らずしか離れていなかった。

父親のディエゴもインディアン部族の出で、未来の妻と同じように粘土と動物のフンで固め、葦で覆った狭い川岸の小屋に住んでいた。産業社会以前の狩猟と魚獲りで成り立った世界で、20世紀になってからも苦しい生活が続き、暮らしは一向に楽にならなかった。ディエゴ・マラドーナ・シニアも奴隷より少しましな程度の暮らしで、地元の輸送会社の荷役夫に雇われ、下流のブエノスアイレスに運ばれていく果物、米、そして木材を小さな運搬船に積むのが仕事だった。報酬の少ない重労働だった。マラドーナの父と同じ組に入っていた仲間によると「親方やボスが、このくらいでいいだろう、と思った額の賃金しか払ってくれなかったが、その額たるやタダ同然だった」という。

それでも肩幅が広く、短いがっしりした脚を持ったマラドーナは、仲間意識が強く、逆境に負けない素朴な働き者として評判が良かった。ある時、綿花の積み荷作業をしていた際のアクシデントで肋骨を3本折り、それが回復して職場復帰すると「仲間」と「牡牛」の合成語である、『チトロ』というニックネームをちょうだいした。仕事にあぶれると近くの農園や山に入って小さな鹿、ヨロイネズミ、あるいは蛇を捕まえたり、木製のカヌーに乗ってグアラニ族伝来のワナを仕掛けて、カマス捕りもした。しかし、激しい労働の合間のヒマな時間ができると、彼を引きつけたのはその頃エスキーナに広まり、日曜日の宗教行事にまでなっていた、近代スポーツのサッカーだった。

やがて何年もたった後には、マラドーナという名前は、世界のサッカー界ではまるで物議の代名詞みたいになるが、ドン・チトロがエスキーナでやったサッカーはそんな厄介なものではなかった。もともと、南米にサッカーを持ち込んだのは、19世紀後半にモンテビデオ、サントス、リオデジャネイロ、あるいはブエノスアイレスなどに寄港した時、ヒマな時間に、陸《おか》に上がってボールの蹴りっこをしたイギリス船の船乗りたちであった。

しかし、そのサッカーで、現在のエスキーナの住人たちは、テクニックの上手さと、相手にひるまない勇気の点では、マラドーナの父よりも叔父のシリロのほうが印象が強かったという。シリロには、相手の強烈極まるシュートを、素晴らしい反射神経と無類の集中心で止めることから、『タポン（止め役）』というアダ名がついていた。試合が終わるとタポンはシャツをまくりあげて、セーブのたびにできた打撲や傷跡を見せつけるのがクセだった。

これは言ってみれば、マラドーナの血筋を引く男たちが、グラウンド上で誇り高く戦った、「名誉の負傷」と言うべきものだった。これに引き換え女たちは家に残って、家事に励んだ。トタが家を守り、彼女の基本的な生き方の一部ともなった、聖人や処女マリアへ聖水や敬けんな祈りを捧げる信仰心は、イタリア南部からやってきた貧しい移民の出で、17歳の時私生児トタを生んだサルバドーラ・カリオロキから受け継いだものだった。トタが父親アンタナシオ・フランコから正式に娘として認知されたのは18歳になってからのことだが、そのトタはチトロとの同棲後も、費用が大変だというのでエスキーナで生んだ8人の子供のうちの、最初の3人（全部娘）が生まれるまでは結婚式を挙げなかった。

国境の町からスラム街へ

50年、21歳になったトタは初めて夫チトロを置いて、エスキーナからブエノスアイレスに出稼ぎに出た。戦争が終わるとペロン将軍の政権と彼のふたり目の夫人となった情婦エビータが進めた、地方から首都へ人口を移動させる運動の中に加わることにしたのだ。ペロンはムッソリーニやヒットラーが唱えた国家社会主義の信奉者で、スポーツについても大衆の政治活動を圧殺し、国民の団結心を煽る道具とする考えに共鳴していた。彼は特に大衆の間にサッカーを普及させることに熱心で、自ら、「アルゼンチンＮＯ・１

スポーツマン」と誇らしげに名乗り、ナショナル・チームはむろん、地方チームの育成・補助にも国家資金を注ぎ込んだ。その資金を流すルートで一番メーンの役割を果たしたのが、夫人エビータが絶対権限を持つ『エバ・ペロン財団』だった。最初は雇用されている国民全部の年間収入の2日分を差し引いたものを基金にしたが、やがてエスカレートしてほかの省庁の予算から基金へ繰り入れさせたり、個人や企業からの、自発的な寄付を強要するようになった。

エバ・ペロンという人間が身をもって実現して見せてくれたことで、トタは行動に移る勇気が出てきた。エビータは自分と同じ私生児で田舎生まれだった。そんな環境からスタートしたのに、エビータはブエノスアイレスであのような栄耀栄華《えいようえいが》の生活に浸っている。

「私にだって何かができる…」

しかし、ブエノスアイレスで彼女を待ち受けていたのは、一日中続く単調できつい仕事だった。それでもエスキーナで仕方なしにやらねばならない家事の仕事に比べれば、とにかく報酬がもらえた。金持ちの一家の女中に雇われ、他人の衣類を洗い、他人の子供の食事の世話をしたトタには、ペロンが約束した最低賃金が払われた。

トタは一家が生き残っていくには、ブエノスアイレスの自分のところに来て暮らす以外にはないと確信した。彼女はまず母親と長女を連れて戻った。何週間か後に嫌々釣り舟を手放したチトロが、家族の残り全員と首都へ向かった。彼の乗った蒸気船は川の下流に向かっていった。彼が尊敬し愛した自然の世界、多数の爬虫類や鳥類がすみ、柳やユーカリが立ち並び、花が浮いているデルタ地帯が次第に遠ざかっていった。船がブエノスアイレス港に着くと、日の前のコンクリートと耳に入る騒音に彼はまず戸惑った。彼の不安は妻と再会すると、なお一層募っていった。その時、トタは何人かの親類と一時的な無賃住宅に移り住んでいたが、すぐに別の住居を探さざるを得なくなった。

チトロは金属の破片や、落ちているレンガとボール紙で掘っ立て小屋をつくり、一家は無断住居者生活に入った。小屋はトタがかつて働いていた屋敷の玄関の入り口ほどの大きさだった。ズック製のカーテンを戸の代わりに垂らした3つの箱のような部屋があるだけで、プライバシーなどはまったくなかった。窮屈な原始的な住まいで、お互いに秘密など保てる状態ではなく、父親と母親、つまり男と女の営みは、感受性の強い子供の目にはっきりと焼きついた。

こうしてマラドーナ一家がビラ・フィオリートに定住する頃には、ペロンは軍事クーデターで失脚し、子宮ガンになったエバ夫人も亡くなっていた。だが、『ペロニスト神話』は消えることはなかった。それから何十年にもわたって、アルゼンチンの労働者や貧民階級は、希望と正義、そして解放の指針としてペロニズムを崇拝することになる。サッカー・スタジアムでは、「ペロン！ ペロン！ ペロン！」のコールと歌声がコダマし、エバ・ペロンは大衆の意識の中で聖人として生き残り、神秘的な殉教者として崇《あが》められた。

聖エバを讃えるための祭壇が設けられ、祈りも絶えることはなかった。何百万のアルゼンチン人は彼女の復活を信じて自分たちの夢を託すのだった。生前にエバ・ペロンはこう助言した。

「ペロニストの女性は家庭の中核にあって、無駄を慎み、消費を差し控え、生産を増やしながら耐乏の尖兵とならねばならない」。つまりはアルゼンチンの主婦たるものは、たとえ貧しかろうと『国の運命』にかしずく女というわけだ。また、エバ・ペロンによれば、妻や母の役割を果たすことで、女性はその服従心をまっとうできる。真の充足感は自制と自己犠牲、そして夫の意志への服従のみによって達成されることになる。

ディエゴは少年期の大部分を、3人の姉と、心が似通った意志の強い女性――祖母サルバドーラと、彼を猫かわいがりした母親トタのふたりの間で過ごした。祖母と母はディエゴに、処女マリアなどの聖人に祈りを捧げ、十字を切ることを教え、ラテンや第三世界の国々の一家の長男に負わされた責任と運命を十分に吹き込んでいった。

女どもがディエゴの基本的な教育に専任する一方で、父親のチトロは家に近い粉骨工場の職に就いていた。それは強靱な体力と忍耐力――彼は滅多なことでは不平は言わなかった――がなければ、生き残ることさえ不可能なほどのきつい仕事であった。毎朝6時、家の者が寝静まっている間に、彼は掘っ建て小屋の立ち並ぶ間を歩きながらリアチュエロと呼ばれていた汚染された運河に降りていった。そこはどろっとした油色をしていて、よどんだ水にあちこちぶくぶくと泡が立っていた。異臭が立ち込め、魚などは生息できない。それは付近の革のなめし工場やパルプ工場から流れ出る有害廃棄物や、牛の肉や殺人犯人が投げ込んだ人間の腐食した肉の一大集積所だった。

当時のアルゼンチンはまだ世界有数の牛肉の輸出国で、食肉業が雇用者数の多さでは最大だった。その業界で最も賃金が安く、最も健康に有害だったのが、革のなめしと並んで骨の粉砕を行う職場だった。教育のない、未熟労働者のための安全確保や健康管理策は無に等しかった。マラドーナ家の向いに小屋を立てたボリビア人の砂糖労働者のマシーモ・アルマーヨによれば、チトロの工場の労働環境は目を覆うほどひどいものだった。彼は、毎朝チトロが小屋を出ていき、10時間の勤務労働を終え、体力を消耗し尽くして帰ってくる姿をよく見かけた。

「あの工場の仕事はひどいなどというものではなかった。健康にも有害な仕事だった。公には牛の骨となっていたが、そのほかの骨やもろもろの物もごっちゃになっていた。動物が病気を持っていようが、死んでから相当時間がたっていようが、あるいは人間の骨であろうが、とにかく何でもよかった。それを一緒にベルトコンベアに乗せる。音は凄いし、埃がもうもうと舞い上がる。労働者の大部分は早期退職に追い込まれる前に、肺の病に倒れていった。チトロは息子、ディエゴ・マラドーナに命を救われたのです」

父チトロ(左)、母トト(右)、幼い弟たちとビーチでくつろぐ若き日のディエゴ(中央)

若きマラドーナ(中央)を囲むアルゼンチンの家族と友人たち

第3章 神殿に上がる第一歩

TO THE TEMPLE

最初のサッカークラブ

ディエゴ・マラドーナが自分の手で最初に金を稼ぎ出したのは、街の浮浪児の時であった。近所の小屋に住む友達と家の近くを走っている列車に飛び乗り、車掌の目を逃れながら無賃乗車をしたり、トラックに乗せてもらって、ブエノスアイレスの中央駅のひとつに行く。そこでタクシーのドアを開けて乗客からチップを無心したり、途中で拾った物をなにがしかのペソで買ってもらう。そうした中では、たばこの空き箱を拾い集め、内側の銀紙をはがして売るのが一番ゼニになった。このようにビラ・フィオリートの生活の現実は、マラドーナ家が生前も死後も崇拝することをやめなかった独裁者ペロンやエビータが約束したものとは、およそかけ離れた世界だった。政府は貧窮者の保護にはまったく関心がなかった。だから自らの知恵で生き延びる以外に方法はなかった。それ以上、つまりただ生きているだけでなく多少とも人間らしい尊厳ある生活を望むにしても、マラドーナ家には別の選択肢はほとんどなかった。もちろん、ビラ・フィオリートを縄張りにするギャングに加わることはできた。ディエゴの生まれたこのスラム街は、ブエノスアイレスでも治安の悪いことで有名で、金で雇われる殺し屋、チンピラ、泥棒、そしてポン引き連中のたむろする悪の巣窟だった。

ディエゴ・マラドーナが悪の道に踏み入らなかったのは、主として両親のおかげだった。父チトロと母トタはエスキーナで所帯を持った頃から、正直者の夫婦で知られていた。マラドーナ家には税金を払えなくても、隣人の物を決して盗むなという、無言の家訓があった。しかし、決定的な要因となったのは、叔父のタポンがディエゴにプレゼントしたサッカーボールと、息子が生まれながらの才能でそれを魔法に変える能力があることに、両親が賭けていたことだ。息子がまだ幼い時に、両親はそれを悟った。それ以後、ふたつの要因がその持ち前の才能を開花させることになった。

それは息子にサッカーをやらせて、技能を高めてやろうという親の執念と、自分も一流プレーヤーになろうという少年自身の決意だった。それを示す一枚の古ぼけた写真がある。ディエゴがまだヨチヨチ歩きの頃、前庭でボールを持って立っているが、ゴール代わりにしたのか、周りの金網のフェンスがボールの衝撃でねじ曲がっている。少年は左足でボールをポンポンと蹴り上げるのに退屈すると、渾身の力を込めて、フェンス目がけてボールを蹴り込むのだった。

ディエゴ・マラドーナの人生に最初に運が向いてきたのは、隣近所のゴシップを逃さず聞いていた早耳のパートのトラック運転手ホルヘ・トロッタのおかげだった。トロッタがお得意さんを家まで送っている時、ビラ・フィオリートにサッカーのボールを蹴ることにかけては、異常なほどの才能の少年がいると教えられたのだ。そのお得意さんはカリーソという名で、チトロの近所に住んでいたが、自分の息子ゴヤがマラドーナ少年のサッカー仲間のひとりだった。実はブエノスアイレスにやってきてから、チトロは地元に『エストレラ・ロハ』（赤い星）というチームをつくっていた。

トロッタはさっそくやってきた。チトロは息子の将来に役立つならどんな話でも応じるつもりだった。もらっている給料では、増え続ける家族をとても食わせることができなかったからだ。トロッタの前で、少年ゴヤと彼の父親は『ディエギート』がいかに天才的な素質を持っているかをほめそやした。ディエゴの父チトロは何も言わず、ただ黙って聞いていた。そしてトロッタのほうから、1部リーグ「アルヘンチノス・ジュニアーズ」のユースチームである「セボリータス」のフランシスコ・コルネホ監督に息子を見てもらうべきだと提案すると、チトロは快く聞き入れた。その売り込み役の先陣を、ゴヤ少年が自ら引き受けることになった。彼自身がコルネホ監督に素質を見いだされ、自分より1歳下のディエゴが自分と一緒になって、サッカー界へ第一歩を踏み出せれば最高だと思ったからだ。

コルネホ監督はゴヤ・カリーソが、マラドーナの売り込みにきた最初の日のことをいまも覚えており、こう語っている。

「その頃、私は自分の抱えている選手で十分満足し、別に新しい選手を必要とは思っていなかった。そこへゴヤがやってきて、フィオリートに自分よりずっとうまい子がいると言うのだ。最初、私は『また、そんな話か』と思った。その時分、私のところには素晴らしい素質のある選手を知っていると言う人が、のべつまくなしにやってきていたのだ。しかし、私は考え直した。『会っても別に損することもあるまい』。そこで、ゴヤにその『子』を連れてくるようにと言った。歴史はここから始まったのだ」

68年、夏の蒸し蒸しする日だった。トロッタは8歳の少年をトラックに乗せ、ビラ・フィオリートの埃っぽい道を走りながら、フランシスコ・コルネホとの初対面のため、ラ・パテルナル地区へ向かった。彼の回想。

「到着するといきなり、ディエゴはほかの少年たちとテストを兼ねた練習に加わった。そして、まるで別の惑星から来たようなプレーを披露、思うままに、ボールを操って見せた。ドリブルの上手さは段違いで、止まっても、方向を変える時でも、ボールコントロールは完ぺきだった。頭や左足にいつまでもボールを乗せておくこともできた」

ディエゴ・マラドーナはほかの少年より体が小さかった。体もできていないだけでなく、いささか異様に見え、頭も不釣り合いに大きかった。「ずんぐりして、奇異な感じを与えた」というのがトロッタの初印象だった。一方、コルネホ監督は長い間サッカーの世界に生きてきたが、このような素質を備えた少年を目の前にしたのは初めてだった。ただ、彼もマラドーナの異様な体つきが気になっていた。発育不全で、本当は8歳よりももっと年を取っているのに、ほかの少年よりも高い評価を得るために、わざと年齢をごまかしているのではないか、との疑いを持った。そこで話を進めていく前に、マラドーナの身分証明を見せるように言った。

結果はトロッタの言っていた通り、まぎれもなく8歳であった。こうして第一歩からすでに物議を呼びながら、街の浮浪児ディエゴの、最初のサッカークラブ入りが実現した。この第一歩でディエゴの少年期はあっけなく終わる。そして輝ける名声、普通人なら一生かけても稼げない富があっという間に手にできる世界に、彼は飛び込むことになった。

薬物による肉体改造

長男ディエゴがセボリータスの試合に初出場するとともに、マラドーナ一家の生活の重点は徐々に、そして決定的に変わり始めた。ビラ・フィオリートのゴミ捨て場同然の空き地での無邪気な遊びでしかなかったサッカーが、死ぬまで自分たちにつきまとうはずであった貧乏神を追い払う、大きな頼みの綱となってきたのだ。やがて工場の仕事を終えて帰宅した父親チトロは、母親トタに見送られながら、宿題が終わってもいない息子とサッカー場に行くのが日課となった。

しばしの間、マラドーナ家は息子の将来をコルネホに託すことにし、コルネホが指導者、そして実質的な保護者になった。コルネホは即刻ディエゴをカチョ・パラディーノという名の医者のところに連れていくことにしたが、両親はこれも簡単に了承した。このパラディーノはとかく噂のある札付きの医者で薬物やビタミンを使いながらボクサーの体に筋肉をつけていくのが特技で、アルゼンチンのサッカークラブ「ウラカン」のチームドクターもしていた。

このパラディーノ医師のもとに通いながら、マラドーナが錠剤を服用し注射を受けた事情について、コルネホはこう説明した。

「私が預かった時のディエゴは、あまりにも体が小さく貧弱過ぎると思った。そこでパラディーノの手で、体重をつけ体を大きくしてもらうために、発育を助けるビタミンやそのほかいろいろの物を使ってもらった。その時、私はカチョに言ったものだ。『君の特技で大いに腕を振るってくれ。この子は間違いなく大物スターになるんだから』ってね」

パラディーノは粗野な大男で、何を言われようと結果さえ出せば良いという哲学を持ち、アルゼンチン・スポーツ界では、何人かの選手やコーチから頼りにされていた。彼が登場した頃には『スポーツドクター』になるための専門コースもなかったし、ケガをしたり筋肉の未発達な選手を対象にした医療法や薬の処方について、アルゼンチンのサッカーやボクシング当局は、有効な監視方法を持っていなかった。私がインタビューした時も、パラディーノは初期のいわゆるスポーツドクターは試行錯誤の連続で、彼自身の言葉によれば、「自分は大学で総合医学の学位を取得したが、自分が実際にやっている療法はロッカー・ルームで直感的に学び取ったものだ」というのだ。その直感がおおむね当たっていたひとつの例として、彼はマラドーナに最初の注射をしてしばらくたった時に、コルネホと口角泡を飛ばしながら交わした会話を得意気に披露した。それはコルネホが興奮した調子で、ディエゴの素晴らしいサッカーの技能を説明した後、今後どうすべきかとアドバイスを求めた時、パラディーノはこう答えたというのだ。

「コルネホ、耳くそをほじくってよく聞いておくんだ。この子はだれにも渡すな。じっと抱え込んでおいて、大きくなったら売って金の半分を自分の物にしろ。うかうかしていたら、人にやられてしまうぞ」

初対面の時、パラディーノはマラドーナの実際のプレーは見ていなかった。しかし、最初の印象では、一応年齢なりで、必ずしも発育不全ではなかったが、一流のスポーツ選手になる――ましてやコーチや両親が夢に描いているフットボールの大選手として成功するためには、まだ体重が不足していた。ところが、95年に私が彼のクリニックを訪問した時、パラディーノ医師はなんのためらいもなく、こう公言した。

「私の手にかかったマラドーナは、まるで競争用の若い牡馬のような体に仕上がっていった」

パラディーノのクリニックに通い始めた頃の、ディエゴ・マラドーナの姿をとらえたフィルムが残っている。若いマラドーナはいささかのためらう様子もなく、カメラに向かって「自分の人生にふたつの野望がある。第一はアルゼンチン・リーグのカップの獲得、第二はアルゼンチンにワールドカップの優勝をもたらすことだ」と臆面もなく話しかけている。そのフィルムのマラドーナのしゃべり方は、いかにもスラム出身者らしく下品だ。肌は浅黒く、髪はバラバラの輪がもつれたように顔を覆っている。しかしそこには、少年が発散する純粋なスポーツマンらしいにおいと、みなぎる生なエネルギーを感じさせた。

そのフィルムは純粋さとどまることを知らない才能の証《あかし》を残す反面、早くからマラドーナがコマーシャリズムに利用されていることをも示している。アルゼンチンのテレビ・プロデューサーのひとりが、早くも天才少年マラドーナを発掘していたのだ。彼はその絶妙なサッカーの技を茶の間の人に見せるため、毎週土曜日の人気娯楽番組に出演を依頼され、今週はサッカーボール、次の週は果物のオレンジ、次は空きビンという具合に、曲芸のような技を視聴者に披露した。まるで訓練したサーカスの犬よろしく、長いこと左足に乗せてバランスを取り、その合間には空中で回転もして見せた。この曲芸は日曜日になると今度はサッカーボールだけを持って、親クラブのアルヘンチノスの試合のハーフタイムのアトラクションとして行われたが、まるでその役のために生まれてきたような見事な演技で、スタンドの観客は大喜びだった。

ハーフタイムの曲芸

時としては実際の試合で選手が見せるプレーより、ディエゴのハーフタイムショーのほうが喝采を浴びることさえあった。その一例が、ディエゴが10歳の時のアルヘンチノスと1部リーグのライバル、ボカとの試合だった。両チームとも最初からこれといった鮮やかなプレーもなく、チグハグな動きのまま、ハーフタイムの笛が吹かれた。そこへ少年ディエゴが姿を見せた。彼は自分の持ち時間内に最高のパーフォーマンスを見せることにした。先輩たちをそっくり真似てまずボールをコントールしながらゆっくりと走り出し、それからジクザグに動き、左から右、右から左へとパスを繰り返す。そして急に立ち止まったかと思うと、ボールにバックスピンをかけて蹴り上げ、首を柔らかくほんの僅かかしげながら頭で受ける。それからそっと落として、左足でスピンをかけ、もう一度胸で受ける。これを十数回繰り返した後、今度はボールを落とすと全力でドリブルしながら走っていくのだが、その加速が実に凄いのだ。

やがて選手が姿を現し、レフェリーがディエゴにボールを蹴り出して、グラウンドの外に出るように命じた。ところが、レフェリーが後半開始の笛を吹こうとすると、スタンドの観衆からいっせいに声が沸き起こった。

「あの子を残しておけ！　もっと残すんだ！」

まるでボクシングの試合のように、コールが繰り返し繰り返し起こった。

後年になるとマスコミは――特にアルゼンチンでは――マラドーナを神から天賦の才能を付与された魔術師に描くことが多い。しかし、彼自身はスラム街の出身という社会的な負い目を片時も忘れることはなかった。これが彼の人生観に影を落とし、ハンディキャップを負わされている世界で、なんとしても成功して見せたいというハングリー精神を培っていった。すでに少年の頃、インディアンと貧しいイタリア系移民の両親が、上流階級から、「サベスィータス・ネグラス」――つまり小さな黒い頭――端的にはインディアンとさげすまれていることを知るようになった。土地もなくわずかな給金で働き、移民や無断住居者といった家のルーツも分からない従属階級として見下されていたのだ。南米の国々の中で、アルゼンチンはとりわけ人種浄化に成功していた。黒人は黄熱病で殲滅《せんめつ》され、インディアン部族は征服と内乱によって先祖代々の地から追い出された。体制派から見れば、白人――できれば北欧州の血を持つ――純血種で、広原（パンパ）に広大な土地を所有し、ブエノスアイレスにそれに劣らず広大で豪奢な邸宅を持つ者こそが、真のアルゼンチン人であった。

そのアルゼンチンでは19世紀後半から、エリート階級は政治や文化だけでなく、スポーツの支配にまで乗り出した。特に英国系アルゼンチン社会は、サッカーをあくまで自分たちの独占物にしておきたかった。しかし、ポロ競技が上品ぶった特権スポーツとして残ることはできたものの、サッカーのほうは、次第に大衆スポーツとしての性格を持ち始め、特にペロン政権下になってからそれが加速し始めた。アルゼンチンのサッカーの普及・発展は、移民による労働者や低・中間所得層の増加と、『小さな黒い頭』と侮蔑された大集団が自分たちの生き甲斐を求めてブエノスアイレスに流入したことによる、社会構造の変化と切っても切れない関係にあった。

60年代後半、そして70年代前半の頃になると、サッカー場にも観客席にも、ほとんどイギリス紳士の姿は見られなくなっていた。いまやスタジアムは大衆のエネルギーと熱気で揺れ動き、抑え込まれた欲求不満と未来への希望のはけ口になっていたのだ。こうして埃の中から姿を現す浮浪児が、手入れの行き届いた芝生のヒーローに変貌していくことになった。

ディエゴを最初に選手として育てたフランシスコ・コルネホは、スペインからの移民の子だったが、青年時代に負傷し、一生足を引きずって歩く身となった。それでも彼はサッカーを捨て切れず、セボリータスの無報酬のパート監督という仕事を、自ら望んで引き受けた。銀行で朝6時から午後2時まで勤務した後、彼は毎日グラウンドに向かうのだった。

彼は自分に未来が開けるとしたら、達成できなかった夢を自分よりはるかに若い世代の者に託すほかはないと前々から確信していた。その意味で、ディエゴ・マラドーナは自分の失われた少年時代のエネルギーと希望を再現してくれる期待の星に思えたのだ。

マラドーナのほうも、父親チトロの仕事一本に打ち込む、『働き者』の気質を持ち、叔父タポンが抱くサッカーへの情熱を兼ね備えていた。仕事の関係もあったが、半分は家を空けておきながら粉骨工場から帰宅するなり、せき立てるようにしてサッカー練習に追いやる——これが少年の目に移ったチトロの父親像だった。他人がいるとほとんど物を言わないチトロも実は癇癪持ちで、息子の反抗的な行動にお灸をすえる必要があると思うと、容赦なくゲンコツを降らせた。母親のトタは夫よりは克己心が強く、息子には過保護であり、『ママゴン』的なところがあった。彼女の精神構造は母国イタリアの田舎の風土がルーツになっているだけに、本質的には男性中心の荒っぽい世界で必要な母親の役割をこなし得たのである。

この両親はコルネホを、息子の持って生まれた才能を花開かせ、やがてはスターダムへの階段を上らせることに全情熱を注いでくれる人物として重要視していた。マラドーナに最初にちゃんとサッカーシューズを買ってやったのもコルネホであり、また運転手のトロッタと一緒になって、ディエゴや、彼の友達、家族にお茶やご飯を御馳走したのもコルネホだった。こうした中で、マラドーナ家とコルネホとトロッタの間の親密度は増していったが、やがて両親側に一家の救世主となる息子を最後には自分たちだけの物にしようとの意図が見え始めると、双方の関係はぎくしゃくし始めた。今度はコルネホとトロッタが、この天才少年を確保することに必死となった。

新聞に載った10歳の少年

全体的に評価すると、マラドーナの才能を引き出し、より高い目標を与えた点で、コルネホは最初の指導者としては合格点をつけていいように見える。彼はマラドーナが目の前に現れた時、自分が教えている子供たちの中から未来の大スターを発見するという夢がついに実現したと確信した。彼は言う。

「シーズンが始まる時、私は1から10まで採点できるチャートをふたつつくることにした。ひとつは技能、もうひとつは努力の度合を示すものだった。マラドーナはどちらでも最高点だった。私が彼に自分の一生を賭けた理由は、これでお分かりでしょう」

この異常なほどの期待感が、決して間違っていなかったことは、マラドーナがセボリータスの一員になって2、3カ月後に証明された。71年9月28日、アルゼンチンの大衆紙『クラリン』に掲載された次の記事は、名前が印刷ミスで『カラドーナ』となっているが、マラドーナに触れた初の新聞記事である。

《利き足は左だが、右足の使い方も満点だ。10歳のディエゴ・カラドーナは、アルヘンチノス・ジュニアーズとインデペンディエンテの試合のハーフタイム時に、たぐい稀なるボールコントロールとドリブルの技能を披露して、観衆の温かい拍手を浴びた。ボールはぴたっとコントロールができるし、両足でこれまた鮮やかにボールをリフトできる。サッカー選手になるために生まれたようなイメージを感じさせる。まだ、次の世代の選手のように思えるが、それは違う。彼からアルゼンチン・サッカーの心を感じる。彼の

ような選手のおかげで我が国のサッカーは発展し、名選手が生み出されていくのだ》

コルネホはいろいろな手を使ってマラドーナ家の懐に入っていこうとしたが、影響力を及ぼせたのは、やはりグラウンドの上だけだった。練習中でも試合中でも、規律には厳格そのもので、選手の言うことは一切受け付けず、若い選手が自分の命令に背くことは一切許さなかった。いまだから言えることかもしれないが、彼がマラドーナのコーチとして成功したのは、指導力に優れていたことよりも、弟子のマラドーナがナイーブな少年でまだ悪事をすることも知らず、ただひたすらサッカーに若い情熱をぶつけていたからだった。コルネホも、こうした点を認めている。

「私は何でも単刀直入にやるタイプだった。一人ひとりが責任を果たすことを要求した。私は練習の開始が9時と言えば、きっかり9時に始めさせた。私の目を盗もうとする者があれば、一切容赦しなかった。しかし、ディエゴに限って、面倒の起こったことは一度もなかった。彼はとにかくサッカーが好きで、練習を一度もさぼったことがなかった。しかも、バス、汽車あるいはトラックの後ろに乗ってやってきても、練習や試合に遅刻したことは一度もなかったのだ」

サッカーをやり始めた頃の仲間で、心を明かせる数少ない友人となったのが、アドリアン・ドメネクである。1歳年上だったが、マラドーナより1年遅れてアルヘンチノス・ジュニアーズに入ったドメネクは、こう語ってくれた。

「私がチームに入ると、みんなが寄ってたかって『あいつはケタ外れだ。並大抵ではない』と、マラドーナの話で持ちきりだった。それがなぜかすぐ分かった。彼のプレーを見ているだけで、こっちも思わず引きずり込まれてしまうほどの凄さがあったのだ。年の割には小柄でやせているのに、まったく並外れた才能があった。ヘディングは身長がないので無理としても、ドリブルしていくスピードと、最後に蹴り込む迫力には思わず唸ったものだ」

ドメネクは早い時期に、ディエゴがその才能と可能性によってまったく別格扱いを受け、その陰では幹部や選手の共同謀議があったことを目の当たりにしている。アルゼンチン・サッカー協会のルールでは、マラドーナは正規の年齢に達していないため、本来ならドメネクと一緒のチームでのプレーはできないはずであった。しかし、実際にはいくつかの試合でコルネホ監督と選手達が相談した上で、『モナターニャ』という偽名のサインで選手登録をするというインチキをしていた。その時の模様をドメネクはこう説明している。

「それはボカのユースチームとの試合でのことだが、マラドーナが偽名で登録したのをレフェリーが認めたので、ベンチ入りしていた。我々は前半で0対3とリードされたので、ディエゴを投入することにした。彼はこれに立派に応え、ハットトリックを達成して試合を引き分けに持っていった。ところが、試合が白熱し、形勢が逆転し始めるとエキサイトした選手のひとりが偽名を使っていることをすっかり忘れて思わず『ディエゴ、いいぞ』と大声で叫んだのだ。試合が終わるとボカの監督がコルネホのところにやってきた。あれがモナターニャという選手なら、このオレは中国人だ。お前さん、オレたちをだまして、ディエゴ・マラドーナを使ったな…』」

ドメネクによればコルネホは動ずる色はまったくなく、一言も発しなかった。ボカの監督はしばらく睨み続けていたが、突然ニヤッと笑うなりコルネホの背中をポンとたたいた。

「いいんだよ、今回は見逃してやるから。それにしてもあのガキは本当に聞きしに勝る凄いプレーヤーだ。今度のことは一切問題にしないよ。だいたい、あんなプレーを見せられては、問題にすること自体ナンセンスだからね」

マラドーナが最初に国際マッチを経験したのは1971年、11歳でウルグアイのユース選手権に出場した時だ。それは屈辱的経験だった。恵まれた家庭の選手は、ゆったりした中流階級の家に宿泊できたのに、彼だけは失業した黒人の水道もない小屋に寝泊りさせられたのだ。しかし、2年後アルゼンチン・ユースチームのメンバーとしてチリへ行った時には、待遇はガラリと変わった。今度は新しく樹立されたピノチェ将軍の軍事政権のゲストとして招かれ、チームメートとともに3カ月前、西欧のマスコミ陣がピノチェが敢行した軍事クーデターを目撃した首都サンティアゴの、5つ星の最高級ホテル、カレーラに泊まれたからである。

マラドーナにあてがわれた小さなスイートルームの窓から眺めると、サルバドール・アジェンデがかつて執務していた大統領宮殿が、空軍爆撃によって半ば廃墟になっていた。しかし、マラドーナは、サンティアゴの国立競技場で初めて出場するエキシビジョン・マッチのことでわくわくしており、思いのままに休日を楽しむことに心を奪われていた。翌朝、マラドーナは朝食のためにレストランに降りていかず、わがままを通してルームサービスにベッドまで食事を運ばせた。その日、彼は4ゴールを記録した。

大半はマラドーナの活躍によるものだが、セボリータスはアルゼンチンのユースチームの中ではやがてトップチームのひとつになり、その看板スターの背番号「10」は、外部からますます大きな注目を浴びるようになった。

そして実を言えばすでに12歳の時に、アルゼンチン・チャンピオンの1部リーグ所属のリバープレートから、最初のアプローチがあったのだ。コルネホは即座にこの話を蹴り、両親もアルヘンチノスのクラブ幹部も、コルネホを全面的に支持した。クラブ幹部に最も得になるのは、マラドーナを自分たちの手元に置いておき、高い値段がついた時に売ることなのだ。あの頼り甲斐のあるパラディーノ医師の手で仕上げられてきた若駒が、いまに凄い賞金稼ぎの一流競走馬に育っていく——それまでは自分たちで押さえておくことだった。

マラドーナに賭けたことは、結果的に正しかった。少年時代からの友人で、セボリータスで一緒にプレーしたオズバルド・ダラ・ブオーナは、マラドーナの存在が、やがてチーム全体を盛り上げていった時の雰囲気を、次のように総括してくれた。

「ディエゴをリバープレートに取られなかったのは、セボリータスの選手全員にとってラッキーだった。我々はサッカーの歴史で最高の選手のひとりがいかに誕生し、またいかにスターに育っていくかを、目の前で見るチャンスに恵まれたのだ。我々が見たのは人間能力を超えたようなプレーで、相手チームの10人はまるでボウリングのピンのように立っているだけだった。彼のおかげで人間業とも思えないようなゴールが決まり、信じられないようなパスが通った。しかも、このような華やかなプレーを見せながら、彼は立派にチームの一員として振る舞い、仲間の選手に声をかけて激励し、バックアップすることも忘れなかった。ひとりのスーパースターが生まれようとしていることは、だれの目にも明らかだった。特に試合がある日の彼は試合中でもグラウンド外でも、自分が人よりも優れていることを見せつける独特の能力の持ち主だった」

一方、少年マラドーナは、成長してから見せた、あのグラウンド上の大袈裟な演技や規律に反抗する態度を、その頃からすでに見せ始めていた。彼はとにかく、負けるとどうにも手のつけようがなかった。ある時、セボリータスが試合に敗れた日などは、グラウンドに体を投げ出して、大声でわめきながら泣き出した。それはこれまで自分のやりたい放題のことをしてきた、わがままっ子が見せる典型的な態度だった。しかし、彼を弁護する側のアルゼンチンの作家アリシア・デュヨーブネ・オルティスは、この出来事をつくり替えて、マラドーナ伝説をまたひとつ増やすような一文を書いている。オルティスによれば、悲嘆に暮れているマラドーナのそばにひとりの男が近づき、次のようないたわりの言葉をかけた。

「坊や、泣くのをやめろ。お前さんはいつの日か、背番号10を持った世界のNO・1プレーヤーになるんだから…」

この言葉を聞いてマラドーナはピタリと泣きやみ、その見ず知らずの男はまるで守護神のように姿を消した。しかし、別の試合では怒り心頭に発してレフェリーにかみつき即時退場。この時はいたわりをかけてくれる者はだれもいなかった。

アルヘンチノス入団

73年、アルゼンチン北部のコルドバで開かれたユース選手権で、セボリータスは準優勝に終わったが、翌年は待望の優勝を果たした。それから2、3カ月もたたないうちに、アルヘンチノスの幹部はマラドーナを1部リーグの親チームに引き上げることにし、マラドーナにとって、生まれて初めての契約書を作成した。

70年代の初期、クラブ経営陣が最大の力点を置いたのはマラドーナで、ほかの選手はほとんど眼中になかった。当時クラブの副会長を務めていたセッテミオ・アロイシオはこう語っている。

「本当にトップクラスに育っていけるのは、マラドーナひとりだけだというのが我々の判断だった。我々はクラブの将来のすべてをマラドーナに賭けることにしたが、彼は期待に応え、試合ごとに良くなっていった。ほかの選手が脱落していっても、我々はいささかも意に介さなかった」

クラブがマラドーナに特別なステータスを与え、また経済的にも大きなプラスになる記念の贈り物をしたのは、マラドーナが15歳の誕生日のことだった。贈られたのは初めて住むアパートの鍵で、そのアパートもマラドーナ一家が全員住めるほどの広さがあった。それはマラドーナを最初に発掘したトロッタが、コルネホの家を訪ねてマラドーナを正式に自分たちふたりの管理下に置くことにした詳細な契約書作成を提案してから、ほんの2、3カ月の話である。

両親の了解を取り付けることに成功したクラブの幹部が、マラドーナが金の卵であることに目を付けた以上、もうマラドーナをつくり上げてきたふたりの出番はなく、古いサッカーの入場券のようにポイと捨てられてしまったのだ。クラブ・マネジャーのホアン・カルロス・モンテスがやってきて「マラドーナを親クラブでもらうよ」と言われた日のことを、コルネホはいまでもはっきりと覚えている。コルネホはモンテスに対して、「品物のようにそう簡単に手渡せるものではない」と反論し、クラブのプロスペロ・コンソーリ会長に直訴することにしたが、それは、話のまったくかみ合わない会見に終わった。コルネホは涙を浮かべながら、少年マラドーナの将来を考えて、いましばらくユースチームに残して欲しいと嘆願したが、コンソーリは鼻っ柱の強いビジネスマンらしい返事しかしなかった。コルネホは言う。

「私は命を削り、心血を注いでマラドーナを育て上げた。マラドーナのことは私が一番よく知っている。その私が懸命に嘆願したのに、コンソーリは聞く耳を持たなかった。彼は私にこう言った。『私がクラブの会長だ。言う通りにしたまえ』。これがマラドーナのアルヘンチノス入りの真相なのだ」

アルヘンチノス時代のマラドーナ

第4章 初めての恋

FIRST LOVES

クラウディアとの出会い

家賃のいらないアパートを与えられたことは、メキメキとスターに成長していくマラドーナの人生の重大な転機となった。

その瞬間に、彼の少年期は突如として幕を下ろし、否応なしに大人の舞台に押し出されることになったからだ。家族全員が、今後生きていく上で、もはやディエゴ抜きには考えられなくなった。まず父親のチトロは、あの恐怖に満ちたビラ・フィオリートと打って変わって、住み心地の良い労働者居住地のビラ・デル・パルクのアパートに移って1年もたたないうちに、骨の粉砕工場の仕事から足を洗い、ディエゴの面倒を見ることに専念し始めた。もっとも、チトロの性格は周囲の状況が変わっても、昔のままだった。寝起きする時間帯も、規則ある生活をするために工場で働いていた頃と同じだった。彼が新しいアパート暮らしに同意したのも、それが経済的に豊かな生活を保証してくれるという理由だけではなかった。これにより、一族が昔ながらの部族的な家族単位に戻れる。しかも、大事なのは息子のそばに常時いることができることだった。

母親のトタは新しい生活環境に入ると、ますます所有欲が強まっていった。自分を取り巻くごく親しい縁者や友人のサークル以外の人はまったく信用しなかった。見知らぬ人と言葉を交わすことはなく、仮に話をする時でも自分が手に入れた物は、絶対に離さない人間であることをはっきりと相手に見せつけた。

これはディエゴの最初のデート相手になった女性を受け入れた時にもうかがえた。トタはマラドーナ家の母親としての権威、また親である自分たちと長男の間の感情的な結びつきに脅威を与えないと判断できた時に初めてその女性を認めたのである。クラウディア・ビリャファネは隣の家の娘で、彼女は彼女で自分の心に抱く夢の王子が結婚を承知してくれる日の来ることを、ひそかに待ち続けていた。彼女とマラドーナ家との掛かり合いは、近所のスーパーマーケットで偶然に起こったトタとの遭遇から始まった。買い物をしたトタがキャッシュ・カウンターで、小銭が見つからずまごまごしていると、2、3歩後ろにいた小柄であまり目立たない顔のおとなしそうな若い娘が近寄って、「これをお使いください」といくばくかの小銭を差し出した。その好意の小銭を受け取ったトタは、娘の名前と住所を書きとめ、その日のうちにお返しすると約束した。トタは約束を守り、息子ディエゴに持っていかせ、これが隣人ビリャファネ家と彼の最初の出会いとなった。

マラドーナ家の新しい住居は、アルゼンチンの労働者階級の中でも、上のクラスに属する人々が好んで住んでいた、集合アパートのひとつだった。それぞれの家は寝室、台所、便所があったが、廊下は共有になっていた。このため新入居者も昔からの居住者も、どこからやってこようと必然的に、入り組んだ関係を持った集団にならざるを得なかった。ビリャファネ、マラドーナ両家の場合、親密な関係をつくるのに積極的な役割を果たしたのはクラウディアの父のようである。

ココ・ビリャファネは近くに小さな飲食店を持ち、パートでタクシーの運転手をやっていた。マラドーナ家よりは若干ましな家の出であったが、かなり早い時期から娘のボーイフレンドには間違いなく金銭的な成功をもたらす才能があると見抜き、それに自分も賭けていたふしがある。クラウディアとディエゴが知り合いになると、ココはすぐさまふたりが親密な仲になるように仕向けた。ディエゴも頻繁にビリャファネ家を訪れるようになったが、父親ココの了承のもとに、クラウディアの部屋でふたりっきりで過ごしていることをトタが知り、これが何度かいさかいの種になった。若いふたりの交際は必ずしもプラトニックな純愛物語の部類ではなかったのだ。

もともとアルゼンチン人の社会では、男性が浮気をしても当たり前という風潮があり、サッカーのグラウンド上では別格のディエゴも、こと女性関係にかけては仲間の選手とやっていることは同じであった。新しいアパートに住みつくと、試合が終われば夜の歓楽街に行くのが日課のようになった。しかし、この頃は、マラドーナのサッカー選手としてのプレーが、私生活の行状でマイナスの影響を被らなかった、数少ない時期のひとつだった。つまり、グラウンド上できっちりと仕事をした後、思い切り若さを発散させても、家族や友人、あるいはクラブの幹部やコーチのほとんどが大目に見ていた時期であった。

マラドーナに「サッカー選手としてのキャリアに正規の教育など不要」という認識がいつ頃から出てきたのか正確には突き止められない。しかし、マラドーナ自身はかなり幼い頃からサッカーの練習が勉強に優先したことを認めているし、これには両親も同じ考えだったようだ。むしろ父チトロと母トタは、偉大な選手になろうという息子の夢を実現させることに精力の大半を使い、その点では息子よりも大きな夢を抱いていた。セボリータスでアシスタント・コーチを務めたトラック運転手のホルヘ・トロッタの記憶によれば、学校の無断欠席が特に目立ち始めたのは、14歳以降のことだった。さすがのトロッタも彼や友人コルネホがやらせている練習が、人並みの教育を受けるのを邪魔していることに良心の呵責を感じて、自分から校長先生を訪ねたことがあった。トロッタは言う。

「その校長先生はローカルクラブでプレーしたことがあり、サッカー好きなので、私もよく彼のことを知っていた。そこで私はこう言った。『本当のところディエゴが無断欠席しているのは良くないとは思うが、一度彼のプレーするところを見てくれませんか』。こうして次の土曜日には『驚くようなことが見られるから』と、私は彼をディエゴの試合に誘うことにした。校長は私の招待を受けて見にきた。我々は4対0で勝ったが、ディエゴは3つのゴールをあげた。そのうちのひとつは、ゴールキーパーを含めて数人の相手チームの選手の周りをグルグルとドリブルし、ボールをキープしながらいつの間にかボールがゴールの中に入っていた。試合が終わると校長は言った。『こんなシーンを見たのは生まれて初めてだ』。翌週の木曜日、ディエゴはすべてのテストで合格点をもらい、校長は学校に来ないでも勉強が続けられるようにと、3冊の本を与えた。ただし、ディエゴはそれらを1冊も読まなかった」

将来の代理人チテルスピラー

このティーンエージャー時代の親友の中で、マラドーナがサッカー選手として成功を遂げていく上で、ホルヘ・チテルスピラーほど決定的な役割を演じた人物はいないだろう。セボリータスに入った時、ディエゴはやがて自分のエージェント兼マネジャーとなるべき、その少年とは一面識もなかった。チテルスピラーはふたつ年上で、アルヘンチノスのスタジアムから一画ほど離れた、裕福な住宅地に住んでいた。ポーランドから逃れてきたユダヤ人難民一家の息子として生まれたが、太っちょで幼児の時にわずらった小児マヒの後遺症のため、歩く時に極端に足を引きずるクセがあった。それでも彼はアルヘンチノスの公式マスコットになっていた。試合の時には、いつも使っている松葉杖を脇に投げ捨てゴールポストの後ろに危なっかしそうな姿勢で立ち、10歳年上の兄ファン・エドワルドがグラウンドいっぱいに走り回るのを眺めていた。

ところが、12歳の時、その兄が相手選手の力いっぱいに振り上げた脚を股間に受け、出血多量で死んでしまった。あまりのショックの深さに、ホルヘはサッカー場通いをパッタリやめ、よろい戸を下ろしたまじっと家に引っ込んでしまった。その落ち込んだ状態から救ってやろうと、友人、家族はいろいろと手を尽くしたが、何ひとつ効き目がなかった。ところが、兄が死んでから6カ月たったある日、友人のひとりが彼にこう言った。

「セボリータスで神業のようなサッカーをやる男の子が大評判になっているんだよ」

その話を聞いたホルヘは、たまらなくなるほどの好奇心にかられ、自分の目で確かめてみることにした。ひと目見た瞬間、チテルスピラーはマラドーナの完全なとりこになってしまった。素晴らしいダッシュと見事なボールコントロール。なかでも相手の意表を突き、ボールへの絶妙なタッチで攻撃を組み立てながら前進していく姿を目の当たりにすると、自分の兄のプレーを見ていた時の興奮と喜びが戻ってくるのだった。ハーフタイムで披露する絶妙なボールさばきといい、またカメラを前にしての演技といい、さらに自分よりはるかに体が大きく経験もある選手たちを顔色なしにさせる、ビラ・フィオリートの小さなエネルギーの塊のような少年によって、チテルスピラーは、再び生きる喜びを発見したのであった。

マラドーナがチテルスピラー家に呼ばれるようになったのはそれから間もなくのことだ。マラドーナは美味しい物をどっさり食べ、自分の住むビラ・フィオリートの原始的生活では想像もできない水道や調理器具といった中流階級の生活様式に初めて接することもできた。さらにマラドーナを強く引き付けたのは、肉体的ハンディを抱える人間には考えられないような、心の底から自然にわき出る好意を、チテルスピラーに感じたことだった。ユダヤ人難民が懸命になってアルゼンチンに定住の地を求め、その息子が力いっぱいに生きようとしている姿を見て、スラム街に暮らす少年はどんな苦しい環境でもそれに打ち勝つことができると、勇気づけられた。

組織的能力に長けているだけでなく、チテルスピラーのおかげで、マラドーナの友人仲間はお小遣いの面でも大助かりだった。彼はマラドーナを映画に連れていってやったり、近所のピザの店でおごってやったりした。マラドーナの試合がある日には、缶入りのコーラやビスケットを持ってきた。時には家族のコネを利用して、パラディーノ医師が独特の『医療』で筋力を増強したボクサーがリング上で殴り合うのを見物するため、ルナパーク・スタジアムの入場券も手配した。

毎日が楽しみの連続だった。アルゼンチン人全般がそうであるように、マラドーナもチテルスピラーも映画好きで、特に自分の描く夢が実現するサクセス・ストーリーや、これなら自分も将来やれそうだと参考になる点が多い米国やヨーロッパ物を見るのが大好きだった。その意味では、ふたりが一緒に見たジョン・トラボルタ主演の「サタデー・ナイト・フィーバー」、ポール・ニューマン、ロバート・レッドフォードの「スティング」といった作品などは、折りあらばチャンスをつかもうというアルゼンチン人の気持ちにはぴったりだった。

マラドーナがサッカーに専念するために、小学校で学業を放棄してしまった頃、チテルスピラーは勉強に専心していた。こうしてマラドーナがアルヘンチノスの一員になった時、チテルスピラーは経済学を専攻するため、普通ではなかなか入れないブエノスアイレス大学に入学していた。こうしてふたりはまったく別な道を歩み出した。ところが、実はこれがふたりの友人の人生を引き離すどころか、逆にふたりを共同のビジネス・プロジェクトに結びつけ、サッカー史上で従来まったくなかった新分野を生み出すことになるのである。

76年頃には、マラドーナも彼の家族も自分たちを取り巻く状況の変化に気付き始めていた。自分たちの発言権がほとんどないところで、自分たちを食い物にして金儲けが行われ、純粋な気持ちで盾のように守ってくれたコルネホなども、いまやズル賢い野心家や鋭いビジネス感覚を持つ連中によって脇に押しやられてしまっている。これが分かってきたマラドーナ家の人々が、金のことならチテルスピラーが一番頼りになると見込んだのも当然の成り行きであった。

チテルスピラーのほうも、マラドーナ家の置かれている状況の変化を敏感に察知していた。サッカー界で日毎に高まる噂、大衆のアイドルになる兆候とマスコミの関心、新しいアパートを家賃なしで与えられたことは、まぎれもなくひとりのスターが誕生している証拠であった。チテルスピラーは大学に通っていた頃、アルヘンチノスのクラブ事務所にアルバイトで勤めていたので、サッカークラブの経営法や外部世界との関係については精通していた。彼はその時分からサッカーの世界で飯を食おうという夢を抱いていたのだが、やがて友人のディエゴを通じることが、その夢を実現させる最善の道であることに気付いた。

76年暮れのこと、マラドーナとチテルスピラーのふたりが、大衆紙「クラリン」の本社を訪問した。その際のインタビューでマラドーナは「チテルスピラーは単なる友人である」と紹介し、自分のビジネス・マネジャーでも代理人でもないことを、不自然とも言えるほどしつこく強調した。真相を言えば、これはふたりがパートナーになったことが分かった場合、それをぶち壊す動きが出るのを封じる手として、入念に仕組んだインタビューであったのだ。実際にはその数週間前、マラドーナからの正式な申し出で、金銭関係のことはすべてチテルスピラーが引き受けることが決まっていたのである。

その頃のことをチテルスピラーは次のように回想している。

「スタートの時分は本当に苦労した。すでに外国では正規の職業として認められていたのに、アルゼンチンのサッカー界では『代理人』という概念はまだ受け入れられていなかった。そうした仕組みを好まないと考える人がいたり、我々が何か変なことをして金を稼ぐのではないかと邪推する人もいたので、ディエゴも私も随分と神経を使ったものだ」

事実、マラドーナの友人や知己の中にも、チテルスピラーの動機に不信感を抱いている者がいた。その不信感の一部は自分たちよりも明らかに世間のゼニ勘定に明るい人間への妬みもあった。

またビラ・フィオリートの部族同様の仲間の一員であったマラドーナが、自分たちのアイドルであり、また支えであるにもかかわらず、自分たちから遠ざけられた存在になっていき、彼がもたらす成功の報酬のおこぼれからも閉め出されることへの不安感でもあっただろう。チテルスピラーのことを良く言わない、マラドーナの少年時代からの友人によれば「チテルスピラーは若い時からビッグチャンスを狙っていた。彼の夢は金になる最高のサッカープレーヤーを手に入れることだった。そこへ現れたのがまさに『夢のプレーヤー』ディエゴだった」ということなのだ。

これに対してチテルスピラーは、自分の手前勝手なご都合主義ではなくて、ちゃんとした職業としてやってきたのだと自負している。むしろ彼はアルゼンチン・サッカー界初の代理人になったことを誇りに思っているし、マラドーナが選手生活を続けていく上でも、エージェントとして間違いなく立派に助けてきたのだ。確かに彼自身は代理人として正式な教育を受けたことはない。しかし、ジャック・ニクラウスのような有名スポーツ人の代理人として、何百万ドルという収入をあげているマイク・マコーマックといったエージェントに関する新聞の切り抜きや記事を詳細に読んで勉強してきた。当然、社交的なチテルスピラーは外国語も進んで修得し、自分だけでなく友人かつ顧客でもあるマラドーナに一番に役立つノウハウを蓄積するため、あらゆる方法を講じてほかのエージェントや、国際スポーツ関係者から知識の吸収に努めた。経理の勉強を積むために、一流会計事務所で指導まで受けた。こうした努力について、彼はこう語っている。

「私は、サッカー選手のイメージ・プロモーションを専門とする、世界で最初の会社を設立することが目標だったのです」

プロ・サッカー人生を切り開いてくれた友・チテルスピラー(左)

第5章

殺戮者のグラウンドで

THE KILLING FIELDS

最年少での1部リーグ出場

1976年10月20日。16歳の誕生日のちょうど10日前、ディエゴ・マラドーナはアルゼンチン・リーグ1部で史上最年少の出場記録を樹立した。

その日はアルヘンチノス対タジェレス・コルドバの試合だったが、マラドーナ家も『神の申し子』として本当に認められるかどうかを自分たちの日で確かめようと、一家総出でスタジアムに姿を見せていた。その記念すべき日を、マラドーナは後でこう回想する。

「いつかはスタープレーヤーになるという自信はあったが、こうも早く実現するとはいささか驚きだった。あのような形で人々に存在を認められた時の気分をよく聞かれるが、問題は気持ちではない。子供時代にあのいとしのビラ・フィオリートの荒れ地でボールを蹴っていた時に夢見ていた、1部リーグ入りを果たし、初めて認められた事実そのものが大事なのだ」

アルヘンチノスのモンテス監督が、マラドーナに初のプロの経験を味わわせてやろうと決心したのは、1対0でリードされていた後半半ばのことだった。ベンチに座っていたマラドーナに、モンテスはなんの予告もなく「すぐウォーミングアップしろ」と言った。この瞬間の来ることを若者はずっと夢見る思いで待っていたはずだが、ファンのあふれたスタンドを見上げ、「このチャンスをふいにしちゃ駄目だ」と思ったとたん、めまいがするような気分に襲われてしまった。モンテス監督も若いマラドーナの心の中が一瞬パニック状態になっているのを察知して、父親が息子に命ずるように言った。

「心配することはない。グラウンドに入って、いままでやってきたようにプレーするんだ。楽しんでプレーしてくればいい」

マラドーナは出場するといきなり、自分より何年も経験を積んでいる相手からボールを奪った。相手が考える余裕もない素早さで、新人はボールを持って通り過ぎたのだ。これだけでゲーム全体の流れが変わることになった。それからというもの、タジェレス側はマラドーナひとりを蛭《ひる》のようにしつこくマークすることになり、守りは固めたもののゲーム展開をつくり出す余裕はまったくなくなってしまった。ただ、味方も支援態勢が悪いため、マラドーナがせっかくチャンスをつくってもゴールには結びつかなかった。

ある時、ゴールエリアに入ったところで、マラドーナのクロスパスを相手ディフェンダーがブロックした。マラドーナはすぐ大袈裟なしぐさで審判にハンドだったとアピールし、ＰＫを要求した。ところが、味方の主将が彼を引き留めた。

「坊や、文句を言わないで、年上の言う通りにしろ」

これでタジェレスは1点のリードを辛うじて守り切ることができた。

サッカー王の誕生にしては、あまり華々しい登場ぶりとは言えなかったが、翌朝の地元サッカー紙の論調はいまやひとりの天才が生まれつつあるという点で一致していた。マラドーナがその天才的な才能を見せられなかったのも、しょせんクラブ幹部がこれまでチームづくりを怠ってきたツケにほかならない。

「クラリン」紙はこう総括した。

《少年マラドーナの起用によって、チームの攻撃的な動きはぐんと上がったが、チームは試合の主導権は握り得なかった。その理由はマラドーナがパスしようにも、ボールを受ける味方の選手がいなかったことだ。その結果、マラドーナがあれだけ懸命にやっても、結局はタジェレスの堅い守備に阻まれてしまった》

マラドーナの頭脳的プレーによって、味方が多少とも創造的で多彩な攻撃のできるチームに変わっていくのには、まだ数試合が必要となったが、その間にもこの若い選手の卓越した技能はますます人々の目を引くようになった。新聞もこの新しく誕生したスターを絶賛するコメントを載せるために、コラムのスペースを大きく取るようになった。専門家もそれぞれの立場からの評価をぶつけ合ったが、抜群のプレーヤーである点では一致していた。アルヘンチノスのアロイシオ副会長は、マラドーナが初めて先発メンバーで出場した日のことは、いまでもまぶたの裏に焼きついているという。

シーズンも開幕近くで、あのタジェレスに負けてから2、3週間後にロサリオのニュエルス・オールドボーイズが試合相手だった。この時も負けゲームだったが、マラドーナのプレーぶりには、非の打ちどころは何ひとつなかった。アロイシオは回想する。

「マラドーナは、数少ない選手しかできないようなプレーを披露した。なかでも特に目についたのは、まったく恐れ知らずで、自分の能力を信じ切っており、絶対にやってやるという気持ちでプレーをしていたことだ。1部リーグでフルの90分をプレーしたのは初めての経験だったが、トップクラスのリーグでもう6年もやってきたような自信にあふれたプレーぶりだった」

軍事政権の弾圧の中で

こうしてマラドーナは大衆の間に次第に熱いブームを呼び起こし始めていたが、その頃母国アルゼンチンは対照的に、恐ろしく暗い現実に直面していた。

マラドーナのデビュー戦の2週間前、ニューヨークの国連総会に出席していたアルゼンチン外相のセサール・グゼッティ提督が、世界のマスコミからの集中非難を浴びていた。外国のジャーナリストたちは、直接の現地取材および国外に逃げ出した人々の証言をもとに、アルゼンチン政府がそら恐ろしいほどの人権弾圧を重ねている責任を厳しく追及し出したのだ。ビデラ、ラミ・ドゾの両将軍とマセラ提督の率いる軍事評議会は、その年の3月にクーデターを起こして政権を奪うや自分たちに反対する勢力の組織的な殲滅に乗り出していた。最初は極左テロの残虐行為への報復という口実があったが、何週間もたたないうちに全面的な検閲制度の施行、議会ならびに組合活動の制限にエスカレートしていくとともに、数千人の無実な人が拷問を受け、どこかに連れ去られていった。

拷問され、「消された」人には、神父や教師、さらには商店主、医者、ジャーナリストが含まれていた。連れ去られた子供にはマラドーナより年下もいたし、母親のお腹の中の胎児までが犠牲になった。こうした極悪な弾圧が行われている最中でも、いつも通りサッカーの試合は続けられたが、表面はともかくとして緊張した空気があたりを取り囲んでいることは否めなかった。

軍事クーデターから2カ月後の76年5月、エスツディアンテス、ウラカンの両チームがラプラタで試合を行った。このシーズンのウラカンはオッシー・アルディィレス、レネ・オウセマンといった卓越した技量の選手がいたため、クラブ結成以来最高ともいえるような好成績をあげていた。試合の日、スタンドを埋めた何千人のファンの中に、ウラカンのサポーターである38歳の競売師グレゴリオ・ノヤと16歳の息子がいた。ところが、試合開始と同時に軍事政権に反対するモントネロ・グリラ組織のシンパと見られるグループが、ウラカンのサポーターが陣取っている側のスタンドでゲリラのシンボルマークの垂れ幕を下ろし、同時にシンボルカラーの風船をスタンド上空に放した。警備の機動隊はすぐさま垂れ幕を引き裂き、ハーフタイムになると警察がスタンドに入り銃撃が始まった。ノヤの肺を銃弾が貫通した。即死だった。警察は左翼ゲリラの責任にしようとしたが、息子を含む何人かの証言で警察の説明がデッチ上げであることが分かった。

2日後、少数の親族と親しい友人が見守る中で、ノヤの埋葬が行われた。『非合法な組織』が『秩序を保つ警官』と衝突した結果、ひとりのサッカーファンが『事故死』したとのニュースを、アルゼンチンのメディアはほとんど報道しなかった。サッカーリーグの日程は、まるで何事もなかったように通常通りに消化され、サッカー関係者や選手たちも『蒸発』した人間のことをまったく知らない様子を見せたり、あるいはまったく無関心な態度を装った。

マラドーナも軍事政権の弾圧政策に関する限りは、事情にうとく関心もないひとりだったが、何が起こっているか知らないと言えばウソであろう。彼はその頃は政治のことを考える『余裕』がなかったと主張し、弾圧がどんな形で行われているかを知ったのは、政権が崩壊した後だと弁解気味に語っている。英国とのフォークランド戦争の後で、アルゼンチンに民主主義が戻ってからの政治的な発言も意見の体をなしておらず、説得力に欠けていた。もっとも、マラドーナが一般の大衆的な物の言い方しかできないのは、それだけの教育も受けておらず、知性にも欠けていたからである。それに彼は言行不一致の質なので、当てにできる発言を期待すること自体が無理な話だった。

ともかく、軍事政権の時代に『蒸発』した人々について、マラドーナが公式なコメントをしなかったことは、政治的に受け身な姿勢をうかがわせる。といっても、彼がまったく行動しなかったとか、沈黙を守っていたわけでもない。むしろ彼が見せた姿勢と発言は、軍事独裁政権にとっては思うツボで、逆に利用のターゲットになってしまったのである。軍事政権側としては、ノヤの死亡事件があったり、サッカーファンが時折軍事政権に反対した政治行動をとっても、サッカーが自分たちの政治的利益に役立ち、コントロール下に置ける限り、徹底的に利用する腹であった。そして、まさにおあつらえ向きのことを国際サッカー連盟（FIFA）が用意してくれたのだ。世界中の人々の注自の的となる78年ワールドカップを予定通りアルゼンチンで開催することを確認したのである。

代表監督にメノッティ

その地元ワールドカップのアルゼンチンの代表監督に選ばれたのがセサール・ルイス・メノッティだった。一見したところ軍事政権が描いているシナリオには、およそ不似合いで同調できない人物に思えた彼は、先端をいくモダンなサッカーを売り物にすると同時に、政治的にも革新的な流れで知られる町ロサリオで生まれ育った。背が高く長髪、女性にもてるルックスで、現役選手として所属していた頃の、ラシン、ボカ・ジュニアーズの、激しいマークとキック・エンド・ランを柱にしたサッカーとはなじまず、67年に海外でプレーすることを決意。まずニューヨークのチーム、ジェネラルズでプレーし、69年にはブラジルのサントスに移った。その後、スポーツ記者をやっていたが、73年にウラカンの監督としてアルゼンチン・サッカー界に復帰することになる。その復帰の年がたまたまアルゼンチンの政局の激変期とぶつかることになった。彼はたちまち自分の立場と意見をはっきりと述べ、大学の革新的な学生サークルとの結びつきを持ち、左翼運動のシンパとして天下に名を知られるようになった。

そのメノッティが代表チーム監督指名を受けたのは、ペロン将軍が73年に民衆の広範な支持で権力の座に返り咲き、アルゼンチン代表が期待通りの成績が残せなかった74年のワールドカップ後、しばらくたってからのことであった。その頃になると『メノッティ・サッカー』がようやくアルゼンチン国内で知られるようになった。彼の哲学はアルゼンチンのサッカーは、レアル・マドリードのスターになったアルフレッド・ディステファノやユベントスに移ったオマール・シボリのような、最高級の選手を生み出したアルゼンチン独自のスタイルに立脚すべきだ、というものだった。

ドリブルと活力に満ち満ちた攻撃に重点を置いた、繊細な技術と本能的な大胆さを組み合わせたサッカーを核にしなければいけない。このことをメノッティは筆をとり、口で語りながら、アルゼンチンをサッカー大国に復活させるのが自分の使命であることを熱く訴えた。これこそ軍事クーデターグループが待ち望んでいた言葉であった。

軍事政権は、メノッティを、反体制派の敵ではなく、アルゼンチンをワールドカップ優勝に導く原動力となる味方であるととらえていたのである。対照的にマラドーナは、この大いなる野望のシナリオにはまだ役不足の感があった。メノッティ監督も世界でトップクラスの国代表チームを編成するに当たっては、マラドーナのことが当然頭にあった。代表監督に就任後間もなく、わずか15歳という年齢にしては考えられないような天才的な技術を持った、スラム街の『小さな巨人』についての情報は、メノッティの耳にも達していたのである。2、3週間すると、自分の目で確かめるために、マラドーナが初めて1部リーグでプレーしたタジェレスとの試合を観戦した。翌朝、マラドーナの活躍を扱ったマスコミの熱の入れ方を見て、メノッティはワールドカップ優勝という大いなる野望のシナリオから、マラドーナを簡単に外すことはできないことを悟った。

77年2月末、メノッティはボンボネーラ・スタジアムで行われたアルゼンチン代表とハンガリー代表の親善試合の補欠選手にマラドーナを加えた。その2日前、ユースと代表チームの合同練習の後で、メノッティはマラドーナとふたりきりで話し合いをした。メノッティは平静さを保つために、マラドーナにその週末はマスコミと接触しないように強く要請した。また、アルゼンチンにとって試合が有利に展開していけば、マラドーナを出してやるとも約束した。マラドーナは言われた通りに、世間の脚光を浴びることを避け、試合前の通常のスケジュールを厳格に順守した。

のちにマラドーナはこの日のことを語っているが、これを聞く限り当時のマラドーナがいかに純真無垢の生活を送っていたかが知れる。

「メノッティの話を聞いて本当に嬉しかったし、気持ちも平静だった。できるだけ休んでおこうと、朝は11時に起床した。風呂に入り、ホテルの部屋でテレビを見ていると、お昼になった。そこで下に降りて、昼のランチタイムまでチームの仲間と雑談した。その後、また部屋に戻ってしばらくテレビを見て、午後3時半にボンボネーラのスタジアムへ出発した」

しかし、バスがスタジアムに到着し、サポーターたちが選手の周りに殺到し始めると、マラドーナは初めて平静さを失い出した自分を発見した。彼はのちに告白している。

「ファンが引き起こす恐怖感というものは、実感した者でなければ到底理解できるものではない」

試合は、開始早々からアルゼンチンが優位に立ち、ベルトーニとルーケのゴールで、前半は4対0のリードで終わった。するとスタンドでドラムをたたき、シャツを振るサポーターたちの間から発作的に「マラドーオーナ！」「マラドーオーナ！」「マラドーオーナ！」の大合唱が起こった。しかし、メノッティは動かない。後半2分、またルーケが得点した。ハンガリーは試合終了の25分前に、ようやく初ゴールをあげた。

こうなれば、もはや失う物は何もない。ここでメノッティは、スタジアムを興奮のるつぼに変えてしまう、秘蔵のカードを使うことにした。ルーケを引っ込めて、マラドーナを出したのである。ルーケの後というのは、決して楽な役割ではなかった。しかし、マラドーナはこのチャンスをもらうことが、サッカー人生の最高の夢であったし、サポーターたちのフィーバーも、熱狂の極みに達していた。

試合に出ると、マラドーナはたちまち存在感を示した。アルゼンチン陣深くから何度もプレーを展開して、ハンガリーのディフェンス陣の間を巧みに抜けていき、自分にシュートチャンスがない時にはアルディレスかオウセマンに渡す。終了5分前、オウセマンにパスした後、前に走りながらゴールエリアの少し外でリターンパスを受け、思い切り強烈なシュートを放ったが、わずかに外れて得点にならなかった。しかし、試合が終了するとチームメートが寄ってきて彼を熱く抱きしめ、スタンドからも熱烈な声援が渦巻いた。マラドーナは帰宅して、テレビで試合のリプレーを見たが、自分のプレーには不満足だった。

アルゼンチンの一流スポーツ誌「エル・グラフィコ」のカルロス・フェレイラ記者とのインタビューで、マラドーナは初の国際マッチ出場の体験を振り返り、詳細な自己分析を行っている。

「ぼくは連続していくつかのミスをした。逆サイドにノーマークのフェルマンがいたのに、ベルトーニにパスしてしまい、またドリブルで相手のハンガリー選手を抜こうとした時、ボールの蹴りが足りなかった。自分がボールを蹴ろうとする前に、相手選手に蹴られている場面もあった…。ビデオを見てからすぐ床についた。別に夢も見ず、こんなにも眠れるものかと思うほど、よく眠れた」

この頃のマラドーナには、スターとして成長していき、メディアの脚光を浴びながらも、まだスポイルされていない純真さがあった。選手に成りたての頃のマラドーナは物の言い方も素朴で、サッカーボールでいろいろな曲技を披露しながら、テレビカメラに話しかけた時と同じように遠慮がちだった、思わせぶりなところもなく、どちらかと言えば言葉少なで自分のプレーの基本的な点だけに焦点を絞った答えをしていた。しかし、謙虚に見えながらも彼の胸中ではなんとか78年ワールドカップ代表に選ばれ、アルゼンチンのサッカーで史上最年少出場を果たそうという夢が次第、次第に膨らんでいくのであった。

しかし、代表決定は関係者にとっては容易にできることではなかった。前回のワールドカップが終わった後、アルゼンチンのトッププレーヤーの何人かが国外に流出していた。メノッティ監督は、世界的に通用する国内選手を核にして自分の考えに沿ったチームづくりをするか、あるいは思い切って海外に出ていったトップクラスの選手を呼び戻して、代表チームに適応したプレーをしてもらうか、ふたつの選択肢のいずれを選ぶかという難題に直面した。

マラドーナの場合も、77年から78年初めにかけて国際交流試合では代表から外されていた。代わりにメノッティはユース代表に入れて、遠巻きに彼のプレーを観察することにした。その年のユースチームは成績が悪く、マラドーナも珍しく精彩を欠いてチームのけん引車の役目が果たせず、世界ユースでも予選で南米のチームに負けて、チュニジアの本大会出場はならなかった。

マラドーナがようやく面目を取り戻したのは、1部リーグのアルヘンチノスに復帰してからのことであった。相変わらずファンの人気は高く、マスコミの取り上げ方も抜群であった。彼に注目したひとりが、スポーツ記者のエセキエル・フェルナンデス・モーレスだった。大学卒の若いモーレスは、次のように書いている。

《マラドーナの名声からすれば、ワールドカップ代表の最終選考でほかの候補より一歩先んじていることは、疑う余地もなかった。我々メディアの唯一の関心もマラドーナだった。彼が、果たして世界に通用する選手であるかを、この目で確かめたかったのだ。メノッティは最終決定を行う前に、ブエノスアイレス郊外の特別キャンプに候補選手を集めた。いまでもその時の緊張した空気を覚えている。まるでサッカーが突然、国内最大の関心事になったという雰囲気になっていた。我々マスコミ陣も、サッカー以外のことについて話すことも、書くことも許可されなかった。我々はサッカー選手とともに兵隊に取り囲まれていた――これが軍事政権のやり方だった》

メノッティの裏切り

マラドーナはこうした大いなる期待と緊張の中で、最終的に22人の代表から外されたことをメノッティから告げられた。これまで、自分はいつも先輩に受け入れられるものと思い込んでいた天才少年にとっては、自分の前に現れた父親代わりの人から見捨てられたことは、とてつもないショックだった。メノッティの説明も聞かずに、彼は部屋の中に自分を閉じ込め、あたり構わず大声で泣き始めた。そのような状態になったのは、この年2度目だった。その2、3カ月前に「年間最優秀スポーツマン賞」の表彰でもれた時も、彼は母親とともに涙を流して悔しがった。

彼は「メノッティの裏切りを終生忘れない」と言い、これでサッカーをやめようとも思った。まるで愛する人から平手打ちでも食わされた気持ちで、肉体的にも精神的にも病的状態になった。この荒廃した状態から救い出してくれたのが、いつも人生の岐路に立った時に必ずそばにいてくれた父チトロと、少年時代の友人でいまやサッカービジネスでようやく一人前になりつつあったチテルスピラーのふたりだった。チテルスピラーは空腹時には、一段と物が灰色に見えることを本能的に察知し、ピザを取り寄せて3人は朝の5時まで慰め合った。涙を流し、抱き合い、感情の高まる中でも、父親とチテルスピラーは、やがてメノッティのほうが後悔する日が必ずくるとマラドーナの説得に努めた。

「まだまだ、もっと豊かな報酬をもたらす戦闘があるので、そこで勝てばいい。まだ若いのだ。これからの人生には富を約束するチャンス、名声を上げる機会は無限にある。それに後ろ盾として、アルゼンチン大衆の心がついている」

その2、3日後、クラブに復帰したマラドーナは、チャライトとのリーグ戦で、決勝点を含め3ゴールを記録した。

マラドーナはなぜワールドカップ代表から外されてしまったのであろうか。メノッティは私の取材に対して、彼はまだ若過ぎ、肉体的にも精神的にも試合に負けた場合に、それに耐えられないと判断したと説明した。これはマラドーナが、代表を外された時の反応を見ても正しい判断のように見受けられる。メノッティは言う。

「あれだけのプレッシャーの高まりの中で、仮に負けたらどうなったと思いますか。しかも、1回戦はクジ運が悪くプラティニのいるフランス、そしてイタリア、ハンガリーの組に入っていた。その可能性は十分にあったのです」

さらにメノッティは、医師団の見るところではマラドーナの筋肉構造は未発達の状態で「下手に悪質なファウルをやられたら、一生取り返しのつかないことになる危険性があった」と言うのだ。メノッティは迷いに迷ったという。力のある選手がわんさとおり、マラドーナはまだトップクラスに入るには役不足と見えたのだ。むしろ、当時メノッティが一番買っていたトップスターは、マラドーナではなくて、マリオ・ケンペスだった。76年8月、ケンペスがバレンシアでプレーするため、アルゼンチンからスペインに渡ると、メノッティは「余人をもって代えがたい選手を失った」と残念がった。

「アルゼンチンのサッカー界は、やがて彼を失ったことがいかに大きなダメージか分かってくるはずだ。ワールドカップまであと2年の間にアルゼンチン代表の中で、あれだけの若さと力強さ、そして経験のある選手をつくり出すことはほとんど不可能な話だ」

ワールドカップの開催がいよいよ追ってきたが、メノッティのケンペスに対する並外れた評価はいささかも変わっておらず、マラドーナを冷静に検討する気持ちはさらさらなかった。

ケンペスのほかに、代表に選ばれたのは、やはりビジャやアロンソのような優秀で経験を積んだ選手たちだった。にもかかわらず、マラドーナを外すというメノッティの決定は、しばらくの間はワールドカップに一抹の暗い影を投げかけた。アルヘンチノスのアロイシオ副会長も、マラドーナが代表に選ばれるのは確実と思い込み、契約更新のため、決定前に代表チームのキャンプを訪れたほどであった。

「私は彼が出場し、素晴らしい働きをすると確信していた。そうなれば大会後、とても払えない金額を要求するに違いない。そこぞ我々の支払える範囲で、交渉をまとめたかったのだ」

ところがキャンプに行ってみると、代表チームのトレーナーで、メノッティの実質的な右腕となっていたリカルド・ピサロッティによって、マラドーナへの接触を阻止されてしまった。しかし、キャンプには秘密の盟友がいた。チームドクターを務めるルーベン・オリバである、メノッティやピサロッティが非公開の練習に加わっているスキに、アロイシオはオリバ医師をつかまえた。

「先生、なんとかマラドーナをピサロッティに知られないように連れ出して、どこかの部屋で話ができるよう取り計らってくれないか。でないと、私のクラブは破滅的なダメージを受けることになるんだ」

オリバにとっては、まさに渡りに船だった。彼自身は別にアルヘンチノスに借りはなかったし、またマラドーナに特別な関心を持っているわけでもなかった。むしろ、ワールドカップへ向けてのチームの調整に当たって、選手のトレーニングやコンディションづくりをめぐる意見の違いから、ピサロッティに対しては不快感を抱き始めていた。

その意味で、アロイシオのちょっとした悪巧みは、オリバにはピサロッティを見返すとともに、自分の影響力を取り戻す絶好のチャンスだった。そこで、オリバはこっそりマラドーナをアロイシオとの密会の場所に連れていった。マラドーナはそこで、契約更新に即刻合意した。マラドーナはその後も選手生活を続けていく中で、数々の陰謀、策略の渦に巻き込まれていく。そのはしりとなったのがこの時であった。

契約更新に成功したアロイシオは、その1週間後にメノッティ監督に会って、ワールドカップ代表選手について話し合いを持った。アロイシオは、個人技で最も力を発揮できるのはマラドーナであり、すでにトップクラスの選手としての実績も見せたし、ワールドカップに出れば、それ以上の活躍をすると熱っぽく語った。しかし、メノッティは納得しなかった。マラドーナは選手としてまだまだ未成熟で、自分としてはマラドーナの代わりの補欠選手にアロンソを起用する。それにワールドカップの決勝は名門リバープレートの本拠地で行われる。観客動員力から見てもリバープレート所属のアロンソを起用したほうがいいのだと言い張った。

メノッティの弁明

しかし、アルゼンチンのワールドカップ代表をつぶさに観察していた人たちの証言では、メノッティがマラドーナを外したのには、それ以外の個人的な理由があったというのだ。メノッティは目前に迫っていた地元ワールドカップで必ず優勝できるという確信があった。エゴの塊のような人間だった彼は、優勝がもたらす栄光をひとり占めにする執念で凝り固まり、自分を脅かすライバルを極度に警戒していた。彼の脳裏にはハンガリーとの親善試合に、スタンドから沸き起こる「マラドーナ！　マラドーナ！」という部族のコールに押されて、若いマラドーナを起用せざるを得なかった情景が、まだ生き生きと刻み込まれていた。

「メノッティはワールドカップが、願ってもないビッグチャンスに思えた。彼としては自分を凌ぐ存在が出てくるのは許せないことだった。彼はマラドーナ、そしてマラドーナがチーム全体に及ぼす影響を恐れていたのだ」。これがフェルナンデス・モーレス記者の回想だ。

これと同意見を持つのが、あのオリバ医師である。彼は、次のように語る。

「メノッティはマラドーナに対して、病的な恐怖心を抱いていた。彼は自分に対抗できるような大物は一切近寄らせず、最高実力者の地位を奪われることを常に恐れ、自分に『この選手を使ったら…』と押し付けられることにあくまで反発した。メノッティにしてみれば、一度そうした周囲の圧力に負けたら、一瞬にして自分の権威がなくなると信じ込んでいたのだ」

結果的にはマラドーナの起用をめぐって問題はあったものの、78年ワールドカップはアルゼンチンの優勝という期待通りの結末で終わった。しかし、スポーツ史上でも、これほど政治的な道具に利用された大会はそうざらにはあるまい。

メノッティが「軍部指導者を喜ばすために優勝を勝ち取った」と、言われたことに対して弁明したのは、軍事政権が消滅してから、しばらくたってからのことであった。

86年、彼は次のような総括を書き記した。

「私の生活信条と相容れないどころか、むしろ正反対の立場に立つ独裁政権時代に、私が監督を務めたことを問題視する人が多い。私はそうした人に逆に聞きたい。『では、私はその時どうしたら良かったのか?』。負けるように工作して、サポーターを裏切れば良かったと言うのか。もちろん、そんなことはできるはずはない。我々は大衆のために、最高のパフォーマンスを見せることを義務と思い、チームとしてベストを尽くした。それを優勝という形で見せたかった。同時に真剣でまじめなサッカーをやりたかった。決勝戦の日、グラウンドに入る時に私は選手に言った。『ファンのいるスタンドを見上げること。政府関係者の座っているVIPスタンドのほうには目を向けないこと。ファンが埋まっているスタンドには、我々のオヤジがいるかもしれないし、鉄鋼労働者や肉屋、パン屋あるいはタクシーの運転手が座っているはずだ。そのスタンドのほうを見るんだ』と」

ただ、メノッティはワールドカップで習慣化していた『ある事』をどうしたら取りやめさせれるかについては、一言も触れていない。ある医事関係者は私にこう語っている。

「78年、アルゼンチンのサッカー界では選手がみんな不正薬物を使用していた。私はこのドーピング撲滅のために全力を尽くして戦った」

しかし、この撲滅運動も一部成功したに過ぎないようだ。リーグの試合で常時アンフェタミンの提供を受けていた選手たちは、ワールドカップでは尿の採取システムがずさんであることを知った。ひとつは、当時のＦＩＦＡには選手の薬物使用規制のシステムが確立されていなかったこと、ふたつ目はドーピング検査は常時行われはしたが、政治的な配慮からアルゼンチンのサッカー当局が、自国の選手に限っては陽性反応が出ないような措置を取った形跡がうかがわれるのだ。

この時『いけにえ』にされたのがスコットランド代表のウィリー・ジョンストンで、彼はドーピング検査で陽性反応が出るとチームから帰国を命ぜられ、国際試合で1年間の出場停止処分を受けることになった。彼が服用をしたのは動きの活力を高める「フェンカンファミン剤」2錠だった。しかし、アルゼンチンのケンペスとタランティニの両選手は、ワールドカップ中のあるゲームで試合後も薬物による『興奮状態』が残り、それが治まるのにさらに1時間もかかったという情報がある。それよりもっと信じられない話もある。アルゼンチン代表の給水係の妻の尿が、試合後のドーピング検査で、あるアルゼンチン代表選手の尿とすり替えられたというのだ。

私が95年11月、メノッティにこの疑惑を直接ぶつけたところ、彼は色をなして、自分の選手は違法薬物は一切使用しなかったと否定した。彼はケンペスについては「アルゼンチン・サッカー界で最もクリーンな選手だ」と強調し、同じアルゼンチン代表でその後も活躍したアルディレス、ベルトーニ、ガルバン、オルギン、ルーケそしてパサレラも同じだと、次のように私に言った。

「薬物を使い出すと、選手寿命は3年ほどしかもたない。それ以後はゴミのような哀れな存在に落ちぶれていく。私が監督を務めたあの時のチームは世界の舞台で、これまでの、どのアルゼンチン代表よりも強かった——それだけの話だ」

第6章 軍事政権のパンダ

THE JUNTA'S BOY

軍部指導者の計算

1978年のワールドカップをアルゼンチンが制覇したことで、軍事評議会は自分たちの政権が揺るぎないものであるとの『幻想』を一層深く抱くようになった。そして将軍や提督たちは国民大衆を操る上で、サッカーがいかに強力な道具になるかを、敏感に感じ取ったのである。

ワールドカップの興奮が一段落すると、一転サッカー界最大の話題の中心となってきたのがディエゴ・マラドーナだった。ワールドカップ代表にはなれなかったものの、彼は一日一日と国民的スターへ成長し始めていた。スタジアムでは、彼へのコールがスタンド中にこだまし、マスコミも彼のことを熱狂的に書き立てた。メノッティによって代表を外されて落ち込んでいたマラドーナも、すぐ元通りの自分に戻った。

前回のユース大会の惨たんたる成績とは対照的に、自信をつけ、肉体的にも成長したマラドーナがけん引力になって、アルゼンチンはワールドユースの予選ラウンドを勝ち抜いていった。ペルーを4対0で下した試合で、この時ブラジルの記者たちが初めてマラドーナをペレと比較し「まさにペレ以来の逸材」であることを認めた。

一方、ワールドカップ制覇で一躍国民的英雄となったメノッティは、個人的な好き嫌いを度外視できるだけの余裕が持てるようになっていた。あれほど足蹴にしてきた天才少年を、再び目にかけることにし、ワールドカップから6カ月後には、一連の国際親善試合を行う代表チームにマラドーナを復帰させた。マスコミへの事前説明の中でメノッティは、こう述べた。

「このビラ・フィオリート出身の少年は自分が必要と考えていたところまで成長してきたし、いまや大選手になれるだけの力を身につけてきた」

彼は自分の説明が以前に下した決定と矛盾しているとは思わず、それ以後マラドーナが史上最高の選手のひとりになる能力を持っていることは、一瞬も疑ったことはないと主張している。

「このサッカーの天才児は16歳でデビューしたが、その時以来彼がディステファノ、クライフそしてペレと並び称せられる日が必ずやってくると、私はいささかも疑っていなかった」

その後アルゼンチンのユースチームに加わったマラドーナは、東京で初めてワールドユース大会のカップを手にした。この時はエージェントのチテルスピラーと父チトロも同行していたので、3人で優勝祝いをした。これがマラドーナのサッカー人生の大きな転機になると同時に、これで選手としての商品価値がぐんと跳ね上がったという点で3人の考えは一致していた。軍事政権も絶好のチャンスと、このワールドユースというイベントを最大限に利用することにした。というのも、たまたま東京のユース大会は、アルゼンチン国内の人権侵害の最新状況を知るために、米州機構（ＯＡＳ）調査団のブエノスアイレス訪問と時期が重なっていたのだ。

当局はマスコミに対して、ＯＡＳ調査団寄りの報道を控えるように警告する一方、アルゼンチンが優勝候補の筆頭にあげられていたこの大会を利用して、再び国民の愛国心を煽り立てた。

東京での優勝が決まると、「アルゼンチン世界一！」と、政府は布告を出し、愛国心のある市民は全員街頭に繰り出して、喜びのデモに参加するように呼びかけた。

当時は軍部の完全なコントロール下にあった一流夕刊紙「ラランソン」の記者たちは急きょ、母トタをインタビューするため、マラドーナ家の取材に動員された。隣近所の人に囲まれながら、トタは大会中は毎日息子から電話がかかってきたことを誇らしげに語った。

トタはその後、アルゼンチンで一番人気のあるトークショーに、笑みを浮かべながら生出演した。プラザ・デ・マージョ（広場）とその周辺には、中学生や特別休暇をもらい交通機関もタダにしてもらった労働者など数千人の群衆が、出動した警官の合図で続々と集結した。

しかも、この国家的キャンペーンはさらに念が入っていた。陸軍参謀本部はマラドーナには兵役に服する義務があり、お祭り騒ぎが終わった後は一兵卒になることを忘れないようにと、本人とメノッティ監督に電報で通知し、それを公表した。マラドーナはこの通知を忠実に守り、頭を丸刈りにし国旗を前に宣誓して徴兵に応じた。ただ、兵役期間は短かった。軍部の指導者が兵舎に置くよりも、グラウンドに立たせたほうが得策と判断したからだ。彼は除隊になったが、その時も彼を讃える軍隊式のセレモニーが行われた。マラドーナに兵役服務中の特別積み立て預金帳を手渡しながら、彼の所属していた隊の部隊長は、強い口調でこう訓辞した。

「国はスポーツの世界で、君のような若い模範的な選手を必要としている。偉大なる国家的事業のために、身をなげうって励み、努力をする若者が要求されている。その意味で、若い君にはその模範になってもらいたい。君の人気からしてそれは可能だし、衆人の前に立つ人間としての責任から見ても、そうなることが君の義務なのだ」

海外移籍に「待った」

東京から凱旋して間もなく、軍事政権が音頭取りになって打ち出すお得意のスローガンが、またひとつ増えることになった。

それはやがて国内の主なスタジアムのスタンドで大合唱として響き渡り、なかでもひときわ目立ったのがマラドーナの所属するアルヘンチノスの本拠地だった。顔、体にクラブカラーを塗り付け、最も熱狂的なファンが、太鼓の響きに合わせながら、もろ肌脱いで部族の戦いの踊りに荒れ狂う中から、まるで命令一下のように大合唱が起こるのだった。

「マラドーナはどこにも売らない。どこにも行かない。マラドーナは国の財産なのだ」

その大群衆の中でも、声の大きさと騒がしさで際立ったのが『バラ・ブラバ』、アルゼンチン版フーリガンの集団だった。サッカーが驚くようなスピードで人気スポーツのトップに成長していく過程で、「バラ・ブラバ」と呼ばれる失業者や浮浪者からなる暴力団的グループが誕生し、特殊な利害に絡む問題を強引に解決してもらう必要が生じると、クラブ関係者や政府当局がこのグループに脅迫まがいのことを依頼するようになった。その見返りとして、「バラ・ブラバ」のメンバーには食費と交通費が支給され、サッカーの試合だけなく『暴力的解決』が必要なイベントの入場券がタダでもらえた。

マラドーナの海外への移籍を絶対阻止するために、アルゼンチン・サッカー界の実力者が「バラ・ブラバ」を利用したことは疑う余地がない。最初に動いた実力者は、アルヘンチノスのコンソーリ会長だった。79年のワールドユースが終わると、彼はマラドーナとの契約を長期にして移籍できないように全精力を投じた。

アルヘンチノスの名誉会長に陸軍のトップだったギジェルモ・スアレス・マソンを据えたのもコンソーリで、このマソンはクラブの財政面の総責任者になった。この人物は格別サッカーに興味を持たず、さほどの知識もなかった。ただ彼には「バラ・ブラバ」が自分の味方になることが本能的に分かっていた。

78年ワールドカップが終わると、マソンは、なんのためらいもなく「サッカー利権」の分野に進出していた。

マソンはマラドーナに航空会社の派手なロゴ入りのTシャツを着せ、野球帽をかぶせるなどのコマーシャル出演をさせたが、国内有数の夕刊タブロイド紙「クロニカ」は、このやり方に反発して1ページ全面を使った攻撃記事を掲載した。ただ、発行停止になるか、あるいは自社の記者が殺害されるのを恐れて、裏にマソンが介在していることには一切触れなかった。しかし、同紙の記事を読んだ人はだれしも、軍事政権が、この一件に関わっていることを容易に想像できた。

《サッカーの天使にあんな物を着せるのは侮辱だ》という見出しの記事はこうだった。

《マラドーナはサッカーの選手ではなくて、わずかな金のために道化師の役を務める宇宙飛行士か、自動車レースのドライバーのように見えた。こんなことになる責任は投資した金への見返りを常に望む消費社会の在り方にある。マラドーナはあくまでクリーンで純潔なのだ》

確かにそうかもしれないが、これが100パーセント事実とは言えなかった。なぜなら、マラドーナには、この頃になると厳密にはサッカーとはなんの関係もないことについての発言が目立つようになってきたからだ。マラドーナはこう言っている。

「兵士として国に尽くす喜びが分かるにつれて、国家の主権がいかなるものであるかが、私にも理解できるようになった。それが実はすべてであり、アルゼンチンは私の国、そして私の家庭でもある。もし、いつの日にか我が国の軍隊が国を防衛する時が来れば、兵士マラドーナがそこにいるだろう。なぜなら私はまず、そして何よりもアルゼンチンの国民だからだ」

それはマソンやコンソーリのような軍人が書いた、軍事政権のマニュアルの丸写しのような発言だった。

当時アルゼンチン軍部では、激しい内部抗争が進んでいた。この陸軍と海軍の対立はサッカー界にまで影響し、海軍のラコステ准将がマラドーナ獲得を目指しているのを知って、マソンは防護策を講じる必要に迫られていた。

ラコステ准将は、FIFA副会長になって、政権内の権力基盤を着々と広めていた。82年までFIFA副会長の任期は続いたが、アルゼンチンの一流クラブのリバープレートの役員でもあったラコステは、ワールドカップで優勝すると、リバープレートにマラドーナを金銭トレードで獲得するように熱心にすすめた。しかし、リバープレートはマラドーナ獲得を実現させるような提案を一度も行わなかった。それどころか、80年に選手の海外移籍をアルゼンチン・サッカー協会が規制することになり、ラコステが強力にその規制支持を表明している最中、マラドーナが1年のローン契約でボカへ移籍するという皮肉な事態が起こった。この年、ボカがリーグ優勝を遂げたために、ラコステは腹立ちが収まらなかった。

スターへと急成長していくマラドーナに対する、軍事政権の思い入れがいかに深いものであったかを、まさに白日のもとにさらすように教えてくれたのが、アルヘンチノスのアロイシオ副会長であった。この時、彼はクラブとマラドーナの関係を政治のことは一切抜きにして、純粋に金銭的な面での話し合いにしようとした時の苦労話を聞かせてくれた。

ワールドカップが終われば、彼個人としてはマラドーナをクラブが引き留めることは不可能と判断していた。コンソーリが軍部の仲間から受け取っていた闇の助成金などを抜きにした実質的なクラブの収入では、マラドーナとの契約延長のために膨張する経費をまかなうのがやっとだった。予算が貧弱であるだけでなく、ほかの選手のために使い、チームを強化する金がまったくなかったからだ。アロイシオとしては、マラドーナを売り、その資金をもとにチームのリストラをやり、観客動員を増やすために競技場の改修を行って、長期的にクラブの経済的な基盤固めを図りたかった。

彼は私にこう言った。

「クラブ内部で私が直面した問題は、コンソーリもスアレス・マソンも政治的な思惑しか頭になかったことだ。みんなが寄ってたかってマラドーナを利用して、甘い汁を吸おうとしていたのだ。マラドーナの外国行きを阻止したかったのは、コンソーリやスアレス・マソンだけではなくて、軍部の全員だった。軍事政権にとって都合の悪い状況になると、国民の不満をそらせるにはマラドーナが絶好の道具だった。古代ローマ人がサーカスを利用したように、軍部はサッカー・スタジアムを利用したわけだ」

ワールドユース東京大会では5試合出場6得点の活躍でMVPを受賞

第7章 ハリー、ブエノスアイレスに行く

HARRY GOES TO BUENOS AIRES

エル・ペルーサを狙え

78年のクリスマス直前、つまり南半球では夏の話になるが、当時イングランドでも辣腕《らつわん》で知られていたシェフィールド・ユナイテッドのハリー・ハスラム監督が、選手獲得のために空路、大西洋を越えてブエノスアイレス入りした。

話の下地はすでにハスラムとかつてアルゼンチン代表の主将を務めたこともあるアントニオ・ラティンとの、何度かにわたる秘密会合でほぼでき上がっていた。

ラティンはボビー・ムーアを主将とするイングランドが、地元イングランドで開催された66年ワールドカップで優勝した時、荒っぽいプレーで知られたアルゼンチンの長身選手だった。

ラティンはまだアルゼンチンでレギュラーになっていない無名、あるいは無名に近い選手のうち、海外

移籍規制の対象外の選手名簿を常に用意していた。その中には国内ではスタークラスに育っていたものの、まだ海外では十分な評価を得ていなかった18歳のディエゴ・マラドーナの名もあった。

ハスラムが最初から目を付けていた選手はただひとりだった。アルゼンチン・サッカー界では優勝をもたらしたヒーローたちが依然脚光を浴びていたが、いまやメディア、関係者、監督、エージェント、そして選手たちが集まると必ず話題にするのが、まだ体は十分大人になっていないはずなのに、驚くべき自信に満ちたプレーでチームを引っ張る『エル・ペルーサ——長いちぢれ髪』の愛称で呼ばれ始めていたマラドーナであった。

ゲームをつくり、攻撃を組み立て、得点に結びつけるマラドーナの多彩な才能を、ハスラムはアルヘンチノスのホームグラウンドと、マルデルプラタでのアウェーの試合でしっかりと確かめることができた。

その時の印象を、ハスラムはこう語っている。

「ラティンが車に乗せて連れていってくれたのは、屋根はほんのわずかで、役員のためのボックスシートも皆無の、みすぼらしく、とてもリーグマッチ用とは言えないようなグラウンドだった。私たちはクラブハウスの窓を通してマラドーナを見ることになった。『これが評判のマラドーナの本拠地か…』。そう思っているうちにマラドーナがキックオフ前に出てきてボールを使ったトリックを披露した。そしてプレーに入ったとたん、私は自分の目を疑った。まだ少年のように若い選手が見せるオールラウンドなプレーは、まさに驚嘆の一語に尽きたからだ。このコンパクトな体つきの少年は、どえらい金になるぞと直感した。しかも、クラブ関係者は次のように私に言ったのだ。『彼にはあとふたり素質のある弟がいるんですよ』」

同行していたサッカー・ジャーナリストのプリチェットは、こう回想している。

「その少年は王子であり、南米最高のプレーヤーだった。我々がアルゼンチン入りしたと同時に、彼が外国チームに移籍でもしたら、国中を巻き込んだスキャンダルに発展することは明白だった。ハスラムがコンタクトを持っている連中は、本当にマラドーナが欲しいのであれば、こっそり国外に連れ去るほかはなく、それなりの金を用意する必要があると説明していた」

そのような策謀が必要と言われても、マラドーナを獲得したいハスラムの意欲は、いささかも変わらなかった。

マラドーナに外国から公式に目がかかったのは初めてのことであった。ワールドカップ代表からもれたことでむしゃくしゃしていた時だけに、イギリス人コーチの熱意に、マラドーナも心を強く動かされた。

問題はアルゼンチン以外のチームでプレーしたことがなく、国際的なレベルで実力が十分に試されていないため、いったい選手としてどれだけの価値が付けられるのか、ということだった。チームから巨大な資金的支援がないため、ハスラムとしては長期的な観点から、自分のチームの利益を考えて交渉するほかはない。マラドーナ側はその点は不満で、ハスラムの提示した90万ドルも、時間をかけて交渉を続ければ値段が上がっていく、ほんの序盤の数字と考えていた。ただ、アルヘンチノスの財政的再建に使うことが念頭にあったアロイシオ副会長だけは、その数字をそっくりのんでもいいと思っていた。彼はイングランドでプレーをさせれば一人前に育っていくとも思ったので、早くマラドーナを行かせたかったのである。

しかし、アロイシオの考えはクラブの重役会で退けられ、おそらくチテルスピラーとマラドーナ自身の賛成もあったと思われるが、150万ドルという逆提案を行うことになった。ハスラムにしてみれば、天文学的な数字である。マラドーナの要求額と移籍に絡むコミッションがあまりにも高いために、さすがのシェフィールドの重役会も首をタテに振らなかった。

高まる商品価値

この一件はマラドーナの将来に大きなインパクトを与えることになった。国際的市場で『売り物』に出されたことによって、世界でも目玉商品とされる選手のひとりとして、万人に知られる存在になったのである。そこでハスラムとの交渉が進行中にもかかわらず、エージェントであるチテルスピラーは「マラドーナがアーセナルでプレーする希望を持っている」とのアドバルーンを上げてみた。

海外でのマラドーナのイメージを高めた点で、この作戦はそれなりの効果があった。それから3年間というものは、友人マラドーナのために可能な限り最高の契約をまとめるため、チテルスピラーはマラドーナを手に入れたいクラブを互いに競い合わせ、あの手、この手と狡滑な手段を使いながら巧みな交渉を展開していくことになった。

この間、マラドーナはボカをリーグ優勝に導き、国内でのイメージも一段と高まっていた。しかし、彼の海外への移籍を阻むアルゼンチン・サッカー界の諸勢力が、依然として陰で動いていた。アルゼンチン・サッカー協会はじめ、リバープレート、ボカ、アルヘンチノスらの有力クラブ、バラ・ブラバ、一部の軍部指導者、それにセサール・メノッティらであった。

シェフィールド・ユナイテッドの獲得交渉が不調に終わった欧州では、一流クラブのいくつか——特にイタリアのユベントスがマラドーナ獲得への関心を見せていた。

強大な力を持つ自動車メーカー「フィアット」の総帥ジャンニ・アニエリの後押しを受けて、ユベントトスのジャンピエロ・ボニペルティ会長とピエトロ・ジュリアーノ監督が、チテルスピラーとアルヘンチノスの代表に会うため、ブエノスアイレスに飛んだ。

ユベントスのスカウト連中も79年5月26日、ローマで行われたアルゼンチンとイタリアの親善試合で、マラドーナの技量を目の当たりにしていた。結果は2対2の引き分けに終わったが、この試合は、マラドーナとイタリアのトップディフェンダーのマルコ・タルデリの一騎打ちとなった。マラドーナの目で追えないほどの変幻自在のペース変化と、きちっとしたボールさばきの鮮やかさに、オリンピック・スタジアムの観衆は総立ちになった。さすがのタルデリもまったく手も足も出ず、その日はまさにマラドーナのひとり舞台だった。

ユベントスの交渉の内幕に通じていたある人は、こう説明する。

「移籍料の金額は問題ではなかったが、ボニペルティの頭には不安が残っていた。確かに最高のプレーヤーになる素質はある。しかし、まだこれから一人前になろうという未成熟の段階の選手である。成熟する頃になって、いま見せている素質が失われていく危険性もないではない。彼の目にはマラドーナがどんな選手になるか見当のつかない代物に見えたので、決めるにはもう少し時間をかける必要があると思ったのだ」

それでも、ボニペルティはマラドーナの海外移籍に反対する国内の声をかわすため、自分でも妙案と思えることを思いついた。それは1シーズンだけユベントスにローンでプレーさせ、82年にスペインで開かれるワールドカップへの出場に間に合うように、アルゼンチンに返すという内容のものだった。ここまでは双方とも相手の出方をうかがうような煮えきらない態度だった。ところが、ユベントス以上にマラドーナ獲得に真剣になっていたあるクラブとの交渉を有利にするため、マラドーナ側が取った戦術によって交渉は一気に重大な局面を迎えることになった。

その表れがイタリア通信社ＡＮＳＡが発信してアルゼンチンのメディアが大々的に報道した、「ユベントス１０００万ドルの移籍金を用意！」というニュースである。

ただ実際問題として、その時点の双方の交渉で数字が仮に出ていたにしても、１０００万ドルというとてつもない額ではなかった。

ユベントスが何を考えて交渉を進めていたか、いまひとつ分からない。だが、はっきりしているのはマラドーナを手に入れようという執念と積極さの点では、スペインのサッカークラブ「バルセロナ」には到底及ばなかったことだ。それが82年のマラドーナのバルセロナへの最高額の移籍だった。実際、エンリケ・オマール・シボリによるとユベントスのアプローチが不利になったのは、バルセロナがすでにスカウティングでトップ級のネゴシエーターを送り込んでいたことだ。アルゼンチン・サッカー協会が「マラドーナは売らない！」運動を展開している反抗の中でのことだった。

シボリはこう語っている。

「オープンでフランクな話し合いが行われたが、マラドーナは明らかに気まずそうで、困惑している様子だった。バルセロナと予備的合意書にサインしており、自分のコントロールできない状況に陥っていることに恐怖さえ感じており、居心地が悪そうだった。その頃のアルゼンチンは国民全員がマラドーナがどこへも行かないように戦っているようだった」

第8章 金、金、そして金

MONEY, MONEY, MONEY

移籍交渉の駆け引き

マラドーナがサッカー史上でも記録的な条件で移籍していく話は、サッカーの世界がいかに金まみれで、偽善行為が横行しているかを、白日のもとにさらすように私たちに教えてくれるが、ストーリーそのものはいたって簡単なことから始まる。

1977年の初め、バルセロナFCの『ペナス』、つまり「サポーター」の国際的なネットワークづくりを専門に担当するベテラン副会長のニコラス・カサウスのもとへ、アルゼンチンのリゾート地マルデルプラタから1本の電話がかかってきた。人好きのする性格で、酒は飲まないが、葉巻を手から離さないカサウスは、交渉ごとは静かに進めるタイプだった。

その日かかってきた電話の内容を聞いたカサウスは、「これは検討に値する話だ」と直感した。バルセロナをサポートする『ペナス』が一番多いところがアルゼンチンであり、同時に自分の生まれた国だけに愛着を持っていた。しかも、電話をかけてきたのは、サッカーのことを知り尽くしている点で、一目置いている友人のベルトランだったのだ。ベルトランは、バルセロナＦＣ——通称・バルサの熱狂的なサポーターで、カサウスにかけた電話の話しぶりでは自分が目撃した試合の興奮がまださめやらない様子だった。

彼が観戦したのはマラドーナがデビューした1部リーグの試合のひとつで、マラドーナの活躍でアルヘンチノスが地元チームに快勝したゲームだった。

カサウスへの電話で、ベルトランは声を弾ませて言った。

「こいつはまさにサッカーの天才だよ。自分の目で確かめに、絶対来いよ」

78年のワールドカップの時期、カサウスにそのチャンスが訪れた。クラブからアルゼンチンのサッカー事情全般の視察を命ぜられたからだ。サッカーのレベル自体については、さほど感銘を受けなかったが、クラブ・マッチでプレーしている若いマラドーナを見て、カサウスは思わず心の中で唸った。スペインに帰国した時のことを、彼はこう回想している。

「私は会う人ごとに言った。『いま凄い選手を見つけて帰ってきたんだ。ディステファノやペレに負けない大物だよ』。しかし、クラブからは口封じをされた。クラブ内でも外部でも、私が少し有頂天になり過ぎていると見ていたようだ。みんなの意見ではマラドーナは若過ぎるし、まだ実際に通用するかも分からない。つまり、私は外観にだまされているというのだ」

しかし外見は控え目でも、カサウスはそう簡単に引き下がる人物ではなかった。カサウスは、役員会の最初の反応にはくじけなかった。彼は「マラドーナは一時的に騒がれる天才少年では終わらない。必ずモノになる」と、じっくり時期を待つことにした。彼の判断は正しかった。

78年12月、大発行部数を持ち影響力の大きい日刊スポーツ紙「マルカ」が、マラドーナのことを大々的に報道した。

この《新しいアルゼンチンの星》と見出しが付けられた記事は、チテルスピラーが設定したインタビューをもとに、一面全部を使った特集記事だった。

《この移籍金額たるやアルディレス、ビジャ、あるいはタランティニを凌ぐものだが、要求している選手がなんともはや奇妙な代物なのだ。ニックネームは長いちぢれ髪という意味の「エル・ペルーサ」——短身、ずんぐりで、何カ月もハサミを入れたことがないように見えるアフロへアスタイル。まだ18歳だというのに、アルゼンチンのサッカー界では最高の値段のつく可能性がある選手なのだ。いまはプレーヤーがだぶつき、買い手市場というが、マラドーナだけは別格のようだ》

95年初め、バルセロナで私はカサウスにインタビューしたが、彼は初めてマラドーナと会った時の模様を懐かしそうに回顧しながら、こう語ってくれた。

「素晴らしい逸材で、ひどく素朴な若者だが、あまりにも早く有名になり過ぎたというのが最初に受けた印象だった。まだ未成熟なのに、金、スター性、そして人気が先行してしまっているように思えたのだ。また、彼は国や家族と深い絆で結ばれていると感じた。家を訪問した時も、両親、兄弟、姉妹、いとことファミリー全部がそろって迎えてくれたが、その時私は心の中でつぶやいた。これは共同体のようなものだなと、同時に妙なことだが、たくさんの枝が生えているのを、根っこから引き抜いて大丈夫だろうかとも思った。樹木が大地のおかげで生きているように、ラドーナもアルゼンチンという国と、ファミリーのおかげで生きているように見えたのだ」

カサウスが気に入らなかったのは、チテルスピラーの存在だった。父チトロと同じで、何かというと金の話を持ち出してくるのだ。

「知恵はあるが、ハートのないやつだと思った。何でも数字で、頭にあるのは金のことだけだった」

しかし、チテルスピラーのほうはすべてを見通していた。彼にはカサウスが単なる尖兵で、口にはしないが、やがて登場してくるクラブの辣腕ぞろいの交渉チームの露払い役を務めているのがありありと見えていたのだ。カサウスも後になって、こう認めている。

「最初は乗り気でなかったクラブの役員連中も、マラドーナ獲得の腹を決めていたのだ。彼らが考えているのは、いかに有利に交渉を進めて、いい条件で獲得できるかということだけだった。とにかくできるだけ安くマラドーナを手に入れたかった。反対にチテルスピラーはできるだけ高値で売りたかったわけだ」

それから2年間、交渉団がバルセロナとブエノスアイレスをひっきりなしに往復した。最後には熾烈な駆け引きの応酬で話がまとまるが、これが80年代、90年代にマラドーナをめぐって、再三繰り返される移籍交渉のパターンをつくり上げたとも言えるだろう。

その間、ディエゴ・マラドーナの人生を支配しようとする、利益集団の蠢動《しゅんどう》も依然として続いていた。バルセロナというサッカークラブが、ひとりのサッカー選手と早期に契約を取り交わそうという汗水垂らしての交渉が、アルゼンチン国内では大衆の非難の雨を浴び、暴力団まがいの脅迫の的になったのだ。

すでに79年3月アルヘンチノスのアロイシオ副会長は、役員会の大半の支持を受けてバルセロナでバルセロナ・クラブ側との仮調印を終えていた。ところが、軍部の一部勢力のバックアップを受けていたコンソーリ会長は、そのような契約との関わりはまったくないと否定した。ブエノスアイレス空港に帰着したアロイシオ副会長を待ち受けていたのは、金でかり出された悪名高きフーリガン集団「バラ・ブラバ」の抗議デモだった。死の脅迫状も次々と舞い込んできた。バルセロナの財務担当のカルロス・ツスケツ氏を伴い、アロイシオがホームゲームの観戦のためにスタンドに姿を現すと、「バラ・ブラバ」がいっせいに立ち上がって、叫び声を上げた。

「マラドーナは絶対に売らない！」

結局、役員会でコンソーリ側の追い落とし計略が成功し、アロイシオは辞任に追い込まれることになった。マラドーナの引き留めに関しては、一番の音頭取りのひとりが、あのメノッティだった。彼はワールドカップ優勝をテコにし、『国家アイデンティティー』再生を錦の御旗にしながら、自分が抱いている『純潔』なアルゼンチン・サッカーの理想を追求しようとしていた。彼はアルゼンチン・サッカーの歴史を総括して、第二次世界大戦後の世界サッカーの市場解放によって、若い、有望選手の何人かが海外流出したことを指摘した。

なかでも最も素質のあるシボリ（ユベントス）、アンジェリーロ（インター・ミラン）あるいはディステファノ（レアル・マドリード）らは、ヨーロッパのクラブ対抗で輝かしい勝利を収め、逆に母国アルゼンチンのサッカーは砂漠化の状態になっている、と彼は考えていたのだ。

メノッティは当初マラドーナについて危惧を抱いていたが、いまでは自分が抱く未来の野望にとって役立つ存在になっていることを十分承知していた。80年5月、マラドーナがグラウンドを一気に駆け抜けていくのを見て、どう感じるかと聞かれた時、彼はこう答えている。

「クラシック音楽の熱狂的な愛好家が、個室の中で自分ひとりのためのオーケストラ演奏を聴いているような気分だ」

そして「彼はペレの域に達するようなプレーヤーである。二度とこんな選手は見られないだろう」と言った後、「バルセロナに移ることは、世界的プレーヤーとして成功することに背を向けることになるだろう」と言い、最後にこう付け加えた。

「彼はファンの憎しみを買うことになる。それは彼にとって良くないことだ」

しかしバルセロナは初志を貫徹するため、さらに強力に契約交渉を進めた。だが、ホルヘ・チテルスピラーもそう簡単に乗ってこなかった。彼は地元マスコミがさまざまな数字を推測し、派手に報道してくれることを、交渉のいい道具に利用した。

チテルスピラーは自分の利害で動いているわけではなかった。彼は少年時代からの友人の望む通りに動いていたのだ。それはふたつのことに集約できた。ひとつはあのビラ・フィオリートのスラム街で、マラドーナとその一家が経験した貧困と人間以下の生活を二度と味わわないようにできるだけ多くの金銭が入ることに努める。そしてふたつ目は、マラドーナが一番得意とすること――つまりサッカーで卓越した存在になるための自由を獲得してやるということであった。

バルセロナのクラブ関係者の中には、マラドーナがナイーブで無知、悪辣な代理人の思うままに操られ、その餌食になっているとの見方をしたがる者もいた。しかし、現実はもっと入り組んだものだった。交渉が進んでいる中で、マラドーナは公には意識的にあいまいな姿勢を取り続けた。アルゼンチンやスペインのマスコミに対する発言でも、国内で十分な報酬が約束されない場合は、海外への移籍の可能性は残すものの、「自分は祖国を愛し、家族に対しても忠実でありたい」と語った。

一方、イタリアやスペインの監督と接触する時には、ヨーロッパの一流クラブに狙われているのが、いかにも乗り気に見えるように振る舞った。と思えば、メノッティのような同国人と話す時には、アルゼンチン代表のユニホームを着てプレーするのが、唯一の夢であるとの印象を与えた。しかし、これはチテルスピラーの書いた脚本に従ったものではなかった。彼は本能のままにマスコミに対応していたのだ。そこには若くして名誉の殿堂入りをし、天からの命によって万事にわたって人々は自分にひれ伏すべきだという自信が見え隠れしていた。

金銭的に見ると、チテルスピラーの戦略は大成功だった。バルサのマラドーナ獲得への意欲は一向に衰えることはなく、提示する額も年々倍加していった。母国アルゼンチンのサッカー業界も必死になって対抗し、マラドーナに付けられた値打ちは、もはや経済的な論理の限界を超えたものになった。ついに負債を背負い込んだアルヘンチノスは、マラドーナが受け入れられるような契約を提示するため、アルゼンチン・サッカー協会から少なくとも40万ドルと推定される補助で、やっとピンチを抜け切ることができた。それでもサッカー協会が補助の約束を反古にしかけた時点で、マラドーナがクラブを契約不履行で訴えるとともに、サッカー協会に海外への移籍を通告しかけた場面もあった。

こうして81年2月13日、アルヘンチノスは、マラドーナがボカで82年6月30日（つまりスペインのワールドカップの直前）までプレーするというレンタル移籍契約を結んだが、これにはボカが契約を延長できるというオプション条項が付いていた。この移籍契約でボカは400万ドルの移籍費を払ったほか、アルヘンチノスの負債110万ドルを肩代わりすることになった。マラドーナへの支払いは、彼の要求によりドルで支払うことに同意したが、アルゼンチンの変動の激しい為替市場を考えると、クラブのリスクは大きかった。事実、契約調印の4カ月後の81年6月には、アルゼンチンは周期的に見舞われる経済危機に直面、政府はペソの30パーセント平価切り下げを発表する羽目になった。ボカの負債額は一挙に膨張し、マラドーナへの支払いコストを埋めるために借入金に頼るほかはなくなった。

「マラドーナ・プロ」

このようにアルゼンチン・サッカー界のふたつのトップクラブが、マラドーナに関わったがゆえに財政的ピンチに追い込まれた反面、もう一方の「マラドーナ・プロダクションズ」は隆盛を極めていた。

リヒテンシュタインで登記されたこの会社は、マラドーナと両親の了解を受けて、チテルスラーが79年に設立した。マラドーナの名前を使うスポンサー契約やグッズ販売の契約交渉を行い、これらから上がる収入を動かすのを目的とした会社だった。リヒテンシュタインを選んだのは、アルゼンチンとヨーロッパでの課税を逃れ、次第に巨大化してきた『マラドーナ帝国』を財政当局の詮索から守るという二重の利点があったからだ。この会社は79年から81年までの間に、多額の収入をもたらすスポンサー契約を次々と締結した。マラドーナがアルゼンチンでプレーを続けることができたのも、こうした収入があったからこそであった。

その最初のスポンサー契約の相手のひとつがシューズメーカーのプーマで、もうひとつはコカ・コーラだった。このコカ・コーラの現地法人の首脳との折衝で、チテルスピラーはアルヘンチノスの幹部連中と共謀し、一種の偽情報を使った戦術を用いた。まず、80年5月初めにコンソーリ会長はアルゼンチン・マスコミの前で、「バルセロナが600万ドルでマラドーナを獲得、これによって世界でも最高給のプレーヤーのひとりが誕生した」と発表した。当時、まだ移籍の調印はされていなかった。マラドーナの国際的なイメージアップを図って、コカ・コーラとの契約をまとめるために、意識的にこうしたニュースをもらしたふしがたぶんに見える。このニュースはやがてスペイン・マスコミも取り上げ、本当は偽情報であることが暴露されたが、その時には、すでにマラドーナ・プロはコカ・コーラとの契約をまんまと手に入れていた。

マラドーナのイメージを売るためには、チテルスピラーは手段を選ばなかった。「マラドーナ」という名前は、サッカーとはまったくと言っていいほど無関係な商品にも付くようになった。こうして、口の中を衛生的に保てるという歯ブラシの新製品を宣伝するために、マラドーナが映画俳優のように笑って歯を見せているコマーシャルなどが登場し、清潔さと顔の手入れの大事さをテーマにした、マラドーナ石鹸や化粧品も出回るようになった。また子供時代のマラドーナはいつも学校をさぼっていたのに、「マラドーナ学習帳」や、ぬいぐるみ、アニメ調の「ディエギート」と呼ばれるマラドーナ人形も現れた。

これらグッズの契約は、すべてマラドーナの承認を得た上で調印された。時たまのことであったが、社会的あるいは道徳的理由で、一線を画すケースもあった。例えば、自分がたばこを吸わないこともあり、たばこメーカーの宣伝には名を貸すことを断った。また、アルコール依存症を広める危険性があると考え、ワインのコマーシャルに名前を貸さなかったこともあった。これらの例外は「マラドーナ」という名前が生み出すトータルな収入から見れば、大海の一、二滴に過ぎなかったが、後年はまったく姿を消すことになってしまうマラドーナの道徳的清廉さが、この時分にはいくばくかは残っていた証でもある。

自分のイメージを売り、それが財源となる金を、選手個人が直接自分の物にできるという「マラドーナ・プロ」方式は、その後のサッカー選手にもひとつの基準となり、これによってサッカー以外からも収入が入り、選手の懐を増やす道を開いたのである。

チテルスピラーによれば、82年のマラドーナはボーナスを除いて1カ月6万5000ドルのサラリーをもらっていた上、サッカー以外から年間150万ドルの収入があった。また、それより先の79年、チテルスピラーは、「マラドーナ・プロ」を通じて得た資金で、マラドーナのために、ブエノスアイレスの近くに35万ドルのカントリーホームを購入している。

そこには、プールとともに、パスの練習ができるように、コンクリートの壁に金属の人間の形を刻み込んである特製の練習施設もつくられていた。さらに翌年には、マラドーナと両親のために、ブエノスアイレスの郊外ビラ・デボートにある家を購入するため、100万ドルが支出された。また、その後も親族や友人のためのアパートが次々と購入されていった。

富を得た悩み

この時、最も大きな話題になるとともに、そこに住む隣人たちの間で迷惑気味に迎えられたのが、ビラ・デボートの大邸宅の購入だった。

隣人たちは、自分たちの住んできた静かな住宅地が、いっぺんに様変わりするのでないかと恐れを抱いた。そして、まさにその通りになったのである。まず、マラドーナの新邸宅の周りには、パパラッチの一群が待機していた。次いで「クロニカ」紙は、読者の大部分をなす労働者層の反発を覚悟しながらも、贅沢をこらした邸内を紹介するために、写真入りで1ページの全面特集を行った。邸内には大理石で装飾を施したダイニングルームをはじめ、庭園に滝とプール、最新のオーディオ製品、おびただしい数の部屋、そして女中部屋もちゃんとあった。

思えば、チテルスピラーが金のない親友ディエギートにコカ・コーラを買ってやり、父親のチトロが牛の肋骨の骨を粉にする工場で働き、また母トタが肥溜めのそばで家族の洗濯物の水洗いをしていた頃が、まるでウソとしか思えないような変わりようであった。

マラドーナ家は、社会通念からすると「成功組」の部類に入り、あのエバ・ペロンがかつて見せてくれたように、社会のどん底のさらに底のほうに落ち込んでいる者でも、意志の力と「神」という味方さえあれば貧困に打ち勝てる模範とも言えた。

その反面、マラドーナ家は自分たちの過去との縁を断ち切ってしまい、友人、親族の不信感を増幅させ、忠誠心と連帯感を手放してしまう危険性もあったのだ。目の前に広がる世界はなるほど物質的には豊かになったかもしれない。が、それと同時に次第に温かさのない、疎外感に包まれた世界にもなっていた。家庭では母トタも父チトロも昔ながらの、素朴な家の伝統をなんとか守っていこうとした。トタは以前と同じようにパスタやエンパナダスなどの手料理をつくって、ディエゴはじめほかの息子ができるだけ家庭の食卓で一緒になるように努めた。チトロは工場労働者だった時代の日課を崩さず、毎朝夜明けとともに起床した。
しかし、外部から特別の目で見られているというストレスが、ビラ・デボートに移り住んでから間もなく頭をもたげ始めてきた。隣人たちとの不愉快な付き合いにたまりかねたトタが、とうとうわめきながら家の前の舗装道路に飛び出し、ヒステリー状態で倒れたことがあった。彼女の耳に「マラドーナは金のために頭がおかしくなった」という噂が達したのが原因だった。一家に対する侮辱の言葉は、スタジアムのあちこちでも公然と聞かれるようになった。ある時などは、あまりにひどいものであったため、マラドーナは、「自分の愛する家族にもっと敬意を払ってくれないのなら、自分は即刻ヨーロッパに行く」という声明文をサポーターに突き付けた。もっとも、その時点でもバルセロナへの移籍交渉は続いていたのである。

そうしたファンとの緊張状態が再び起こったのは、アルヘンチノスの一員としてプレーするのが残り2試合となった日の試合直前のことだった。スタジアムの入り口をマラドーナが入っていこうとすると、サインをもらおうとした15歳の少年が、軽く彼の体にぶつかった。マラドーナは振り向いて、少年にパンチを食わせた。この件でマラドーナは、傷害のかどで2カ月の執行猶予付きの処分を受けたが、この傷害事件は後になって、親しい判事の力で記録から抹殺された。

名声の高まりがマラドーナに次第に大きなプレッシャーになってきたことを、彼は一連のインタビューで率直に認めている。

すでに79年12月、つまり19歳の時に掲載されたものの中で、マラドーナは自分の日常生活をコントロールすることに気を配りながら、すべての人をハッピーな気持ちにさせ、同時に契約上の義務を守ることの難しさを語っている。彼は貧窮した子供の救済資金を集めるために、サッカー祭りに参加したことや、サポーターからのファンレターに返事をし、サインの要求にも極力応ずるようにした、と誇らしげに語っている。しかし、彼は同時に自分のこうした行動と裏腹に、「自分を食い物にしようとする人々も出てきた」とも言っている。

その例として、「家を一軒買ってくれ」とねだってきた女性、「サングラスを買ってくれ」と言った男性などをあげ、「困るのは、まったく顔見知りでないのに生まれた子供の名付け親になって欲しいとひきも切らずにやってくる連中だ」とも語っている。

彼はアルゼンチンの雑誌「ゴレス・マッチ」にこうも言っている。

「3000冊の教科書を送ってきてサインしろというのならできる。しかし、同時に3つのインタビューをしてくれと言われては、できるはずがない。自由な時間ができたら、できるだけ家にいる。外に出たらたちまち人に囲まれてしまうからね」

しかし、自分と同年代のサッカー選手と同様に、彼は家にじっとしていられるタイプではなかった。サッカーというスポーツでは、トレーニングや試合の時に極度の集中心とあふれるようなアドレナリンの高まりを覚えることも必要だが、一方では、知的な部分を離れて、気晴らしに快楽を求めて怠惰につぶす時間も必要である。このため夕闇が迫ってくると、マラドーナもローティーンの頃と同じように、クラウディアを家に残して、夜の街に繰り出すのだった。

ただ昔と違ったのは、顔を知られないで遊ぶことが不可能になってきたことだ。現場をじかに見られなくても、タブロイド紙などに金をもらってマラドーナとの関係をもらそうという女性が、ひきも切らずに現れた。

まだ独身、もちろん子供はいないし、ガールフレンドも先のことを計算して目をつむっているので、マラドーナが放蕩の限りを尽くしても人にとがめられることもなかった。むしろ、彼をとらえ始めたのは契約上で守らなければならない重圧が増す中で、彼自身は神からの命令と考えていた偉大なるサッカー選手になるため苦闘するうちに、社会でひとりぼっちになり、自分の存在が分からなくなるという不安のほうだった。少年時代から、サッカー選手になって勝つことが一番の生き甲斐だったが、それはいまでもいささかも変わらなかった。しかし、トップ選手としてやっていく上で、その後も彼のアキレス腱となることが起こり始めていた。それはケガに弱いという点だった。

まだ20歳というのに、子供の時にやらされた人工的な筋肉補強と成長促進の後遺症がすでに表れ出していたのだ。いったん試合中にケガをすると、足先が使えないだけにとどまらなかった。それはトッププレーヤーとして成功していく上で、決定的な障害だった。

第9章

ボカのチャンピオンたち

BOCA CHAMPIONS

ボカのために

マラドーナがケガしやすい体質を持っている兆候が最初に表れたのは、アルヘンチノスとボカとの移籍契約の調印がすんで、しばらくたってのことだった。

1980年2月20日、マラドーナは契約の条件として、両チームが対戦する試合で、ハーフタイムを境にしてチームを変えてプレーすることに同意していた。ところが、その試合が開始されて17分たったところで、左脚の筋肉を痛め、戦列を離れることを余儀なくされたのである。同点のままハーフタイムが終わり、マラドーナは今度はボカのユニホームを着て姿を現した。ボカのサポーターがいるスタンドからはマラドーナ・コールが沸き起こった。ボカのチーム関係者たちも、マラドーナが契約金に値するだけのプレーをしてくれることを期待しながら、目をこらして彼のプレーを見詰めていた。そして、マラドーナはまさに期待通りの活躍をし、スタンドの一点に向かって「俺は最後までやるぞ」と叫びながら、試合終了まで頑張った。

マラドーナのプレーはまさにヒーローと言うにふさわしかった。だが、観衆はマラドーナが医師から強力な痛み止めの注射を打ってもらってやっと出場できたということにまったく気付いていなかった。マラドーナは後日、「試合の後、麻酔の効果が切れると、痛みが繰り返し襲ってきて3日間というもの、まったく眠れなかった」と語っている。

ボカでプレーすることは、マラドーナの子供の頃からの目標だった。彼は、自分のふたりの兄弟もやがてはボカに上がって来ると言っていたが、結局はディエゴに匹敵するほどの才能はなく、それより下位のリーグ止まりとなった。

ボカは、ブエノスアイレスの古い港の近くにあるイタリア人労働者居住区から発展してきた町だった。ここでは、初期の移民が集まって家を建て、タンゴ・バーや酒場で自分たちがひとつであるという集団意識をつくり上げた。そしてここにできたボカ・サッカークラブはやがて南米で最も有名なクラブのひとつとなり、アルゼンチン・リーグでは伝統的なライバルであるリバープレートの挑戦を常に受けるトップチームとなっていた。

アルゼンチンでは、この両クラブのどちらかに所属することが名誉であったが、マラドーナ一族は、ボカこそがマラドーナがプレーするのに一番ふさわしいチームと考えていた。ボカに入団したということは、マラドーナにとってまさに自分の生まれたルーツに戻ったということでもあった。

マラドーナはドレッシングルームに通じる廊下に飾られた巨大な壁画の脇を通るたびに、父チトロのことを思い出していた。というのは、その壁画に描かれていたのは、マラドーナの父がその昔やっていたのと同じ、重い荷物を運ぶ港湾労働者たちの姿だったからだ。

マラドーナ一族はいまや確かにリッチな家族になっていたかもしれないが、ボカは彼らにもう一度大衆に戻る機会も与えてくれたのである。

81年から82年にかけてのシーズン、ボカはスタートでつまずき苦しい展開となった。その前の4年間というもの、ボカは成績不振で優勝を逸していた。しかし、この年は、新しい監督に元ボカの選手だったシルビオ・マルソリーニを迎えて立て直しを図っていた。この年、ボカには4人の選手が新しく入ったが、マラドーナの移籍は、チーム改造の大きな柱となった。しかし、残留した選手たちの中には、当初はマラドーナへのスター扱いや、高給などに対する反発があった。

また、ボカのエース・ストライカーであるミゲル・アンヘル・ブリンディシとマラドーナという攻撃陣の双壁のライバル関係が、チームがひとつにまとまってプレーをする上ではマイナスになるのではないかという心配事もあった。ブリンディシは、かつてはウラカン・クラブに所属し、74年のワールドカップにアルゼンチン代表として出場したこともあるプレーヤーで、性格的にはあまり出しゃばらず、妙な野心も持たない保守的なタイプだった。また、グラウンドでは、プレーのひらめきに欠けるところはあったが、真剣にプレーに打ち込むという点ではなかなかのプレーヤーだった。プレー面でも性格面でも、まさにマラドーナの対極にいる選手と言ってよかった。

この両者の違いは、いまや国の代表的選手となって金銭的な価値の出てきたマラドーナが、契約金の多寡でボカとバルセロナの両チームをてんびんにかけるようになって、ますます浮き彫りになった。対するブリンディシは、70年代の初め、外国のクラブからの勧誘の甘い声をぴしゃりと拒否して本国に残ることを決め、ペロン将軍から勲章も授与されていた。

人柄が良く、人間関係にも気を配るマルソリーニ監督は、両者の間にある目に見えぬ緊張関係を敏感に悟っていた。そこで、彼はさりげない言い方でマラドーナに、チームのほかの選手同様にプレーをし、皆と同様の規律に従うよう求めた。これは、傲慢とプライドがいまや高まる一方のマラドーナには、きつい注文だった。ふたりの間に激しいやりとりがあり、マラドーナは本能的に反発して、「自分流で行く」と頑張った。しかし、マルソリーニが覚悟していた最初の試練は杞憂に終わった。

ケガから回復したマラドーナは、ボカ・クラブの選手として対タジェレス・コルドバ戦にフル出場した。試合が始まると、意外にもこのボンボネーラ・スタジアムでは、マラドーナはすでにサポーターたちの中の特別な存在になっていることが分かった。というより、マラドーナがいまやアルゼンチン・サッカー界の成功の象徴であることをサポーター全員がその反応で示したのである。

その試合を取材した記者はこう回想している。

「この小さいスタジアムはサッカーの歴史の中でも滅多に見られないような熱気に揺れた。スタンドは通路まで人が埋まり、いまではサッカーそのものというべき、マラドーナの磁力にあらゆる人が魅きつけられた」

階上から紙テープが細い滝のようにスタンドに投げ込まれ、スタジアムがボカのカラーである青と黄色に染まった時、部族がトキの声を上げるようなコールがマラドーナを迎えた。ボカのサポーターはこの『王様』に忠誠を誓うためにそこにいたようなものだった。

一方、グラウンドでは、ブリンディシとマラドーナがはっきりその違いを見せていた。ブリンディシは、髪をきちんと手入れして、細身の肩、動きも精密機械のように正確だった。ところがマラドーナは、一歩グラウンドに足を踏み入れるや否や、ボカ・ファンのハリケーンのような強烈な熱気に点火されたかのように、そのエネルギーを一気に爆発させ、長い髪を風になびかせながら、大砲の弾のようにグラウンド内を暴れ回った。

マラドーナはマルソリーニ監督が期待した通りのプレーをした。ふたつのPKを左足でいとも簡単に決めたのである。ネットの両隅へのキックだったが、どちらもGKがまったく逆の方向に飛ぶ見事なゴールだった。

81年4月10日夜の試合は、ボカとリバープレートというライバルが対決する伝統の一戦で、スタンドは降り注ぐ雨の中で興奮の極みに達していた。普通ならライバルであるはずのマラドーナとブリンディシの関係は、いまや効率の良いコンビに変わっていた。マラドーナは、もちろん全体をリードする動きもしたが、一方でタイミングを見ては絶好のパスを送って、ブリンデインに仕上げをさせるという、別の才能があることも証明したのである。

この試合はマラドーナが天才的なプレーヤーであることを天下に知らしめた試合だった。ボカはマラドーナが全得点をあげる活躍で、3対0でリバープレートを破ったのである。その3点のうちの1点は、ボカ・サッカークラブ史の中でも最も劇的なシーンとして残る素晴らしいものだった。

マラドーナは自陣からボールを操り、中央まで進出、さらに相手守備陣のパサレラ、ガジェゴといった面々を次々とかわし、最後はアルゼンチン代表でもあるGKのフィジョールと一対一となった。マラドーナは、すぐにはシュートせず、ちょっと小生意気に見える動作で、右足のドリブルで切り返した。フィジョールはマラドーナのこの動きについていけず、まるでカカシのようにぶざまに地面に倒れ込んだ。

その時、奇跡的にもリバープレートのディフェンダーのひとりであるタランティニがなんとかフィジョールの後ろに回り込んで、マラドーナの前に立ちはだかり、必死にゴールを守ろうとした。タランティニもまた国際試合の代表経験のあるベテランだったが、威厳も何もそっちのけで翼を広げたワシのように飛び込んできた。しかし、マラドーナはこれにもう一度フェイントを入れながらサイドステップを切り、ボールをゴールネットにたたき込んだ。そして獲物を仕留めた時にいつもやるあの舌なめずりのしぐさをやってのけた。

ほんの数秒のうちに、マラドーナはアルゼンチンのトッププレーヤーのふたりをまるでアマチュアのようにあしらい、自らを並ぶ者なき王の座に押し上げたのである。

ボンボネーラの競技場に「ディエゴ、ディエゴ」の歓声が起こり、「マラドーナ、マラドーナ」の叫びがこだますると、ボカのフロントやチームメートの間にわだかまりとして残っていた不安は一瞬にして消えた。ほんわかとした幸福感がボカのベンチを包み、マルソリーニ監督とエージェントのチテルスピラーは知らぬ間に立ち上がっていた。マルソリーニは両腕を差し出してマラドーナを抱き、一方のチテルスピラーは振り返って後方のスタンドから沸き起こる歓声にじっと浸っていた。

その時の全体の雰囲気を最も見事に表していたのが、有力紙のタブロイド版の見出しだった。

その見出しは一面全部を使って、《ボカ、ガルデルに並ぶ!》とデカデカと書かれていた。カルロス・ガルデルは、アルゼンチンの生んだタンゴの最高の歌手である。彼はすでにこの世を去っていたが、新聞はこの名前を出すことによって、マラドーナのプレーは国の文化を代表するガルデルに匹敵するほどの素晴らしい価値があることを強調したのである。

その後の試合では、マラドーナの人気はブリンディシの凋落に反比例して高まり、この21歳の若きスターは、ボカのエース・ストライカーになったのである。

マラドーナは、自分のチームについて次のように語った。

「これまでよりずっと気持ち良くプレーができるようになった。これもチームの仲間がぼくを信頼してくれるようになったからだ。たとえ、ぼくが相手のきついマークに遭っていても、仲間はぼくにボールを渡してもいいと考えてくれる。彼らは、ぼくが相手のマークをうまくかわして、味方に有利な状況をつくる、と知っているからだ。シルビオ（マルソリーニ監督）はいまではチームの連中に、安心してぼくにボールをパスせよ、と指示しているようだ。ぼくも彼らの信頼を裏切っていない。ぼくは自分のところにボールをもらうこと、それ以外のことは何も考えたことはない。サッカーができることほど最高のものはないよ」

81年8月4日、ボカはもうリーグ優勝が手の届くところまで来ていた。ロサリオ・セントラルとのアウェーのゲームで、引き分けに持ち込めば1位が確定するという日のことだった。

試合はボカが1点リードされていたが、76分過ぎPKのチャンスを得た。蹴るのはマラドーナ。ところがマラドーナはこれを外してしまった。彼の左足で蹴られたボールは浮き上がって左へ大きくカーブし、クロスバーに当たって無残にも後方へ抜けていった。マラドーナは、まるで悪魔にお仕置されたかのような悲鳴を上げ、苦痛で顔をゆがめ、目を閉じたままだった。

それから1週間後、優勝の命運は再びマラドーナの足にかかることになった。ハーフタイムの笛が吹かれる直前、今度もＰＫの場面がやってきた。しかし、マラドーナは今度は失敗しなかった。自信を持って蹴り込んだボールは一直線にネットに突き刺さったのである。これが決勝点となった。マラドーナは天を仰ぎ、神に感謝を捧げるとともに胸で十字を切った。

試合後、打ち上げ花火の爆音と、対岸のブエノスアィレスの街の中心にまで届くような歓声の中、優勝したボカのメンバーはいまだかつて経験したことがない熱狂に包まれ、競技場一周のビクトリー・ウォークを行った。選手たちの先頭にはサポーターに囲まれた上半身裸のマラドーナの姿があり、そこには兄ディエゴの背番号10のシャツを着た、まだ幼い弟ラロも加わっていた。押し合い、へし合いの中でマラドーナの首は弓なりに後ろへ反り、両腕はまるで十字架に張り付けられたように伸び切った。マラドーナは、むしろ自ら進んで自分の身を人々に捧げているようにも見えた。この時のことをマラドーナはのちにこう回想している。

「あの時、ぼくは思った。ボカはまさに全身全霊を捧げるに値するチームであり、人々は『ボカにより、ボカのために』生きていることが分かった」

重圧からの脱出

選手権の優勝は、血と汗と涙で勝ち得たものであり、チームはしばしその幸福感に浸った。しかし、それは長く続かなかった。その3週間後、財政事情がますます悪化するなか、ボカはアルヘンチノスとの移籍協約に基づく契約金の分割払いが払えなくなり、それがマスコミに大きく報道されて契約違反の裁判沙汰に巻き込まれた。同時にボカの預金口座は、小切手の不渡りがしばらく続いた後、中央銀行の命令により凍結された。その不渡りのひとつにはマラドーナ・プロ宛てに出された小切手も含まれていた。

外国からのマラドーナ争奪戦は、戦略的にバルセロナが一歩リードしている感はあったが、ブラジルのサンパウロが700万ドルを提示したことによって再び関心が高まってきた。

一方、マラドーナは、9日間の長期欧州遠征から疲れ果てて帰ってみると、ファンの目がいつの間にか自分に対して冷たくなっていることに気が付いた。だれも口にこそ出さなかったが、その底には嫉妬や疑心暗鬼、そしてマラドーナにあれほどの莫大な金を使わなければ、ボカはこんなひどい財政困難にはならなかったという非難が渦巻いていた。こうして、マラドーナが残した成績も、クラブの財政難の前には、すっかり忘れ去られることになってしまったのである。

彼は弱冠20歳だったが、すでに1部リーグで200試合に出場したほか、インターナショナル・マッチや国際親善試合にも出場した。この200試合でマラドーナがあげた得点は140点、1試合平均は0・68になる。しかしこの数字には彼のアシストによる得点は計算に入っていないから、マラドーナのチームへの実際の貢献はこの数字以上のものだ。このうち、マラドーナがボカでプレーした試合は33試合で、得点は20。特に200試合目に得点をあげた時には、彼はグラウンドと観客席を分ける堀をまるで興奮した猿のように飛び越えて金網に飛びつくという独特の派手なパフォーマンスで喜びを表した。このマラドーナのパフォーマンスはファンを大喜びさせ、その絆をさらに強めたが、一方でマラドーナ自身は、アルゼンチン・サッカー協会（AFA）から1試合の出場停止を食らう羽目になった。しかし、これによってマラドーナの人気はさらに高まった。

マラドーナはこの頃からすでに時々起こる左太ももの痛みを感じ始めていた。

しかし、常時出場を求める周囲のプレッシャーのために、彼は再び痛み止めの注射を打っては出場していた。契約条項によって、彼は最低数の試合には必ず出場することを義務付けられていたし、マラドーナ・プロと契約している広告・宣伝にも顔を出す必要があった。コマーシャル的な収入で、いかにボカが、そして依存度は低いにしても、アルゼンチン代表までが自分の出場を必要としていることが、彼には分かっていた。

10月19日になると、マラドーナはついにそのプレッシャーに耐えられなくなり、新聞とのインタビューで初めて、しばらく休養させて欲しいという気持ちを語った。

「トレーニングや試合ばかりでなく、遠征も休ませて欲しい。いつのまにか自分は超人扱いされるようになってしまった。確かに自分が今日あるのはすべてサッカーのおかげである。しかし、いまの自分はサッカーを楽しみたい。サッカーをするのが苦しいと思う気持ちから脱却する必要があると思う」

マルソリーニ監督の「どの選手も同じようにやってもらう」という言葉は、もうとっくに忘れ去られていた。近づくワールドカップ・アルゼンチン大会で地元として好成績をあげることをはじめ、あまりにも多くのことが彼の肩にかかっていたため、彼はマラドーナに対して「余計なことを言わないでプレーを続けろ」と言う以外に道はなかった。

しかし、マラドーナには休暇が与えられた。だが、逃げていく場所はなかった。マラドーナにとっては、彼のサッカー技術同様に、休むことさえも、もはや国民の財産になってしまっていたのだ。

マラドーナは、朝、目を覚ますと、「自分は依然としてただ神から祝福されて魔法のように働く足を与えられた、ビラ・フィオリートの貧しい家の子供であり、家族の保護と親しい友人からの献身的な愛情に包まれている存在でありたい」と願っていた。そして「それ以外の人からは、スターとしてのマラドーナではなく、アルゼンチンという国を愛する単なるひとりの人間として見られていたい」とも願っていた。

その夏、マラドーナは両親と一緒に原始林のあるエスキーナに帰っていた。彼は両親が生まれ、のどかな田園生活を送ったその田舎の川岸で、なんとか自分を取り戻そうとしていた。釣りや猟に出掛け、ちょっと離れた島の星空の下でキャンプを張り、キャンプファイアを囲んで友達と歌をうたった。彼がここでやったサッカーは、昔、父や叔父がエスキーナの人たちとボールを蹴ったのとまったく同じ、ただ楽しむだけが目的のサッカーだった。ほんのわずかの時間のうちに、マラドーナはここで自らがもう永久に失ったと思い込んでいた人間性を再び取り戻したのだった。

しかし、エスキーナにおいてさえも、いつまでも牧歌的生活に浸ることは許されなかった。彼の訪問はちょうど町の恒例のカーニバルと時期が重なった。カーニバルのメーン・ナイトでは、美しく着飾った地元の少女たちに囲まれて祭りの主役たちと踊る路上のマラドーナは、満場の注目を集め、地元のカメラマンたちのフラッシュを浴びた。その日の夕方遅くなるとマラドーナ一家はＶＩＰ扱いを受け、役員の先導で、チャリティー・ダンスの主役が立つ舞台へと案内された。そこはメーン・アトラクションとしてサッカー選手が出演するようになっており、マラドーナはそこで老人ホームへの寄付を差し出すようになっていた。

その翌年は、マラドーナはエスキーナには帰らなかった。マルソリーニ監督から休みの許可が与えられた時、彼は今度はラスベガスで自分の好きなボクサーのタイトル戦を観戦することにした。記者やカメラマンがこれに従った。そこから本国に送られた記事、写真のイメージは、自由を楽しむ人間マラドーナではなく、シーザース・パレスのプール脇で贅を尽くした生活を営むプレーボーイ・マラドーナの姿だった。

82年1月、マラドーナはアルゼンチンの雑誌「エル・グラフィコ」のギジェルモ・ブランコ記者に対し、珍しく生活の内側をのぞかせるようなインタビューを行った。

彼の発言は、彼の性格の多くの側面に光を当てる内容に満ちていた。第一は、彼と両親との関係の深さ、つまり彼がいかに両親のことを思い、両親のために生きてきたかが明らかになったことだ。

「ぼくは、もし自分がいい選手になれば、両親はきっと喜び、家族にこれまでとても得られなかったものを与えることができると、いつも考えながらサッカーをやってきた。ぼくは母親が愛するエル・ペルーサ（ちぢれ髪）のままでありたいし、家族にも愛されたい。それがぼくの真実であり、人生なのだ」

彼は同時に現在の自分の生き方は、子供の頃から貧困の中で暮らしたことを考えれば、不当なものとは言えないことを力説した。

「ぼくは貧困の中で育ったから、分かるんだ。父は、いまのぼくよりずっと厳しい条件の中で働きながら、得た金といえば、ぼくたちがやっと飢えずにすむ程度の最低限のものだった。貧困がたまらなく嫌なものだとぼくが言えるのは、そういうことなんだ」

そして彼は幼少の時に住んだスラムのビラ・フィオリートにとても郷愁を感じるとも言った。

「だって、そこにはとても美しいものと、とても嫌なものの両方があったからだ」

ほかの友人たちと違って、なぜマラドーナだけが成功したのか。彼はそのことについて普通の人より、自分は恵まれていると思っているのか？　彼は答える。

「もちろん、そう思っている。でも、これは神様がお望みになったことだ。神様がぼくをいいプレーヤーにしてくださったのだ。ぼくがグラウンドに出た時にいつも十字を切るのは、そのためだ。やらないと神様を裏切ったような気がするから、いつも十字を切るのだ」

売れる商品

マラドーナがブランコのインタビューを受けたのは、ボカが米国や極東で親善試合をした海外遠征が終わりに近づいている頃のことだった。ラスベガスへ行って羽目を外したことや、その後、代表チームでの練習を断ったことなどは、アルゼンチン・サッカー協会からはマラドーナの「ちょっとした不運で軽率な」行為として不問に付されていた。この海外遠征では、サッカーがコマーシャル化している国では、マラドーナという選手は明らかに『売れる商品』になっているということが分かったのである。

マラドーナは、米国ではすでに将来を視野に入れた目敏い連中が注目する、小さな特権的グループのひとりに入っており、長期展望に立った投資を考える時、マラドーナは欠くことのできない存在になった。つまり仮に将来ワールドカップを開くとなれば、その商業的な成功を約束するキーパーソンとして不可欠の人物と目されるようになったのである。

また、その年の日本遠征では、日本はその頃、ちょうどサッカーがテレビというメディアによって人気を得つつある時であり、マラドーナはどこへ行っても群衆に取り囲まれるスーパースターの扱いを受けた。日本のファンは彼が79年のワールドユース大会で来日した時のあの大活躍を忘れていなかったのだ。サッカー技術の向上と模倣材料を常に西側諸国から求め続ける日本の役員と、それに直結している広告代理店は、マラドーナこそ確実にスリルと技術を提供してくれる模範的な商品と信じて疑わなかったのである。

アルゼンチンのメディアも日本のファンがマラドーナの後ろにぞろぞろとついていくその様子を華々しく報道した。日本のファンはマラドーナの写真を絶えず撮りまくるとともに、サインをせがみ、彼の髪の毛を記念に欲しがった。さらに、マラドーナの記念シャツを買い、彼の姿を競技場やテレビで見て興奮していた。マラドーナはそのほか、コマーシャルにも出て、日本の子供たちとエキシビジョンのプレーをした。

ボカのチームの一員として、彼は日本のナショナル・チームと親善試合を行った。神戸中央スタジアムと東京のオリンピック・スタジアム（国立競技場）の2試合だった。日本のファンは彼に愛着を持った。その理由は、マラドーナが日本人の体によく似て、短身でがっちりしていることであり、サッカーは体が小さい日本人でもできるということを証明したからではあるまいか。これなら自分たちでも真似ができる——そう日本人たちは考えたのであろう。

第10章

フォークランド紛争

THE FALKLANDS FACTOR

本音を語る

1982年2月21日、レオポルド・ガルティィエリ将軍は、アルゼンチンのワールドカップ代表チームを激励するため、ブエノスアイレス近くの合宿所を訪問した。その時、テレビカメラの放列を前に、将軍はマラドーナだけをわざわざ呼び出し、彼を抱擁した。

メノッティは、トレーニングを拒否してラスベガスへ休暇に出掛けたマラドーナを、帰国後出場停止処分にしていたが、ガルティィエリ将軍が訪問した時には、マラドーナはすでにチームに復帰していた。メノッティは、自分がマラドーナを受け入れたことを正当化するために一言弁解した。

「マラドーナの調子はまだ100パーセントではないが、グラウンドの75パーセントをカバーできるプレーヤーは彼を置いてほかにない」

ガルティエリ将軍もメノッティも、これでマラドーナは落ち着いて言うことを聞いてくれるものと期待した。ところが、期待通りにいかなかったのだ。ワールドカップ数カ月前のマラドーナは、何をやらかすかまったく行動の予測がつかなかった。公に政治問題には口出しこそしなかったが、サッカー界を裏で操る利権集団を公然と批判する態度がますます強くなった。そのため、彼がスターであることを利用してつくられた軍事、政治、そして広告関係者は手を焼いた。

例えば、クラブの関係者を「自分たちのチームを強くすることよりも、自分の写真が新聞に出ることのほうに関心が向いている」と批判した。また、3月28日——世界中の人々と同じようにガルティエリ将軍のフォークランド侵攻の秘密命令を知らなかったマラドーナは、「代表チームの練習期間が長過ぎる。家族と過ごせる時間が多ければ、もっといいプレーができるのに」と公言していた。

その4日前、ガルティエリ将軍が仲間と密議をしていた時、リバープレートの8万人近い観衆の前で、西ドイツとの親善試合をしていたマラドーナのプレーは、サポーターの期待を裏切り精彩を欠いていた。マラドーナは21歳のドイツのMFローター・マテウスにすっかりお株を奪われ、いいところがまったくなかった。真相を言えば、若いマテウスの激しいタックルによって、マラドーナは彼の伝家の宝刀とも言うべき左足をひどく痛めつけられていたのだ。以後、マラドーナはしばらく練習場に姿を見せなかったが、何回も注射を打ちながら、試合には出場させられた。

ブエノスアイレスで行われたソ連との親善試合では、調子のまったく上がらないマラドーナに対して、何人かのサポーターが口笛を吹き、叫んだ。

「お前さん、どうして練習しないんだ！」

この試合では結局最後までプレーできず、かなり早いところで代えられてしまった。その2、3日後、彼はワールドカップのことは一切頭から消し、クラウディアとともに再び世間の目から逃避することにし、魚釣りと狩猟ができるエスキーナに向かった。

父親の生まれ故郷に現れたマラドーナは、以前に来た時とは、まったく別人だった。まるで逃亡者のように地元の人たちとのコンタクトをごく少人数にとどめ、マスコミを敵視して一切取材に応じようとしなかった。ただ、このように追い込まれた時でも、いつでも心の内が打ち明けられるジャーナリストが彼にはいた。古くからの友人で、「エル・グラフィコ」誌のギジェルモ・ブランコだった。

へき地の島でマラドーナと交わした会話によって、ブランコは今度もマラドーナと外部世界との関係修復の役割を務めることになった。ブランコはアルヘンチノス時代に、若いマラドーナと親しくなり、以来マラドーナをアイドルのように崇めてきた。だから、もう一度アルゼンチン全国民が応援するようなアイドルの座に戻してやりたい。これがブランコの願いでもあった。

キャンプファイアを前にバーベキューをしながら交わした会話は、ジャーナリストとスポーツ選手との連帯の表れであったが、より大事なことはひとりのアイドルと彼をアイドルに仕立てた国民との難しい関係を浮き彫りにしたことだ。

ブランコ　最近あなたと一般大衆との間が、どうもしっくりいっていないように見える。その理由を聞いて国民に伝えたいと思っているのですが…。

マラドーナ　最初に申し上げておきたいことは、私は自分の気持ちは両親やガールフレンド、兄弟そして友人たちに話します。金をもらおうが、もらうまいが、とにかく新聞記事にしてもらいたくないのです。あなたはちゃんと自分の考えを持っているから別ですが。

ブランコ　そのように思われて光栄です。個人の生活に立ち入りたくはないのですが、あなたの今日があるのも、見方では一般大衆の支持のおかげとも言えるのです。なぜなら大衆はあなたに多くのものを与えている。

マラドーナ　それはおっしゃる通りです。しかし、時に人々は間違いを犯します。ソ連の試合の後で、『トレーニングしろ！』と怒鳴られました…。もっともそういう人たちは私がベストを尽くしていない、いいプレーを見せてやろうという気がないと思っている人かも知れませんが。

ブランコ　でもディエゴ、大部分の国民はそうは思ってはいませんよ。あなたやチーム全員にいいサッカーを見せてもらいたい、そしてハッピーにして欲しいと願っていると思います。悪意はないんです。

マラドーナ　しかし、このアルゼンチンという国で私に加えられている重圧はとても耐えられるものではありませんよ。

ブランコ　あなたがいまどんなことを感じているか、どんな心境なのか教えて欲しい。そのため1時間半カヌーに乗ってきたのですから…。

マラドーナ　心は至って平静です。ただ、ひとつだけ言っておきたいのは、ファンのみなさんが私に猶予を与えてくれないので、これまでのように拍手喝采をそのまま喜んでは受けたくない…。ゴールはチームメートのため、自分を愛してくれる人のためで、そのほかの人のためではないんです…。

ブランコ　あなたの言われていることは分かりますが、そうした態度をどこまで取るのがいいのか、私にはちょっと見当がつきません。あなたは立派な結果を出して名声を確立しましたが、いまや公人として、そのイメージをさらに高める必要がある。どうもこの点、あなたは自分がどうすればいいのか分かっていないような気がして心配なのです。

マラドーナ　私自身は分かっている。私がやりたいのは、自分の子供や母親にいい生活をさせてやることです。これだけははっきり申し上げます。

ブランコ　あなたは自分自身を袋小路に追い込んでしまっているように思える。そこから出ればもっと素晴らしいことが待ち受けていることを、まだ十分に理解していないのではないですか。あなたのサッカーを見て、幸福な気持ちになりたいという大衆の大きな願望が、そのひとつなのです。

マラドーナ　人々に分かって欲しいのは「マラドーナ」というのは、皆を幸福にする機械ではないということです。投げキッスや微笑みを見せる機械ではない。ひとりのなんの変哲もない男でしかない。確かに人々をハッピーにすることもあるし、本人もハッピーになれる。しかし、もうひとつ確かなことは、マラドーナがいいプレーをしなかったり、いい結果が出せないと別な目で見るようになる。なぜマラドーナを許せないのか。1試合だけでも結果が出なかったり、ゴールをあげないと、非難がどっと集中してくる。やれ太り過ぎだ、やれ髪を切れとか…、そういう時に内心本当にうんざりする。これが正直な話なんです。

戦火の中の「マラドーラ契約」

このように奥地コリエンテスでふたりが瞑想にも似た対話にふけっている間にも、北部アルゼンチンの地方やへき地から無理やり徴兵にかり出され、マルビナス諸島（アルゼンチン側のフォークランドの呼び名）に送られた若者数千人が、戦争とはいかなるものかを体験させられていた。マラドーナが復帰したアルゼンチンのワールドカップ代表も、戦争に協力するためチームのグループ撮影の際に、「マルビナスはアルゼンチンの領土だ！」という横断幕を前にして並んだ。

英国でも戦争への人々の感情はさまざまな形で現れた。クラブチームに所属するアルゼンチン選手は、イギリス国旗を振るフーリガン族から激しい野次を浴びせられた。それを見てイングランド・サッカー協会は、「もしものことがあったら…」と、ウェンブリー・スタジアムのFAカップに出場するトットナムに対して、アルゼンチン選手のアルディレスとビジャのふたりをメンバーから外すように勧告するほどだった。

この間にも、マラドーナは自分の計画を着々と進めていた。表立たないように彼はチテルスピラーに命じて、バルセロナとの移籍交渉を再開させていたのである。

82年5月末、4日間にわたる話し合いで最終的な移籍交渉がまとまった。徴兵されたアルゼンチン兵が、塹壕に深く立てこもり南極の厳しい冬と英国軍が目前に迫ってくるのを待ち受けていた時、バルセロナのホセ・ルイス・ヌニェス会長は「いまがトドメの一撃を放つチャンス」だと判断した。国内に広まっている政治的混乱と、アルゼンチン・サッカー界の深刻化する財政難に乗じて、彼は理論的にはマラドーナを『共有』しているボカ、アルヘンチノスの幹部とマラドーナ移籍にケリをつけるため、空路ブエノスアイレス入りして合同交渉に入った。のちにメノッティは、こう回顧する。

「ヌニェスがブエノスアイレス入りしたことで、いっぺんにケリがついた。彼はぼんと金を放り出し、クラブと話をつけ、自分がだれよりも頭脳が明せきなことを証明して見せたのだ」

交渉に臨んだヌニェスは、問題児のマラドーナを引き取ってやって、アルゼンチンにむしろ感謝してもらいたいと言わんばかりの態度だった。最初に提示した金額は600万ドルだった。これは1年前にアルヘンチノスとボカのレンタル契約とほぼ同額だったが、アルゼンチン・ペソの平価切り下げを考えると、実質的な評価額は低くなることを意味した。チテルスピラーはマラドーナの了解のもとに、世界的なスターの実質的な評価額にふさわしい額として700万ドルを逆提示して譲らなかった。チテルスピラーは言っている。

「この数字が受け入れられないなら、交渉をユベントスに切り替える、こう言ってやったんだ」

ヌニェスは結局700万ドルの提示額をのみ、代わりに少なくとも6年はバルセロナに在籍し、この期間過密なスケジュールでもマラドーナは出場するとの付帯条件を引き出した。交渉が妥結すると、ヌニェスとチテルスピラーは、それまでの対立関係を棚上げにして、ほかの交渉参加者を入れ、ブエノスアイレスで最高級のフランス・レストラン「オー・ベク・ファン」で、盛大なる夜食会を開いた。ただし、外部には一切知らされなかった。まだ、戦争が続いていたからだ。

「とにかくプレスの目を逃れたかったのだ」と、チテルスピラーは回想する。

宴会参加者は全員、このマラドーナ移籍からなにがしかの取り分を期待していた。代理人、弁護士、銀行家など、サッカーというビッグビジネスで儲けをたくらむ強者がガン首をそろえて、最終交渉に加わっていたのだ。最初の予備折衝から立ち会っていたひとりは、次のような表現で私に説明してくれた。

「みんなが儲けようというペルシャ・マーケットのような雰囲気だった。何十万ドルという金が動いた。

見ていても情けなくなるようなあさましい光景だった。私は自問した。これだけ一生懸命にやって、自分を犠牲にした結果がこれだったのか。とどのつまり、みんながそれぞれ分け前をもらうためにやったわけだ。でも、マラドーナにとっては、おそらくいい結末だったと思う、なにしろバルセロナはたんまり金を弾んだのだから…」

徴兵で戦線に駆り出されたアルゼンチン兵士は、飢餓に倒れ、ポート・スタンレーの丘では砲弾で粉々に吹き飛ばされていた真っ最中だった。そうした時にマラドーナはバルセロナへの移籍に同意し、月に7万ドルをもらうほか、実質的に500万ドル・プレーヤーになったわけだ。あまりの高額にマラドーナとドルを組み合わせて「マラドーラ契約」という新語が生まれたほどだ。

これは移籍料としては最高額のひとつで、この移籍は世界サッカー界のコマーシャリズムに新しいエポックを刻むことになった。そしてこの移籍決定によって何度も蒸し返されてきたマラドーナの国外流出の是非についての論議はもう意味のないものになった。

バルセロナのヌニェス会長の計算通り、現実問題としてアルヘンチノス・クラブは金銭的に彼を擁しきれず、軍事政権のサッカーへの支配も——ほかの分野でも同じように——もうコントロールが利かなくなり始めていた。メノッティにしてみれば、これでマラドーナが代表チームでプレーしてくれるという保証ができたし、やがて自分がバルセロナの監督になれるという展望も開けてきた。

消えた軍事政権

一方、その時進行中だったフォークランド紛争で、アルゼンチン軍事政権は政治とサッカーの密接な関係がいかに重要であるかを、再び見せつけようと躍起になっていた。具体例をあげると、厳しい検閲下にあるアルゼンチン・テレビは、78年ワールドカップで地元アルゼンチンが優勝した時の映像に、フォークランド侵攻支持の狂信的なスローガンを織り交ぜて放映した。

フォークランド侵攻が始まると、ガルティエリ政権は戦争の現実から国民の目を背けさせるために、アルゼンチンのマスコミをそそのかして、兵士たちがまるでサッカー選手であるかのように報道させた。いまでも記憶に残る典型例は、英国軍がアルゼンチン軍を最初に爆撃した5月1日、軍の統制下にあった島のテレビ局から行ったニコラス・カスナンセウの解説だった。

カスナンセウはその英国空軍の接近とアルゼンチン高射砲隊の応戦の模様を、イングランドがキーガン監督の指示で中央突破を図るところを、アルゼンチンがマラドーナを中心にしてスピーディーに反撃といった形で描写した。

アルゼンチン軍事政権にとっては、サッカーは78年のワールドカップ同様、政治的利用の道具のひとつだったが、ただ82年のスペインのワールドカップについて言えば、その結果は戦争にも政権維持にも敗れるというみじめな『自殺点』に終わった。

戦争が本格的に始まると、軍事政権は自国の兵士が戦場で戦っているのを考えて、ワールドカップにはアルゼンチンの出場辞退をほのめかした。しかし、それは政権自体がまったく本気には考えていない単なるジェスチャーであった。アベランジェ会長率いるＦＩＦＡも極力大会から政治を排除することに努力を重ねていた。

そのワールドカップ・スペイン大会が始まる4日前、マラドーナは練習中にアキレス腱を痛めた。「あの時は、78年に代表チームから外された時と同じほど落ち込んでしまい、どうやってショックから立ち上がったらいいか、分からなくなった」と、マラドーナは長いこと友情関係を保った「クラリン」紙のオラシオ・パガニ記者に打ち明けている。

マラドーナの不調でアルゼンチンはワールドカップのスタートをスタープレーヤー抜きで戦わねばならないかもしれない。そんな思いでメノッティ監督はじめチームの連中はちょっとしたショック状態になった。メノッティは、古くからの友人でもあるチームドクターのルーベン・オリバに頼み込んで、マラドーナの足の状態を調べてもらった。

その結果、メノッティとオリバは、マラドーナの意志を尊重するのが一番いい、と意見が一致した。ふたりはマラドーナが自分自身の存在感を示せるのは、サッカー・グラウンドでしかないこと、そして結果さえ出せれば、彼はどんなことをしても許されると考えていたのである。

メノッティが私に言ったように、「マラドーナには、矢でも鉄砲でも持ってこいという気持ちになる時がある。それは、彼がサッカーボールを持っている時だ。マラドーナからボールを取り上げることは、カウボーイからコルト45を奪うようなものだ。ボールがないマラドーナは、裸同然」なのである。

オリバは、アルゼンチン・サッカー・リーグでの麻薬乱用や不必要な手術のやり過ぎを痛烈に批判してきたという点で、アルゼンチンでは有名な存在だった。彼は、ミラノで医者になり、イタリア・オリンピック・チームへの貢献でイタリアから功労賞を授与されていた。しかし、イタリアの競技会では「ドーピング逃れ」が広範囲に行われていることを考えると、これはいささか理解に苦しむ栄誉だった。

オリバはそのほかにも問題の多い人物だった。政治的にはワールドカップに反対する左翼のひとりだったが、彼はメノッティ監督同様、78年のワールドカップにフル参加し、新聞の定期コラムでアルゼンチン選手の体力の優秀性を書き続けた。彼によると、大抵のケガは肉体的よりは心的状況によるもので、彼は自分の持っている強力な説得力で選手をグラウンドに復帰させることができると広言していた。

オリバは仲間の医師からは信用されていなかったが、患者となった選手たちからは、尊敬を集めていた。選手たちは彼を科学者というよりは魔法の力でケガを治す超能力者と考えていたのだ。

82年のワールドカップ・スペイン大会の頃までには、彼は、マラドーナに対して他人には到底及ばない影響力を行使し始めていた。マラドーナは正規の医師は信用しなかったが、オリバの中に、両親がコリエンテスの奥地に住んでいた頃の魔術師と同じように、神から自分を癒すためにつかわされてきた超能力者の姿を見たのである。

ワールドカップ開幕戦となった、ベルギーとの対戦前夜のことだった。

マラドーナは出場可能と診断されたが、オリバ以外の医師だったら別の診断をくだしたかもしれない。案の定、この後に起こったことを見ても分かるように、試合は意志の力だけでは勝てるものではないのである。

試合前の予想ではアルゼンチンが有利だった。事情を詳しく知らない者にとっては、マラドーナは評判通りの選手に見えた。国際サッカー界で最も著名な解説者のひとりである英国のジャーナリスト、ブライアン・グランビルの言葉によると、マラドーナは「21歳の若さ、巨大な太もも、そして恐るべき瞬間判断力と動き、さらに抜群のシュート力と見事な駆け引き」を持つまさに一騎当千のプレーヤーだった。

さらに、彼の背後には79年ワールドユース大会のチームメートだったラモン・ディアスやイングランドでプレーしている彼のアドバイザー、オッシー・アルディレス、そして78年ワールドカップの最優秀選手ケンペスなどのスターが目白押しで、アルゼンチンのチーム力がベルギーより上にあると見るのは当然だった。

しかし、アルゼンチンの動きは重かった。マラドーナ自身にも気力が感じられず、彼がベルギーのディフェンスを脅かしたのは、クロスバーに当たったFKの1回だけだった。この試合でアルゼンチンはベルギーに0対1で敗れた。しかし、続くハンガリー戦では奮起、4対1でこれを粉砕し、マラドーナも多彩な動きで自らの才能を全開、2ゴールをあげた。続くエルサルバドル戦にも勝ってアルゼンチンは2次リーグへと進んだ。しかし、前回チャンピオンのアルゼンチンも2次リーグではまずイタリアに1対2で敗れ、さらに次の試合もブラジルに最後のトドメを刺された。この試合はラフプレーが多く、マラドーナがブラジルのMFバチスタに対する報復のキックを見舞い、試合終了5分前にレッド・カード、1対3で屈辱的な敗戦を喫した。これでアルゼンチンの準決勝進出の夢は消えた。

スペインでのワールドカップでマラドーナの姿がかすんでいったのは、ちょうどフォークランド紛争が最終局面に入り、英国軍に降伏して軍事政権が崩壊していった時期と重なっていた。

イギリスのトットナムに所属していることもあって、イギリス軍隊が自分の国の兵士を殺しているという現実に戸惑いを見せているアルディレスを別にすれば、アルゼンチンのメンバーの中で、戦争の結果に一番ショックを受けたのはマラドーナだった。ワールドカップの試合でスペインに飛ぶまでは、マラドーナはさほど戦争に関心を持たず、アルゼンチンが絶対に勝つという軍政府の宣伝をそのままうのみにしていた。ところが、スペインに着いて、検閲のない地元マスコミの戦争報道を読んで、いままで無関心で背を向けていた現実を彼は初めて知ったのだった。

後日、彼はこう回想している。

「我々は、この戦争は絶対勝つと信じ込まされ、我が国旗に忠誠を誓ってきた。ところが、スペインに来て真実が分かった。これはとても大きなショックだった」

ペレの批判

アルゼンチンの敗戦で、マラドーナがその象徴となるはずだった国家威信はフォークランドの戦場の廃墟に埋もれた。スペインにいるアルゼンチンのジャーナリストはもはや78年の時のように、代表チームを悪く書くなという、軍事政権の命令に従う必要はなくなっていた。アルゼンチン政府はいまや威光を失い、ましてや遠くスペインまではその力は到底及ばなかった。ワールドカップのメディアの取材の焦点はこうして別なところに移った。記事には、アルゼンチン代表は規律を失い、まるで桃源郷にでもいるかのようなまったく意欲のない集団として描かれた。

それは決して誇張ではなかった。

実例をあげれば、選手たちが泊まっている豪奢なホテルの近くの浜辺では、メノッティ監督がドイツ人のモデルと一緒に寝床を出てくるところを再三写真に撮られていた。彼の女癖の悪さは、いまに始まったことではないにしても、自分の選手をトレーニングするよりベッドにいる時間のほうが長いというのは非難の的になっていた。

また、これも何人かのジャーナリストが目撃していることだが、女をめぐる騒動の中でも、特にアルゼンチンのムードを如実に代表するような事件があった。それは、タランティニの妻が夫の乱行に浜辺でヒステリーを起こし、自分もほかの男と不倫をしてやると叫んだことだった。

そのような雰囲気の中で、大衆はマラドーナのことを、細大もらさず知りたがった。現地のマスコミに関する限り、マラドーナはもうアルゼンチンの成功のシンボルではなかった。それどころか、不謹慎、不節制の見本のように扱われた。

マラドーナは、スペインのメディアが「マラドーナ一味」と軽蔑して呼んだ、彼の両親、兄弟姉妹、いとこ、友人、そして恋人のクラウディアといった一族郎党を連れて、同じホテルに陣取っていた。クラウディアのメディアへのサービスといえば、マスコミの前でマラドーナにキスをして見せ、できる限りの大声で「大好き、あんたは天才よ」と叫ぶことくらいのものだった。

スペインの日刊紙「マルカ」のドミンゴ・トルヒーリョ記者は、その記事の中で「マラドーナ一味が、食ったり、寝たりのやりたい放題で、ディエゴ・マラドーナにやらないことがひとつあるとすれば、それは練習だけだ」と皮肉たっぷりに伝えた。そんな背景もあり、マラドーナがマスコミや一般大衆に対して次第に恐怖感のようなものを抱き始めたのも極めて自然の成り行きだった。自分の味方でない者は、自分を不当に十字架に張り付けにすると、彼は思い始めた。

いろいろ言われた中でも特にこたえたのが、マラドーナが「二世」としてそのあとを継ぐとも言われた「サッカーの王様」ペレからの批判だった。アルゼンチンの有力紙「クラリン」の客員としてコラムを書いていたペレは、マラドーナは人間性に欠けるところがあるため、そのサッカーの才能をすっかり台無しにしてしまった、と手厳しくこう書いた。

「私は、マラドーナが世界のサッカーファンから称賛を受けるだけの十分な偉大さを持っている人間かどうか、大きな疑問を持っている」

自分と同じスラム街に生まれ、やがて世界サッカー界の英雄となったペレを訪ね、隣に座って親しく話を聞きたいという子供時代の夢を果たすため、マラドーナが、リオデジャネイロ巡礼の旅に出たのは3年前のことだった。

58年、それはマラドーナが生まれる2年前のことだが、当時17歳だったペレは、すでにブラジルが生んだ最高のプレーヤーと言われていた。また70年には、この時、マラドーナは10歳だったが、ペレはワールドカップ・メキシコ大会でブラジル優勝の立て役者になっていた。

82年、スペインであこがれのペレから裏切りにも似た批判の言葉を受けたマラドーナは、この悪感情をその後何年も持ち続けることになる。

ペレのこのコメントはマラドーナにさらに大きなプレッシャーをかける火種をつくった。スペインのマスコミは、「バルセロナ・クラブ」がマラドーナに払った契約金は高過ぎたのではないかと公然と論じ始め、当然のことながら、バルセロナのライバル都市マドリードの新聞も無駄づかいに対して非難の記事を載せ始めた。

それとは対照的に、バルセロナのヌニェス会長や首脳陣は地元カタルーニャのプレスに、マラドーナの獲得が、クラブのパワーと野望のシンボルになると書き立てさせた。

総体として見れば、マラドーナの82年のワールドカップの経験はまったく不本意なものに終わってしまった。メノッティ監督やオリバ医師が考えていた心の平静さも、結局は相手チームの汚い手にかき乱されて十分に保つことができなかった。エルサルバドルの監督は、マラドーナを第一のターダットにすると臆面もなく宣言したし、イタリアのDF、クラウディオ・ジェンチーレはマラドーナを徹底的にマークしてその動きを完全に止めた。

ブライアン・グランビルは、ジェンチーレのマラドーナに対する再三のファウルは（レフェリーはとらなかったが）、「試合のみならず、大会そのもの、そしてイタリアの勝利にも汚点を残すことになった」と書いている。マラドーナは、体当たりを食らい、ホールデイングをされ、足を蹴られたりしたため、持てる才能を十二分に発揮することができなかったのだ。マラドーナをジェンチーレのタックルの餌食にしてしまったメノッティ監督の作戦にも責任のいったんはあるが、本来芸術にもなり得るサッカーの試合を、街の通りの殴り合いのようにしてしまったイタリアの態度を非難していた。

ともかく、マラドーナにとってのワールドカップはこうして終わった。開幕前と同じように、自分を大西洋の上空へと運んでくれる飛行機の出発を彼は待っていた。しかし、やってきた時と違うのは、彼をスターとして盛大に見送る群衆の姿はなく、一言でもいいからコメントを取ろうとひしめくマスコミ集団もいなかったことだ。サインを求めるファンさえひとりもいなかった。彼はまったく人目も引かず、だれにも面倒を見てもらうことのないまま、出発を待つ単なるひとりの乗客としてぽつんと座っていた。

この瞬間に限って言えば、彼は悩みだった周りからのプレッシャーからは解放されていた。しかし、彼にはこの先もっと手強いチャレンジが待っていることは分かっていた。つまり、彼には再度スペインに戻り、今度はバルセロナが出した巨額の移籍料にふさわしいことを世界に示すだけの働きをするという課題が待ち受けていたのである。

第11章

バルセロナでの挫折

BREAKDOWN IN BARCELONA

バルサとの巨額契約

カタルーニャ中の人々が、ひとりのアルゼンチン人にこれほど沸き返ったのは、1947年にあのエバ・ペロンがフランコ政権下のスペインを訪問して以来のことであった。

82年6月4日金曜日、まだ22歳にもなっていなかったディエゴ・マラドーナは、サッカーでも最高の金額を伴う移籍契約に調印するため、チテルスピラーとともに空路バルセロナ入りした。熱狂的なファンに取り囲まれ、フラッシュの雨を浴びながらリムジンに乗り込むと、ふたりはバルセロナFC（バルサ）へ向かった。

調印式はクラブの役員室で行われた。長い戦争に終わりを告げる和平条約締結の儀式のように荘厳でものものしい式典だった。出席者にはアルゼンチンのふたつのクラブ、ボカ、アルヘンチノスの両会長も含まれていた。

テーブルの反対側には、世界でも有数の富裕なクラブ、バルサの強力な幹部組織を構成する銀行家、弁護士、交渉仲介人、実業家たちが居並んでいた。短躯でがっちりしたいささか自信過剰の妄想家、ホセ・ルイス・ヌニェス会長は満足感に浸っていた。自分のクラブが世界でも最も注目を浴びるスタープレーヤーを獲得する力と金があることを、それまで冷ややかに見守っていたマドリードの連中に見せてやれるからであった。

同じく満足感を持って式場を見渡していたのがチテルスピラーだった。この日が、エージェントになってから、最大の成功を収めた日になったことは疑いなかった。ここ3年間というもの、交渉人グループ同士を張り合わせ、競合させることで、世界的スーパースターになった子供時代からの友人の商品価値を着実につり上げることができたからだ。

契約の詳細は、注意深く秘密が保たれていたが、クラブの正式文書によると、バルセロナはアルヘンチノスに510万ドル、ボカに220万ドルの計730万ドルを6回の分割で支払うことに同意した。マラドーナ自身は割り増し手当、ボーナスを除いて毎シーズン、最低5万ドルを受け取ることになっていた。バルセロナとマラドーナの会社の間で結ばれた契約の付属文書には、マラドーナの会社が彼の名前の商品化と全広告に関して唯一の合法的、独占的権利を保有する、と記されていた。これにより、6年で300万ドルのスポンサーからの収入が別途見込まれた。

ボカのノエル会長は、気に入りの息子と別れる父親のようにマラドーナとの別れを残念がりながらも、マラドーナは金額通りの値打ちがあると新しいオーナーたちに安堵させるように、「バルセロナが世界最高のプレーヤーと契約したことに対し、お祝い申し上げます。私はマラドーナが必ずや成功し、ファンを喜ばせる最高のプレーを見せてくれると信じております」と語った。

アルヘンチノスのテソーネ会長は、最高の形容詞を並べ立てながら、この日がサッカーにとって歴史的な日になるだろうと宣言した。

「いまや世界最高のプレーヤーが世界で最も大きく、そして強力なクラブのひとつでプレーすることになったのであります」

次いでマラドーナ自身がスピーチした。役員室に居並ぶ面々も、またその現場には立ち会っていない人々の中にも、彼がエージェントにただ操られている、ナイーブというよりも知性に欠けた年端のいかないサッカー選手といった評価をしていた人たちがいたはずだ。ところが、マラドーナはジャーナリストたちを意識しながら、この場にどんぴしゃりの挨拶をした。つまり金の話は一切避け、自分の能力の最善を尽くし、余人では真似のできないプレーを見せる決意のあることに力点を置いた。

「サッカー選手の寿命は極めて短い。ですから、やめた後の生活保証を確かなものにすべきだというのはまったく論理的だと思います。私の値段が高いか安いかは分かりません。私がお約束できるのは、バルセロナのクラブの名に恥じないために、全身全霊でもってプレーするということです」

最後に挨拶に立ったヌニェス会長は、半ばはクラブの責任者、半ばはお祝いの参加客という感じで、マラドーナの心意気を大いに歓迎しながら一言アドバイスすることも忘れなかった。

「我がクラブが経営的に成功するかどうかは、サッカーでの成功にかかっている。私からマラドーナ君に唯一お願いしたいのは、グラウンドでは自分のイメージを大切にし、同僚には謙虚な態度で接して欲しいということです」

しかし、次々とお祝いの言葉が飛び、お互いの肩をたたき合う光景の中でも、ひとつだけ、将来の破局を暗示させるものがあった。

それはTシャツ姿で髪が垂れ下がり、厩舎《きゅうしゃ》に押し込まれた若駒のようなマラドーナと、「サッカーこそ力と金の象徴」と言わんばかりに、トロフィー、肖像、分厚いレザーの豪華な家具が置かれたパネル張りの役員室に、グレーのスーツを着て、いかめしい顔つきでふんぞり返っている名門バルサの重役陣のイメージが、あまりにも違い過ぎていることだった。

バルサに比べれば、ボカ、アルヘンチノスはアマチュアのクラブ同然だった。「単なるクラブではない」というこのクラブのモットーがすべてを集約している。バルセロナFCは11万人を超える会員を有する世界最大のスポーツクラブである。郊外にある豪壮な施設からすれば、マラドーナが1年前にアルゼンチン・リーグの選手権を獲得したボカのスタジアム「ボンボネーラ・スタジアム」はみすぼらしい裏庭だった。トレーニングと管理のための施設、スタジアムの見事な複合体で、ちょっとした都市の形をしており、真ん中にはサッカーの大寺院と言ってもよい巨大なノウカンプ・スタジアムが建っていた。

バルセロナFCがここまで来たのは政治のおかげと言っていい。1899年にバルセロナで働くスイスのビジネスマン・グループによって創設されたこのクラブは、やがてフランコ政権の弾圧時代の精神的抑圧から生まれ育ったカタルーニャの民族主義の象徴的存在となった。カタルーニャ人たちは中央政府によって政治的自由を厳しく抑制されていたが、自分たちの文化的アイデンティティーをノウカンプの中に求めていた。かくして、レアル・マドリードとの試合のひとつひとつが独立宣言の戦いとなり、カタルーニャではこのクラブの会長は民間人のポストとしては最も重要なものとなった。

会長のヌニェスは、バスク地方生まれ。建設業界出の頑固なビジネスマンで、クラブをあたかも自分の領土であるかのように運営した。とことん一緒にやるか、ケンカ別れするか、といったタイプの人間で78年に会長に選ばれた後、クラブメンバー、つまり株主を説得して、年会費の前払いと増額を実現させた。これによる増収でノウカンプを拡張し、座席数の増加、マラドーナの獲得といった新たな投資にも積極的に乗り出した。

ヌニェスはマラドーナ獲得で自分にかかるリスクは十分承知していた。マラドーナはアルゼンチンではヒーローでも、自国以外のクラブではプロとしての腕前が十分試されていなかった。なかでも、彼の最初の国際的な挑戦となったワールドカップで、さして印象に残るプレーを見せなかったために、果たして高額を出すに値するのかとの疑念がスペイン・サッカー界――特にマドリードで再燃していた。

ヌニェスはこのような見方が間違っていることを実証しようと腹を決めた。マラドーナの才能を最大限に利用してスタジアムを満員にし、新たなメンバーを呼び込む。これには高い目標を設定する必要があった。バルセロナはここ10年というもの、上がったり下がったりの成績で、エレニオ・エレラの監督時代、それに続く外国人スター、ヨハン・クライフの時代の強さは取り戻せていなかった。欧州チャンピオンズ・カップでやっとこさ優勝したものの、ほとんどのバルサ・ファンは宿敵レアル・マドリードに比べてお粗末な成績に終わった前シーズンの、ほんのわずかな償いとしか受け取らなかった。ヌニェスは、目標をスポンサー契約とテレビの放映権料をどっさりもたらしてくれるリーグ優勝と欧州チャンピオンズ・カップ優勝に据えた。クラブがこの目標を達成するにはマラドーナに求めるものがふたつあった。規律を守ること、そしてプレーヤーとして成功して結果を出してくれることだった。

バルセロナの人たちがマラドーナに甘くないことはすぐにはっきりした。7月28日、マラドーナはバルセロナのチームメートとともにノウカンプで行われた恒例のシーズン開幕のお披露目式に参加した。この日は、この種の催しとしては新記録の5万人のファンが詰めかけた。しかし、マラドーナの存在は、80年のネーションズ・カップで西ドイツに優勝をもたらした後、バルセロナ入りしたベルント・シュスターの人気の陰にかすんでしまった。ノウカンプの周辺に響き渡ったのは「マラドーーナ」ではなく「シューースターー」の大コールだったのだ。

バルセロナの第二の外国人スターはデンマーク代表のアラン・シモンセンだった。しかしスペインでは、グラウンドに出せる外国人選手はふたりまでという制約があるため、ドイツ人のウド・ラテックが指揮する改造チームではシモンセンが戦力外となり、シュスターとマラドーナがけん引車役を果たすものと思われていた。マラドーナ自身はサッカー選手として重大な岐路に差し掛かったことをはっきり認識しているように見えた。

チームメートの信頼

「いまこそ正念場だ。私がバルセロナに来たのは、チームメートの一員として解け込むためだ。自分ひとりで勝てるわけがない。バルセロナが優勝するために、チームとお互い同士を助け合うことを私が願っているのはそのためなのだ」

こう宣言したマラドーナは、さっそくチームメートの信頼を勝ち取る道を選んだ。そして、クラブのユースチームから引き上げられて人気選手になっていたロボ・カラスコといち早く友情を結んだ。マラドーナより2歳年上のカラスコは、マラドーナにアドバイスを与えたり、いい聞き役にもなった。マラドーナはバルセロナの役員たちとの出会いで受けたショックがまだ残っていたので、カラスコが傲慢でないことで心が安らいだ。ふたりはアンドラでのプレ・トレーニングキャンプでは同室になった。時には深夜に及ぶまで語らい、マラドーナは自分の新しい契約について思うところを吐露した。カラスコはマラドーナの話を聞きながら、スタープレーヤーとは思えない正直さ、率直さに心を打たれた。

カラスコはこのように回想している。

「私は彼の謙虚さに強く感動した、本質的にすごく人間的であることを知らされた。アルゼンチンでは神のように崇拝される存在になっていたのに、私と接する彼は自分のルーツをひどく気にしているようだった。あそこまでなるのにどれほど苦労したか、自分の家族の将来を安定したものにするため、まだ頑張らねばならぬと考えているのがはっきり分かった。まるで夢いっぱいの子供のように見えた。彼と仲良くなればなるほど、彼のことが心配になる。すべてが悲劇的なエンディングを迎えるのではないかとの不安が高まるばかりだった」

しかし、その不安も、いったん試合になるとウソのように消えてしまうのだった。

「マラドーナはまるでカメレオンだった。グラウンドに出ると変身し、自信たっぷりになった。ボールコントロールは完ぺきで、ボールを持ち、相手ディフェンスをドリブルで抜いていく時、ボールを靴に縛りつけているのではないかと思わせたほどだった。初めての練習では、チーム全員が足を止めて彼の動きをじっと見入るのだった。チームメートは、みんな彼の技が見られるだけでも満足だった」

一般にマラドーナの現役時代を通じて言えることだが、彼のチームでの存在そのものが経験の少ない選手をくさらせ、駄目にしがちだった。しかし、ことバルセロナではカラスコのような地元の生え抜き選手はマラドーナに刺激された。またチームメートが示す尊敬がマラドーナの自信を高め、そのことが魔法のようなプレーを生み出した。

マラドーナはウド・ラテック監督のハードトレーニングにはなじめなかったものの、大方の予想通りシュスターとペアを組んでシーズンをスタートし、シモンセンはベンチ要員となった。ラテック監督はシュスターとマラドーナが完ぺきに補完し合うと明言したが、まさにその通りだった。ふたりは、中盤から素晴らしい動きでゲームを組み立てていき、クライフの黄金時代をしのばせるゴールを重ねた。

シーズン初めの、地元のライバル、エスパニョールとの試合では、マラドーナはいざという時に必要な余力を引き出せることも実証して見せた。試合はエスパニョールがバルセロナを前半ノーゴールに抑え、0対0の引き分けに持ち込もうとしていた。マラドーナは痛めた脚が半ば回復したところだったが、ラテックを説得して後半に出場、数分のうちに、味方にこの試合唯一のゴールをもたらした。2日後、バルセロナはレッドスターとのカップ・ウイナーズ・カップ決勝で素晴らしい勝利を収め、いつまでも続くスタンディング・オベーションを背にベオグラードのスタジアムを後にすることができた。このユーゴスラビア・チャンピオンとの試合は4対2で勝ったが、マラドーナ、シュスターはともに2ゴールをあげたのである。

最高の才能の選手を6年契約で持っていたのだから、これほど華々しいスタートを切れば、快進撃の第一歩を踏み出してもおかしくない話である。ところが、バルセロナFCの窮屈な雰囲気の中では、ヌニエス、ラテック、シュスターそしてマラドーナの性格が絡み合うと、いつ爆発してもおかしくない危険な混合物になった。

　もっとも、マラドーナはチームと一体となろうという気持ちを持っていたので、チームメートの尊敬を失うことはなかった。練習が終わると、普通ならボールボーイに任せていいのに、自分でわざわざ練習ボールを拾う仕事をやった。しかし、当初からカラスコのような選手たちが心配をしていたのは、アルゼンチンにいた時のようなマイペースの生活が送れなくなることから生じるプレッシャーに果たしてマラドーナが耐えられるかどうかという点だった。

　バルサの歴史を見ても、移籍してきた外国選手がすぐさま華々しく活躍する半面、環境に順応できずに失敗に終わる例――それも往々にして人種差別がらみのケースが少なくない。70年代に大活躍した白人のヨハン・クライフと有色人種のペルー人ウーゴ・ソティルの場合がその典型的な例だ。クライフはカタルーニャ語を学び、家族と一緒に定住したのに対し、教育をろくに受けていないソティルは派手に夜遊びをし「マンボの王様」のニックネームをちょうだいした。クライフは自分の技によって、ヨーロッパでのスターの地位を確立したが、ソティルはグラウンド内外での行動が非難の的になり、ついには追われるようにチームを去った。

　カラスコが新入りのマラドーナに与えた忠告は「とにかく慎重に行動しろ。さもないとつぶされてしまうぞ」と単純明快だった。

「私はそれまで外国選手を見てきた経験から忠告したんだ。夜の外出は用心深くやれ。月曜、火曜はまだいいが、試合前の金曜日は特に注意して、地元の新聞記者に見つからないようにしなきゃならない、って」。

マラドーナはこのアドバイスがなかなか守れず、最後には大きな代償を支払う結果となった。

膨れ上がったファミリー

マラドーナはチームメートと最大限の親密関係を築き上げるように努めた。しかし、それにもかかわらずスタートからバルサではどうしてもチームの一員になりきれないという疎外感が払しょくできず、徐々にトラブルを生み出す羽目になった。最初のシーズンが開幕してまだ1カ月もたたないうちに、彼は脚の肉離れのため一時チームから外れることになる。チームドクターを、しょせん金儲けしか頭にないクラブ役員の回し者だと思い込んでいたマラドーナは、彼らの治療を拒否し、ミラノから旧知のオリバ医師を空路呼び寄せた。

彼はまた、新たにマラドーナ一族に加わったばかりの地元在住のアルゼンチン人、フェルナンド・シニョリーニを個人トレーナーとして雇い入れた。シニョリーニは、人との接し方もうまく、マラドーナより10歳年上とは思えないほど若々しかったが、世界的なサッカー選手のコンディションを最高に持っていくには、いささか年齢的に問題があるように思えた。彼は新婚で、アルゼンチンよりいい働き口がないかとバルセロナに来たばかりで、最初はバルセロナの最高級マンションがあるパセオ・デ・グラシオの夜警の仕事にありついた。非番の日になると、ノウカンプ近くでのバルサの練習に顔を出すようになった。マラドーナの内輪の集まりに食い込むことができたのは妻のおかげだった。彼の妻はマラドーナのガールフレンドのクラウディアや弟のラロが時々足を運んでいたテニスクラブのインストラクターをしていたのだ。シニョリーニはこの後、マラドーナ家に初めて招待され、クラウディアのすすめもあってその場でマラドーナの個人トレーナーの仕事を与えられたのだった。願ってもない話だった。

「私はディエゴに言ったんだ。私のような知られていない人間を個人トレーナーにしたら、周囲から非難されるのではないかってね。そうしたらディエゴは『人が何を言おうとクソ食らえだ。ぼくはあんたが必要なんだ』と言った。私は一瞬、息が詰まった。だれもがのどから手が出るほど欲しいポストを私に与えてくれたんだから」

マラドーナが自分の周りに築き上げていった世界とは、実はこのようなものであった。つまり、彼の両親が生まれ育ったエスキーナの原始的なへき地で学び、のちに家族がブエノスアイレスのスラム街、ビラ・フィオリートで家訓にしていた、忠誠心と互いに守り合うという不文律を土台にした結束の固いファミリーグループの世界であった。そこではマラドーナが君臨し、思うままのことをし、クラブにとってはマイナスになったとしても、人々がそのようにかしずき、仕えてくれる世界であった。

医者のオリバとシニョリーニはマラドーナが特別なケアが必要な、常人と違う選手であり、それがどんなケアかを知っているのは自分たちだけだと考えていた。しかし、バルサのチームドクターは自分たちがスペインで最も優れていると考えており、南米出のインチキ医者にお説教をされることを潔しとしなかった。正統派で権威主義のドイツ人監督ラテックは、マラドーナの友人でエージェントのチテルスピラーが悪影響を及ぼすと考え、練習場から閉め出していた。彼はまた、素人くさいシニョリーニの登場を自分の職分に対する侮辱だと考えた。

以後、マラドーナとクラブのトップとのコミュニケーションは次第に疎通を欠くようになる。マラドーナはロッカールームでは謙虚なところを見せたが、私生活では自分自身が立てた予定を、その通りにやるという気持ちを変えなかった。彼自身がバルセロナの金持ちが住むペドラレス近くに選んだ住宅はハリウッドでも引けをとらないものだった。

「あっけにとられるような豪邸だった。ケタ外れで、「何人でもいらっしゃい」という印象を与えるほどの豪壮な建物だった」。マラドーナの個人カメラマンだったファン・カルロス・ラブルはこのように回想している。

それにもかかわらず、マラドーナはバルセロナでの滞在を「人生で最も不幸な時期」と記憶している。アルゼンチンを遠く離れて、国外で初めて迎えるクリスマスだというのに慰めてくれるのは母親だけ。「残りの家族、特にクラウディアから切り離された思いで本当に厳しかった」とマラドーナは言う。

しかし、間もなくマラドーナ、トタのふたり住まいの邸宅にクラウディア、妹のマリアと夫のガブリエルが加わった。父親のチトロも来たが、アルゼンチンに残した家の諸事、雑用があるということですぐ帰っていった。住人の中には子供の時から一緒に育ち、いまでは彼の施しを受けようという寄生虫的な取り巻き連中がいた。そのひとりがオズワルド・ブオナだった。ブオナは国内では一線級になれなかった元アルヘンチノスの選手で、マラドーナがバルサとの最後の交渉で2部のカタルーニャ・チームに無理に採用させたのである。

ほかには『エルソルダティート（小さな兵士）』の異名を持つリカルド・アジャラがいた。アジャラは小さい頃、エスキーナで親に捨てられ、少年期を、物乞いや盗みをするストリート・チルドレンとして過ごした。マラドーナは父親の故郷を初めて訪れた時実業家のもとで使い走りをしていたアジャラと出会い、のちに運転手兼ボディーガードの仕事を提供した。彼に与えられた任務は、いつも他人が恐れるようなタフガイを装い、チンピラ時代に覚えたさまざまな手口を使って厄介事が起こった時に始末することだった。

ブオナとエルソルダティートは、マラドーナにとって自分がサッカー選手として成功する過程で取り残さざるを得なかった少年時代の友達を思い起こさせた。冷ややかな上品ぶった空気と、すました紳士気取りの連中のいるバルサの雰囲気には到底なじめず、家族同様にブオナやアジャラを必要としたのだ。彼らには忠誠心があり、その中にいると本当の自分が取り戻せた。

マラドーナ・ファミリーはやがてチームメートやいろんなサービスをしてくれるバルセロナ在住のアルゼンチン人グループが加わって膨れ上がった。

マラドーナは自分の必要とするものを喜んで供給してくれる同郷人がいることを知った。ブエノスアイレス旧市街にあったのとそっくりのカラブレシをつくるピザ屋、十代の誕生パーティーで嬉しかった薄切りの白サンドイッチそっくりの物をつくるバーテンダーらであった。バーベキューにアルゼンチン最高の肉を持ってきてくれる友人もいたし、彼のお気に入りの歌手、フリオ・イグレシアスのビデオやテープをそろえてくれる友人もいた。マラドーナはペドラレスの中に別世界、それもビラ・フィオリートの部族的な気安さを備えた、小世界の中のブエノスアイレスを見つけた思いだった。『ペドラレス城』の主な接触相手はバルサではなく、マラドーナ・プロダクションズだった。この会社のヨーロッパ本部は、チテルスピラーによってバルセロナきっての贅沢なオフィス街の一角に設けられ、社名もファースト・チャンピオン・プロダクションと改められた。

チテルスピラーは税務署員そのほか、トラブルを持ち込んでくる連中を閉め出すために、計理士や秘書を雇い入れた。さらに、ブエノスアイレスで雇った撮影クルーを事務所に入れ、とっておきの企画に乗り出した。アルゼンチンからこっそり持ち出した公式記録フィルムに自社のクルーが独占的に撮影したフィルムを継ぎ足し、「マラドーナとその生活」と題して12カ国語で世界中に売り出す準備を始めたのだ。サウンドトラック付きで70分のビデオはロサンゼルス、ニューヨークの別々のスタジオで最新技術を駆使してつくられ、総制作費は100万ドルに達した。

次いでチテルスピラーは米国のハンバーガー・チェーンのマクドナルド、写真機材のアグファと広告の交渉を始めた。ワールドカップ前にプーマ、コカ・コーラと結んだのと同じ契約だった。ファースト・チャンピオン・プロダクションは、相当荒っぽいコマーシャルの企画・制作で、ある意味では、マラドーナが家族や友人たちと求めている自由な生活とはおよそかけ離れた世界を描き出した。もっとも、ふたつの『世界』は依存し合う関係だった。この商売の成功でマラドーナは、サッカーの天分のおかげで世界的スターになった、ただの家族的人間としてのイメージを植え付けられた。スペインの親子に、「タパスを食べたりワインを飲んだりするより、ビッグマックを食べ、コークを飲んだほうが良い」、コマーシャルのマラドーナはそう呼びかけ、また『だれでもマラドーナになれる』と宣伝屋は売り出したのである。

堕落の始まり…コカイン疑惑

バルセロナの現実の世界では、もっと冷ややかに見る人たちがいた。マラドーナとしては、自分のつくり上げている世界がみんなに喜んでもらえると思っていたが、バルサの幹部たちは軽蔑の気持ちを日増しに強めていたのだ。

幹部たちがマラドーナの家に招かれることはほとんどなかったが、ほかの選手や地元新聞社の協力者から得た情報から、マラドーナが堕落した若者同様の振る舞いをしているとの確信を深めた。彼の家にはポルノビデオがあふれており、それに比べればポルノの町とされるコペンハーゲンなどまるで『聖地』だ、と聞かされていた。時折は家族的なバーベキュー・パーティーも開かれたが、売春婦を呼び、夜明けまで続いて最後にはゲストがプールに飛び込むという乱痴気騒ぎが繰り広げられているということも耳に入っていた。

大衆誌「インテルビウ」の副編集長、ミラ・ミティビリャスが当時を回想する。

「マラドーナがバルセロナにいて付き合っていた頃、マラドーナ・グループが催した秘密パーティーで、だれと何回セックスしたかといった話を私に売り込みにくる、疲れ切った、悲しげな目をした多くの若い女たちを断るのが、私の仕事のひとつでした」

バルサでマラドーナに理解を示し続けた唯一の役員は副会長のニコラス・カサウスだった。彼は、マラドーナがそんな不幸な事態に落ち込んだのは、本人よりも彼の取り巻きに責任があると考えながらも、擁護するのに疲れ切っていた。

「マラドーナは『クラブに自分の心のすべてを捧げる用意がある』、と言ってバルサに乗り込んできた。私はこの言葉を信じた。自分のハート全部をプレーに注ぎ込むというのは、いかにも彼らしい言い方だった。しかし、日がたつにつれ、彼が自分の生活をコントロールできないことが分かってきた。チテルスピラーのせいだ。初めてマラドーナの新居を訪ねた時、気付いた。彼はクラウディアら7、8人に取り囲まれていた。まるで人間の壁で、私はこれを突き破れなかった」

カサウスはこう嘆いた。

バルサの幹部は噂の数々を調査するのにいささかうんざりしていた。許されないことばかりが次々と判明してきたからだ。『マラドーナ一家』のいかがわしい行動はやがてペドラレス城の壁を越えて、常にフォーカスの対象になっていた上流クラスの夜の世界にまで及んだ。バルセロナの金持ち階級と「スダカス」と蔑称されていた南米出身者との対立関係が地元新聞のゴシップ欄で話題になり、ついにフリーのカメラマンがとらえた事件が表沙汰になった。

その日、マラドーナ一家は街に繰り出して遊び回り、最後にバルセロナきっての高級クラブ「アップ・アンド・ダウン」の地下に現れた。

一家はあちこち遊び回っていたので、大声で笑いながらクラブに入ってきた。しかし、マラドーナは自分たちが当然のVIP待遇を受けないばかりか、ひどく冷たく、邪険に扱われていると感じた。クラブのメンバーたち——特に地元カタルーニャの出身者たち——は、地位も教養もないグループへの非難の色をあえて隠そうとしなかった。おいおい分かったところでは、マラドーナと友人が、数人の女性を同伴者がいるのに無理に連れ出そうとした。これがもとでケンカになり、マラドーナはクラブから退出させられた。

バルサの役員の耳に入った多くの噂の中で、一件だけ隠ぺい工作が行われたものがある。マラドーナが麻薬をやっていたという噂だ。特定のナイトクラブに行くと、彼が決まって友人と一緒にトイレに消え、数分後にぼんやりした目付きをして出てきた、という報告がいくつかあり、コカインを吸っていた疑いが持たれていたのだ。

マラドーナが「バルセロナで面白半分に手を出した」と公に告白したのは14年もたった後だった。バルセロナにいた間、マラドーナは自分について書かれた話の半分をウソと片づけ、書いた記者を告訴すると脅していた。

「私が初めてコカインを試したのはバルセロナにいた82年で、まだ22歳の時だった。ハイになりたかったんだ。サッカーの世界では、麻薬はずっとあり、新しい問題じゃない。はっきりさせておきたいのは、薬をやり始めたのは何も私だけじゃないということだ。ほかにいくらでもいたよ」

96年1月のマラドーナの告白である。

マラドーナがバルセロナ時代にたびたびコカインを吸引していたことは、彼に忠実な友人グループだけの秘密で、それ以外の者は疑ってはいても法廷で立証できるだけの証拠をつかんでいなかった。彼は実に巧みに悪習を隠し通し、麻薬追放キャンペーンに協力して、市から報酬をもらったことさえあるのだ。カタルーニャの海岸でクリーンで健康そうなマラドーナが、同様に清潔で健康的な若者に取り囲まれている光景と「明るい生活に麻薬追放」のスローガンがあったが、これはマラドーナがすでにコカインを吸っているか、ほどなく始めるかという状態だったことを知らないスポンサーの提供で、テレビのゴールデンタイムに定期的に放映された。

バルセロナ時代のマラドーナが、試合前にコカインそのほかの違法な薬物を使用していたとか、医者のドーピング検査で陽性反応が出たとかを示す証拠はなかった。役員たちは疑いは持っていたが、公にしてまじめに論議するには値しないとして隠し通した。クラブの姿勢はマラドーナが去った後もしばらく変わらなかった。私が95年にクラブ役員にインタビューした際、彼らはマラドーナのドーピング問題はイタリアへトレードされてから起きたものだと主張した。

バルサの幹部たちが見て見ぬ振りをしていられない問題もあった。82年のシーズンが始まって2カ月もたっていなかった2月初旬、マラドーナはバルセロナ入り以来、親善試合、リーグ戦、国際試合と出続けで日程がきつ過ぎると、ラテック監督に休養を申し入れた。要求は拒否され、フランス・チャンピオンのパリ・サンジェルマンとの親善試合のためフランスに出発することになった。

しぶしぶの遠征だったが、チーム仲間との関係は決して悪くなかった。というのも、バルサ幹部と激しくやりあいながら、自分がもらっているのと同じような多額のボーナスをチームメート全員がもらうべきだと主張したからだ。この強い仲間意識に奮い立ったバルサは、マラドーナの貢献もあって、4対1で快勝した。

その夜、マラドーナは自分の友達を呼び集めるとともにチームメートの約半数を説得して、パリのナイトクラブで徹夜の祝勝会をやることにした。祝勝会を取材した記者からは、ヌニュス会長のもとへマラドーナがチーム全員を行に連れ出したというように伝えられた。激怒したヌニュスはチームがまだパリにいる間に声明を出し、マラドーナを公に非難した。

「私からディエゴ・マラドーナに一言言わねばならない。我々のファンは彼がグラウンド上で、ベストを尽くしてプレーをし、グラウンド以外でも人にとやかく言われることがないよう望んでいる。問題のある行動は差し控えてもらいたい」

マラドーナはケンカ腰で反発、自分の生き方は「私自身が決めることである」とし、「行きたければどこへでも行く。クラブを離れての生活はプレーヤーとしての私の能力が損なわれない限り、他人にとやかく言われる筋合いのものではない」と言い返した。

チテルスピラーによると、彼がヌニェス会長と個人的に交わした激しいやりとりは、公に行われた会長とマラドーナの非難の応酬の比ではなかったという。ヌニェス会長の声明を新聞で読んだチテルスピラーは、マラドーナの了解を得てパリのホテルから会長のところへ電話を入れた。

「何であんな声明を出したんだ、と説明を求めたところ、だれがボスかを分からせるためだと言うんだ。だから言ってやった。『このクソ野郎』ってね」

「パリの夜の騒動」と知られることになるこの事件は、ヌニェスとマラドーナの根本的な個性と生き方の違いを表面化させた。マラドーナは、自分は偉大なプレーヤーになるべく神に選ばれたのだから、善悪を超越し、唯我独尊の存在と考えていた。ヌニェスもマラドーナ同様大きなことを考える小さな男だったが、考えている目的が違っていた。ヌニェスはこれまでバルサに偉大な選手が来ては去るのを見てきたが、規律に従わないでプレーヤーとして成功した者はひとりもいなかった。彼としては、クラブを運営していく上で反逆児は許せなかったのだ。

ふたりの間の緊張は、時には爆発しながら、危険極まりない状態のままマラドーナがバルセロナにいる間中続いた。

マラドーナには、ヌニェスに対して許せないという気持ちがあった。ヌニェスは領主が農奴に対したように尊大で、無学な選手を扱うサッカーの幹部連中の悪い面を集約したような人間と、マラドーナには映っていた。マラドーナは子供の時から、何でも許してくれる父親のような人物に甘やかされてきたこともあって、自分の一部がいまや切っても切れない関係になっているサッカー・コマーシャリズムの冷酷な現実にどうしても適合できなかったのだ。

バルセロナFCは、創立以来、クラブの紛争の歴史と財政的な要因が重なり合って、定期的に選手間、選手とフロント間にトラブルを起こしていた。なかでもマラドーナのいた時期は格別にむごいものであった。マラドーナはヌニェスとの対立以外にもさまざまなトラブルを起こし、仲間のストライカー、シュスターとはあいまいな関係にあった。マラドーナは、自分に対してバルサが支払った契約金は多過ぎるとシュスターが反発していること、またマラドーナが入ったことで、自分の存在がかすんでしまうのではないかとシュスターが恐れていることを十分認識していた。

そうした緊張が思わぬいい結果を生むこともある。マラドーナはシュスターといいパートナーになるように努め、その効果は十二分に発揮された。ふたりはヌニェスの高圧的な態度に対しても、固い結束ぶりを見せた。しかし、マラドーナはチームでは、常にNO・1と見なされたいという欲望を捨てることはなく、シュスターとウド・ラテック監督の関係が一段と悪化するのを意識的に黙って見ていた。シュスターはあるインタビューで監督を「飲んだくれ」と呼んだ。マラドーナとラテック監督との関係も、風雲をはらむ状態で、83年3月、ラテックが更迭され、セサール・メノッティが監督に迎えられた裏に、自分とチテルスピラーの関与があったことを明確には否定しなかった。

肝炎、そして重傷

メノッティは82年のスペインでのワールドカップでチャンピオンの座を守れずアルゼンチン代表監督を辞任していた。

しかし、名声の名残のおかげでバルサから就任を請われた。ラテックはバルサの役員がもうこれ以上我慢できないとの判断を下したため、ちょうど1シーズンでお払い箱となった。バルサはクライフがいた頃の栄光を取り戻そうと焦っていたが、82年から83年にかけてのシーズンも10年連続でリーグ優勝ができず、国際試合でも不振をかこった。ラテックにとって決定的な恥辱であり、解任の原因となったのは、2カ月後に行われたカップ・ウイナーズ・カップで早々と敗退したことだった。あるコメンテーターが「イレブン全員を合わせてもその移籍料の総額はマラドーナひとり分に及ばない」と評したほどの、オーストリアの無名のクラブチーム、メンフィスに負かされたのだ。

疑問が再び提起された。「マラドーナは本当にあれだけの値打ちがあるのか」と。マラドーナはバルサでの最初の6カ月間にリーグ戦で6ゴールしかあげておらず、おまけにウイルス性肝炎で倒れてしまった。そして、たまたま全家族がそろわない最初のクリスマスと時期が重なっていたため、定期的に襲われる鬱状態に落ち込んでいた。しかも、そのほんの2、3週間前、外部に隠していた精神的不安をうっかりさらしてしまった。

「孤独になると、訳も分からず恐怖感に襲われる。大事にしてくれる人に囲まれていなきゃ駄目なんだ。彼らが支えであり、プレーする力の源泉なんだ」

マルカ誌のドミンゴ・トルヒーリョに彼はこうしゃべってしまったのだ。

マラドーナのみじめな気持ちは、12週間に及んだ病気の間、閉じこもっていた自宅にメディアが攻勢をかけたことでさらに深まった。彼は地元のジャーナリストはバルサのフロントの手先で、情報提供もしくはわざと誤った情報を流す役目をしていると、ずっと前から考えていた。チテルスピラーはこれらマラドーナの敵を「ゲシュタポのメンバーかＣＩＡのエージェント」の同類と見なしていた。確かに、マラドーナをターゲットにしたメディアは、グラウンドの内外を問わず、細大もらさずに書きまくるのだった。

カタルーニャのメディアは、例えばマラドーナは250本ものビデオを持っており、一番のお気に入りは「E・T」だといった、くだらない情報まで流した。マラドーナはそんな話は気にしなかったが、彼の病気が実は肝炎ではなく淋病だと報道された時だけは、名誉毀損だと怒った。

マラドーナが回復してチームに復帰したのは、新監督のメノッティが到着して数日後のことだった。メノッティは、自分はマラドーナの奇癖が分かっており、それをプラスに転換できる数少ない監督だと自負していた。クラブ役員は彼が言葉通りにうまくやってくれるものと念じていた。

マラドーナは当初、メノッティに対し迷子が父親に再会したような懐かしさを感じた。ラテックが厳しく押し付けた練習方法が見直されたことをとりわけ歓迎した。ラテックが朝の練習を主張したのに対し、メノッティはサッカー選手の自然なバイオリズムに合うからと午後3時からの開始を選んだ。この時間はマラドーナ、メノッティのグラウンド外でのライフスタイルにとっても間違いなく好都合だった。どちらもバルセロナのナイトライフを楽しむタイプだし、マラドーナは不眠症だったためダンスに出掛けるか未明までビデオを見たりするので、朝早くの練習開始は苦手にしていたのだ。

「マラドーナは言うことをよく聞き、扱いやすかった。ワールドカップの間もバルセロナ時代も規律上の問題はなかった」とメノッティは言う。確かに彼は、マラドーナとシュスターを含むほかの選手の間に結束を復活させるなど、しばらくはチーム内に『和』をつくり出した。

マラドーナは規則的な練習を嫌がる本性を抑えて、やる気を取り戻した。リーグ優勝は逃したものの、メノッティとマラドーナの新しいアルゼンチン・コンビは83年6月4日にレアル・マドリードとの国王カップ決勝で結果を出した。その試合の前半32分、マラドーナが素晴らしいタイミングで出した正確なパスをビクターが両チームを通じて最初のゴールにした。

後半早々にレアル・マドリードに並ばれたが、マラドーナとシュスターの魔法のようなプレーのおかげで、バルサが試合を支配した。そしてインジュリータイムに入った9分、フリオ・アルベルトが左からドリブルで持ち込んでセンタリング、ノーマークだったマルコスがボレーでシュートを決めた。あまりに正確なシュートだったため、レアルのGK、ミゲル・アンヘルは何が起きたか分からない様子で棒立ちだった。こうしてバルサは待望のカップを手に入れたのである。

この勝利ですべてが免責されたように見えた。バルサは街をあげてマラドーナとメノッティをヒーロー中のヒーローにたてまつり、24時間ぶっ通しで優勝を祝った。社会主義者のパスカル・マラガル市長は、選挙で右派の票を獲得することも計算してレセプションを催し「この勝利は全市民の希望を満たした」と宣言した。地元紙「ラ・バンガルディア」だけが、あえて釘をさした。

「我々が期待していたようなシーズンでなかったことを忘れてはならない。リーグに優勝し、最も権威のあるチャンピオンズ・カップを獲得するまでどれほど待たねばならないのか」

メノッティはそのどちらも果たせなかった。あまつさえ、マラドーナと一触即発の状況をつくり出した。どうプレーすべきかでマラドーナを激烈な議論に引っ張り込んだのである。メノッティは監督を務めた2回のワールドカップで、選手の中にも受け入れない者がいたにもかかわらず、自分のサッカー哲学に変わらぬ信念を抱いていた。

「策略なきサッカー」と題する博学ぶりを示す本を書き、これはフォークランド紛争後によく読まれた。

その中で彼は権威主義的な監督が選手に「無理やり押し付ける」守備中心のサッカーに対して、自由で創造的なサッカーを礼賛した。

当時のメノッティの考えでは、そうした押し付け型最悪の典型は、当時アスレチック・ビルバオの監督でのちにスペイン代表の監督に迎えられることになるハビエル・クレメンテだった。そんなこともあって、メノッティはバルセロナ入りするや、「スペイン（すなわちクレメンテ）が闘牛場で牛よりも闘牛士になることを決めれば、もっといいサッカーができる」と皮肉まじりに言い放ち、クレメンテ相手に表立った口ゲンカを始めた。これに対しクレメンテは、「サッカーを教えるより女を追っかけている時間のほうが長い、おしゃべりなアルゼンチン人から学ぶことは何もない」とやり返した。

両者の論争はますます険悪になり、選手たちもそれぞれの指揮官に従い、流血の惨事になるのは時間の問題に思えた。マラドーナとしては、メノッティに対するクレメンテの態度は、自らがスペインで巻き込まれた紛争の根底にある人種差別を思い起こさせ、苦痛を感じた。同時に彼は、スペインのレフェリーがファウルに極めて寛大なジャッジをすることで、クレメンテ流のサッカーに有利な状況をつくっているとの確信を次第に深めていった。テレビカメラに写らないところでのファウルを奨励するような、スペインのテレビの放映にも腹を立てた。そうしたことからマラドーナは注目を引くためタックルされた時にわざと倒れ込み、それでゲームの品位が落ちても、もうどうでもいいことだと考え始めるようになった。

こうした背景の中で、メノッティ率いるバルサは83年9月24日、ノウカンプでクレメンテのビルバオと顔を合わせることになった。シーズン開幕の3試合で2敗と最悪なところへ、前年度リーグ・チャンピオンのビルバオとの対戦である。

立ち上がりは好調だった。一歩も譲らないタフさを持つバスクの連中を相手に、予想した暴力プレーにやられることもなく優位に戦い、前半を2対0とリード。だが、後半に、魔の一瞬がやってきた。12分、マラドーナが中央を突破し、ゴールに迫ったところで、ビルバオのDFゴイコチェアに背後からタックルされ、もんどり打って倒れ込んだのだ。ビルバオの悪名高いラフプレーの中でも最悪、スペインのサッカー史上でも一、二に数えられる悪質なタックルだつた。

英国のフリージャーナリスト、エドワード・オーエンが『ビルバオの殺し屋』という新しいフレーズを考え出したのは、この時のことである。この言葉はバスク人が歴代スペイン政府から受けてきた弾圧を言い表すのに使ってきただけに、バスク人にとっては自分たちに向けられた最大の侮辱だった。試合後の記者会見でメノッティ監督は、「ビルバオが相手選手の足を痛めつけるのを専門とする選手を雇っていることは前々から知っていた」と指摘し、ゴイコチェアは「反サッカー人種」のレッテルを張ってもいい人物と決めつけ、永久追放されるべきだと非難した。警告だけで免れたゴイコチェアは、スペイン・サッカー協会から10試合の出場停止処分を受けた。

しかし、こんなことではマラドーナには、なんの慰めにもならなかった。左ひざの腱をひどく損傷し、再び試合に出られるようになるまで3カ月もかかったのである。その間に、肝炎治療中に取りつかれたノイローゼ的な精神状態がぶり返した。このケガでマラドーナは相手を徹底的に追及し、不公正を正したいという気持ちを強め、バルセロナで苦しい日々を過ごしてしまった責任は、ヌニェスにもあるが、ゴイコチェアにも同じぐらいあると非難した。

バルサとの亀裂、精神不安

マラドーナは負傷の後、再び慰みをファミリーに求めるようになり、バルサとマラドーナ一家との亀裂は一段と深まった。ひざの手術は、マラドーナが麻酔でぼんやりしている間にバルサお抱えの外科医が中心になって行い、回復を早めるためにピンをひざに3本埋め込んだ。しかしマラドーナは正統派の医療を嫌う本性をすぐに現し、アルゼンチン時代のチームドクターのオリバを呼び寄せた。オリバ医師は毎週、ミラノから飛行機でマラドーナのもとへ通い、時にはバルサの医療チームがすすめていたのとは逆の治療を施した。

2月初旬、オリバはマラドーナを説得して松葉杖を投げ捨て、意志の強さを示すため、治療中の足で歩かせた。バルサの医師団は激怒したが、「彼らはマラドーナの心理状態が分かっちゃいないんだ」とオリバは取り合わなかった。その年のクリスマスにマラドーナはブエノスアイレスに飛び、オリバと合流、オリバが独自にプログラム化した治療を受けた。機を見るに敏なチテルスピラーはちゃっかりとその様子をクルーに撮影させた。

「フラッシュダンス」や「ロッキー」のテーマに合わせてリハビリするマラドーナのフィルムは、のちにカタルーニャのテレビ局に売られた。

84年早々、マラドーナが試合に復帰できる状態になったと発表された。最初の試合、対セビリア戦では生まれ変わったようなプレーで2ゴールをあげてチームを引っ張り、3対1の見事な勝利をものにしてノウカンプを埋めた全観衆から復帰を祝福された。それから3試合目で、負傷後初めてバスクの連中とビルバオのサンマメス・スタジアムで再対戦。両軍合わせてファウルが50を超えた、これまでにない汚い試合となったが、マラドーナは自分のキャリアを台無しにしかけた相手に対して恐れも見せず、何かに取りつかれたようなプレーでチームをリードした。そして自ら2点を決めてチームを2対1の勝利に導いた。

バルサ以外のチームでプレーしていたら、この2試合だけで十分名誉と称賛が得られただろう。しかし、バルサは独特なところであった。リーグ戦、チャンピオンズ・カップとも優勝を果たせず、ビルバオ戦でのマラドーナの鮮やかな雪辱も1回こっきりのものという評価しか受けなかった。バルサは3位にとどまり、優勝のビルバオ、2位レアル・マドリードの後塵を拝する二重の屈辱を味わった。

リーグ優勝が絶望と分かる1カ月前、バルサはマンチェスター・ユナイテッドに敗れてカップ・ウイナーズ・カップでも敗退した。第1戦はマンチェスターが3対1で勝っていた。ノウカンプでの第2戦の数時間前、マラドーナは慢性的な背中の痛みに見舞われた。マラドーナの疾患をめぐってオリバとカタルーニャの医師団では所見が割れることが多かったが、この背中の痛みもそのひとつだった。医者たちが原因を議論している間、マラドーナはプレーしたいと言い張った。チームメートが着替えを始めた時、彼は診療所に連れていかれて鎮痛剤の注射を受け、出場可と診断された。痛みは急速に薄らいだ。しかし、試合が始まって数分たつと、副作用が出始めた。集中力、反射神経までがマヒし始めたのである。その夜、ノウカンプに詰めかけた8万あまりのバルセロナ・ファンは、そのことをだれひとりとして知る由もなかった。彼らの目に映ったのは、ホームグラウンドで英国チャンピオンにリードされてピンチのチームであり、その中央でボールを真っすぐにキックすることもできなくなったマラドーナの姿だった。

メノッティは自分が監督として生き残れるかどうかは、この試合の結果次第だと分かっており、心配の度を深めながらベンチから展開を見守ったが、前半終了前にマラドーナを交代させる以外に選択の余地はなかった。マラドーナが退場すると、バルサ・ファンからいっせいに口笛とブーイングが沸き起こった。彼はベンチに戻ることなく歩き続け、ロッカールームに直行した。ロッカールームに入るや、居合わせたチテルスピラーの眼前でヒステリックになってこらえ切れずにすすり泣き、またしても自分を裏切ったこの世への怒りを発散させた。

「なんとかプレーしようと苦しみながらやっているのに、こんな仕打ちを受ける。それで自分が犠牲者になる…。なぜなんだ」と、彼はわめいた。

バルセロナに来た当初から水面下にあった苦々しい気持ち、フラストレーションがその夜一気に噴き出した。契約を履行することは必要だと何度も自分に言い聞かせてきたが、ここに来てそんなことは言っていられないという気持ちになった。彼はやめることに決めた。それを聞く耳を持っていたのがエージェントで友人のチテルスピラーだった。すでにその時、彼はマラドーナの財政は火の車であることも知っていたからだ。

第12章 テリーとディエゴ

TERRY AND DIEGO

マラドーナ・プロの危機

マラドーナ・プロの設立はまさにとんでもない無鉄砲な発想から生まれた。

ホルヘ・チテルスピラーは、米国の腕利きプロモーター、マーク・マコーマックが世界中のスーパースターの代理人として、選手たちを億万長者にしたように、自分が代理人になってマラドーナに巨万の富をもたらせられるのではないかと考えたのだ。

マラドーナのバルセロナ時代の終盤、マラドーナの名前を使わせる商売の収入では負債をまかないきれなくなっていた。彼の定期的な故障に加え、バルセロナが国内、ヨーロッパの両方でチャンピオンになれなかったことで、スポンサーからの収入が大幅に減少した。危機になると、はたから見てもコミカルなことが起こった。マクドナルドのコマーシャルに出るマラドーナは、腰から上だけが映し出され、動きがまったくなかった。足にギプスがはめられていたからだ。マクドナルドは間もなくこの映像を完全にボツにし、名もない少年のフィルムと取り替えてしまった。

しかし、チテルスピラーにとって最大の頭痛の種は、マラドーナの贅沢な暮らしを支えるため、マラドーナ・プロから資金をどんどん回さねばならなかったことだ。

「マラドーナが衣服、車、女性、旅行、あるいは試合のない時のヒマつぶしに金を浪費するのを抑えられなかったのが、自分の職業人としての大きな失敗だった」とチテルスピラーは認めている。

さらに、マラドーナに寄生虫のようにたかる、親類、友人、居候らいわゆるマラドーナ一族の問題があった。

「私がマネジャーであると同時に友人だったことを分かって欲しい。マネジャーとしてはマラドーナにもっと勤勉になるよう仕向けるべきだったかもしれない。しかし、友人として彼の金の使い方でどこまで踏み込めるかとなると、限度がある。金はしょせん、彼のものだからね。あの家を買おう、この車を買おうと彼が言えば、買わざるを得なかった。大金の浪費はディエゴの人生の一部なんだから」。チテルスピラーは私にこう話してくれた。

バルセロナ時代のマラドーナの財政問題は、厳重に秘密にされてきた。今日に至るまでマラドーナ・プロの適切な会計監査は行われていないし、ましてや公表などされていない。彼らの言葉を信じるほかはないが、財政問題はマラドーナとチテルスピラー、さらにマネジャーの後継者コッポラによって、節税のために大げさに吹聴されたふしもある。しかし、これも確たる証拠があるわけではない。ただ確実に言えることは、バルセロナＦＣが事態を深刻に受け止め、このためマラドーナとの間に新たな摩擦が生じたという点だ。84年の初め、マラドーナ・プロがオリバ医師の往診料、治療代として振り出した小切手が不渡りとなった。チテルスピラーはこの勘定をヌニェスに回したが、ヌニェスはオリバがクラブの医療スタッフの正式メンバーでないことを理由に支払いを拒否した。

その年の5月に監督を引き継ぐことになったテリー・ベナブルスはバルセロナ入りするとすぐにマラドーナの財政的トラブルの実態をつかんだ。ベナブルスは任命されて「数日のうちにマラドーナがクラブからいなくなる」との覚悟はできていたと述懐している。マラドーナはフォークランド紛争を理由にこのイギリス人を嫌い、ベナブルスのほうも、マラドーナのようなスーパースターを扱うのに乗り気でなかったとの見方が一部にあったことについては、「つくり話だ」と否定している。世界でも有数の高額所得者のマラドーナが財政困難に陥ったのは、彼の言葉を借りると「皆が寄ってたかって食い物にした」のが最大の原因だったと言うのだ。

「いつも大勢の取り巻き連中を連れているという噂は、だれもが耳にしていた。しかし、バルセロナに入って自分で調査するまで、もう手の施しようがない事態になっているとは分からなかった。マラドーナ名で振り出された何百通もの手形が街中に出回っていた。もちろん、手形のほとんどはマラドーナ自身ではなく、家族、友人など寄生虫のようないかがわしい連中がサインしたものだったが…。彼は金を搾り取られており、唯一の解決は移籍料のような高額の金をつかむ以外にはなかった。週に1000ポンドずつ報酬を上積みしても問題の解決にはならなかっただろう」とベナブルスは回顧している。

マンチェスター・ユナイテッドに対する屈辱的な敗戦からベナブルスが到着するまでの3カ月間、マラドーナとチテルスピラーはピンチを切り抜けるために入念な計画を進めていた。

今回も移籍料を極力つり上げることに狙いを絞った。そのためにはバルサ幹部を移籍やむなしと思わせる状態に追い込む必要があった。

「我々の戦略は極めて単純だった。ヌニェスを心から怒らせてマラドーナを放出する気持ちにさせることだった。チテルスピラーはいつもの率直な言葉で言った。そして、マラドーナに教えた手始めの手口は、親しいジャーナリストとのインタビューで『カタルーニャ人はクソ野郎だ』と一言もらすことだったと、まるで楽しんでいるような口調で明かした。マラドーナはこれをニューヨーク訪問中に実行した。バルセロナに戻ると発言を否認したが、その一言が決定的なダメージを与えたことを知った。

マスコミの操縦術では、チテルスピラーはバルセロナの重役たちより一枚も二枚も上だった。彼は85年の中頃までに、報道各社の編集責任者にマラドーナのケガの話を延々と書くよりも、一挙に発行部数を伸ばせるセンセーショナルなネタがあると触れ込んだ。ユベントスやナポリとの移籍交渉について、意識的に次々とリークしたのだ。バルサの役員会は真っぷたつに割れた。

バルサと決別の大乱闘

ヌニェスはマラドーナの放出に気乗り薄だった。マラドーナのわがまま放題を大目に見るようになったためではなく、自らが署名したマラドーナとの巨額の契約が反古になったら、契約に反対していた連中に攻撃材料を与えてしまうと恐れたためだった。仲直りのジェスチャーとして、副会長のファン・ガスパルトがチテルスピラーに対し、クラブはマラドーナ・プロの負債を引き受けるとともに、将来の財政も保証すると申し入れた。副会長のカサウスや財政担当のトスケトスらほかの役員は、マラドーナを無理に残留させると満足な働きをしなくなり、これがクラブの収入、とりわけ入場料収入に悪影響を与えるとの考えから、本人が移籍を希望するなら認めるべきだとの考えだった。

しかし、事態はバルサとビルバオの文字通りの『激突』によって、決定的な局面を迎える。84年4月30日、ビルバオが再びリーグ戦に優勝し、1週間後マドリードでの国王カップ決勝で対決した。レアル・マドリードの「サンティアゴ・ベルナベウ・スタジアム」にはスペイン王族はじめ、10万人の観客が詰めかけた。その夜のテレビの実況中継には少なくともスペインの人口の半分の目が注がれた。

この対決はメノッティ、クレメンテ両監督までが『戦争』と宣言していた。それでなくてもエキサイトするマラドーナにとって、これは物議をかもす絶好の機会となった。試合の前夜、マラドーナは「クレメンテはオレを正面切って馬鹿者と呼ぶだけのガッツもない。あいつは金玉もぶら下がってないんじゃないか」と発言した。

これに対して、クレメンテは「マラドーナは馬鹿だけでなくオカマ野郎だ。あいつみたいに金を取っているやつが人間性のひとかけらもないとは情けない」とやり返した。

こうして迎えた試合は、サッカーというより暴力集団の激突といった様相を呈することになった。そのシーンは試合終了時に出現した。試合は前半13分にエンディカがあげた1点でビルバオが勝った。ビルバオがベンチ周辺で勝利を祝っている間、バルサはゴールを狙っても相手守備陣の荒っぽい、強固な守りに繰り返し阻まれたことに怒りながら帰り支度を始めていた。どんな場合でも負けることを潔しとしないマラドーナは、とりわけ頭にきている様子だった。ビルバオのソラが、挑発的にスペイン風の卑わいなサインを送ったことで、その怒りが爆発した。マラドーナがソラを殴り倒し、たちまちビルバオの選手の一団に反撃された。その中に『殺し屋』ゴイコチェアも入っていた。以前にも暴力的なプレーでマラドーナのひざを傷つけていたゴイコチェアは、今回ももの凄い勢いで蹴飛ばした。この時マラドーナが三度とプレーできないほどのケガを負わなかったのは、むしろ奇跡的とも言えた。これに続く乱闘には両チームのほとんどの選手が加わった。ギャング同士のケンカにも負けないようなパンチとキックの応酬を、ファン・カルロス国王や何百万のスペイン人がおびえたように見守った。

バルサの幹部は怒りに震えていた。世界で最もファンの多いクラブの名誉が、ひとりの無学なアルゼンチン人の乱行で傷つけられたと思ったのだ。ある役員は「マラドーナのケンカとその後の乱闘を見ていて、もうこれ以上、マラドーナと一緒にはやっていけないと思った」と述懐する。

ヌニェスはこれを境に、一番金になる移籍交渉がまとまり次第マラドーナを放出する作戦に切り替えたのである。

マラドーナとチテルスピラーはバルサでプレーできるのはこれ限りだと見切りをつけ、ナポリとの移籍交渉を加速させた。プレーヤーとして働くにはユベントスよりナポリのほうがいい、という点でふたりは一致していた。ナポリはマラドーナ獲得のこともあったが、多くの選手を売りに出しながら、チームの大幅なリストラを進めていた。リーグでの降格を避けるとともに、2年ないし3年のうちにイタリア・リーグのトップになるという狙いがあったのだ。対照的にユベントスは、チームにぴったり解け込んでいたフランスのプラティニらスーパースターを擁してイタリア・サッカー界でトップの座を確たるものにしていた。マラドーナはバルセロナでの経験から、スタープレーヤーが優越感を持ち、互いをライバル視するチームはもうご免だと考えていた。

メノッティが国王カップでの敗退直後にバルサの監督を辞任したことで、マラドーナはカウンセラーと友人を同時に失うことになった。マラドーナはその時、ヌニェスのオフィスで「自分もやめる」と言ってドアをぴしゃんと閉めて出ていこうとしたが、そうしなかったのはナポリとの交渉がまだ決着していなかったせいだ。さらに、ヌニェスがメノッティの後がまとして選んだテリー・ベナブルスという人物の性格にも多少関わりがあった。

バルサの役員とベナブルスとの最初の話し合いでは、マラドーナの取り扱いが焦点になった。

「彼らは私がマラドーナを、残すのか放出するのか知りたがった。彼らがマラドーナと問題を起こしていることは承知していたが、私は世界一のプレーヤーと一緒にやってみたいと答えた。役員たちは心からマラドーナを出したがっており、私の口からも同じ話が聞けると期待していたような印象を受けた」

ベナブルスは即断するのを避けた。バルセロナの試合をビデオで見て、一体として動くチームではなく、スペインの選手をもっと使えるようにすべきだとも思った。

「言ってみれば、端役の選手と一握りのスター選手を混ぜ合わせたようなチームだった」

彼はクラブ役員の協力を得てマラドーナの財政問題に関する資料を入手して、マラドーナがバルサから出たがっている大きな理由がそこにあるとの判断に達した。

彼は選手たちとも話し合った。どの選手もマラドーナについての評価は高かった。

「私がマラドーナのことでいいと思ったのは、どの選手も彼のことを良く言う点だった。みんな好いていると同時に、彼のことを心配していた。マラドーナは『与える人』だった。成功すれば、それをみんなで分かち合いたいタイプだったのだ」

ベナブルスは最後にチテルスピラー、マラドーナとじかに話し合った。マラドーナは本能的に警戒心を見せた。むしろ疑っているふうにも見えた。アルゼンチンの労働者階級同様、彼もイギリス人を信用しなかった。バルサの監督としてメノッティに取って代われる者などいるはずがないと考えてもいた。しかし、マラドーナは最初で最後の対話で、ベナブルスがカタルーニャの役員連中と違って取っつきやすく、気取らない男だと親愛の情を示した。

ベナブルスは、スペイン語でコミュニケーションができるよう語学のレッスンを受けた。これは対マラドーナの関係でもひとつの利点だった。ベナブルスがマラドーナに要求した唯一の条件は、分かりやすく単純な語句の使い方でゆっくり話すことだった。

これがまた学のないマラドーナにとっては大変なプラスだった。通訳を介在させる必要がなかった上、単純さを旨《むね》とする共通の場をつくり上げたことで、マラドーナは胸襟を開き、バルセロナに来てから溜まっていたフラストレーションや怒りを包み隠さずに話した。これを聞いて、ベナブルスは最終決断を下すことができた。

「話を聞いて、彼がこれ以上バルセロナにとどまれば事態はますます困難なものになると感じた。ダメージはたぶん修復不能だった」

ふたりが将来をともにすることには、この時点でピリオドが打たれた。

第13章 ゴッドファーザーの王様

KING AMONG GODFATHERS

ナポリの熱狂的歓迎

マラドーナと彼の忠実な友人で代理人のチテルスピラーを乗せたヘリがナポリのサンパオロ・スタジアムへ向かっていたのは、1984年7月5日の昼過ぎのことであった。それまでの24時間、彼を一目見ようという数千人のナポリ市民を避けるため、マラドーナはあの手この手を使って姿をくらましていた。

空港を出ると運転手は狭い裏道に入っていった。高速道路沿いに群れをなしてサポーターが並んでいることを知っていたからだ。その後カプリ島に渡った時もパパラッチの裏をかくため、マラドーナのそっくりさんを雇ってはぐらかした後、島から高速艇で戻るという隠密行動をとった。

バルセロナとの移籍話がもれてからというもの、ナポリの人たちは聖者をお迎えするかのような畏敬の念と期待を持ってマラドーナの到着を待ち受けていたのだ。これまでのナポリの歴史は、より豊かで、より権力を持つ北部イタリアによって反抗心を押さえつけられ、ベスビオ火山と80年の大地震の瓦礫《がれき》が物語るように、常に死と隣り合わせになってきた、いわば服従と惨禍の歴史とも言えるものであった。

そのナポリが市をあげて熱狂するのがサッカーだった。だが、地元のクラブ、ナポリはイタリアの中部、北部に集中するセリエＡの強豪チームには負けっぱなしで、リーグ優勝の経験はなかった。ましてや欧州のメジャータイトルは53年のクラブの歴史で一度もとっていなかった。

マラドーナはすでに世界のトッププレーヤーの仲間入りを果たしているが、素性をただせば自分たちナポリっ子と同じように極貧の中に生まれ育ち、イタリア人を母に持っているのだ。マラドーナとマドンナ、このふたつの言葉が重なり合い、ナポリの神殿の中で彼にふさわしい正当な座に就くため、いまこそ救世主として、そして母としてやってくるのだ。

ヘリが降下し始めると、サポーターたちは天国を仰ぐように見上げた。しかし、降り立った彼の姿はたちまちカメラマンによってさえぎられた。

サポーターたちはマラドーナの姿を自らの目で確かめるため、グラウンドに降りて、姿を見せるよう要求し、騒ぎ始めた。関係者はあわてて2度目の登場の手配をした。マラドーナは再び歩きながら出てきたが、それは天より降り立ってきたというよりも火山の奥深くから断層を越えてきたまこと神の黙示の使者のように思えた。

そのとたん、スタジアムの上空では花火が炸裂、紙テープが舞った。マラドーナも自分を迎えた歓声のあまりの凄さに、まるでハリケーンに襲われたように一瞬たじろいだ。トレパンと白いＴシャツという姿であったが、首にはブルーのスカーフを巻いていた。これは、まだ24歳の若さ、活力にあふれ、生きる喜びを持ち、自分のふるさとに帰ってきたことをサポーターたちに示すことに狙いがあった。彼は微笑み、手を振り、投げキスをした。サポーターたちのコールが響いた。

「ディエゴ、ディエゴ、ディエゴ」

マラドーナは近くにあったボールを軽く左足から右足へと交互に蹴りながら頭に乗せて落とし、スピンを右左にかけた後、ぴたっと足元で止めた。大歓声を受けながら場内を一周し始めたが、その一周を終える前に、これまたナポリのチームカラーであるブルーの風船の一束をつかんで空に放った。

その日スタンドを埋めた7万人の大観衆の中には彼の登場に格別の思いを持っている者が数人いた。そのひとりは地元で『トットノ』の愛称で人気のあるアントニオ・ジュリアーノであった。かつてはイタリア代表のメンバーで、いまはナポリの監督をしているジュリアーノは地元が生んだ英雄だったが、その生まれと環境、そして選手として育った経歴はまさにマラドーナそっくりであった。

80年の監督就任以来、彼はマラドーナに目を付けており、マラドーナが加わればナポリを少なくとも60年代のような強豪チームに仕上げられる自信を持っていた。その60年代、リーグで連続2シーズン準優勝した時も、ナポリにはやはり左足の強烈なシュートでイタリア・サッカー界のスターとして活躍したアルゼンチンからの助っ人、オマール・シボリがいたのである。

そして、グラウンド上をじっと観察していたもうひとりの人物がいた。ジュリアーノの獲得計画に最初は気乗り薄だったクラブ会長のコラード・フェルライーノである。彼は巧妙にクラブの株を買い占めていき、同時に地元ゼネコンのヘッドとしての勢力基盤を利用してナポリの象徴とも言うべきサッカークラブの会長の地位を手に入れたが、いささか問題のある人物でもあった。

彼は、当初はナポリの強化よりも、80年の地震の後で承認されたいわくつきの建設プロジェクトの推進のほうにより大きな関心を払っていたようだが、マラドーナが移転先としてイタリアを検討しているとの情報が流れ出すと初めてジュリアーノ監督の言葉に耳を貸すようになった。

こうして84年の5月から6月にかけて、マラドーナ側、バルサのガスパルド副会長、フェルライーノという三者の話し合いが何度も持たれた。

ミラノにあるイタリア・リーグ当局が新規移籍の登録を締め切る日は6月29日、それも金曜日であった。その当日、空路バルセロナ入りしたフェルライーノは夕方の登録の締め切りまでに交渉が成立する自信を持っていた。それに先立ってガスパルドとマラドーナの話し合いが行われていた。ガスパルドはバルセロナ残留を説得するため、これまでを上回る条件を盛り込んだクラブとしての最終契約案を提案したが、マラドーナはこれを拒否していた。

締め切りは刻々と迫っていた。フェルライーノは指示を出し、部下のひとりに密封した書簡をイタリア・リーグ事務所に届けさせた。その封筒の中にはインター・ミラノからの移籍選手3人の名前が書き込んであったはずだった。ところが週明けにリーグ当局が新移籍選手の名簿をチェックしてみると、ナポリが登録していた選手はたったひとり、その名前はディエゴ・マラドーナだった。

実はフェルライーノの指図で得体の知れない人物が何らかの方法でオフィスに侵入し、封筒の中身をすり替えていたのだ。こうしたやり方は政治経済のあらゆる面での腐敗がまん延しているナポリ人なら日常茶飯事のようにやっていたことであった。その48時間の空自の間にガスパルドも抵抗するのをやめ、新たなる記録をつくる契約にサインすることを承諾。これによって推定1300万ドルがバルサの金庫に、またマラドーナ本人の懐にはこれまた推定640万ドルの大金が転がり込んだのである。

カモラ一家

取り引きで利益を得たのは、バルサとマラドーナの両者だけではなかった。あのサンパオロのスタジアムのお祝い騒ぎの時、フェルライーノとジュリアーノの背後から肩ごしにグラウンドの模様をじっと眺めていたグループがいた。それはすでに数週間前からナポリにマラドーナが来ることを最大限に利用する計画を密かに練っていた、強大な勢力を誇る冷酷な地元ナポリのマフィア組織、つまりカモラ一家であった。カモラは、もともとは19世紀、イタリアの大地主の権力とイタリア北部からの征服軍への抵抗組織としてスタートしたものが、いまでは強大な組織に発展。第二次大戦で、ドイツ、イタリアを占領した連合軍相手に闇物資の取り引きルートをつくり上げ、ナポリ内に組織のネットワークを拡大していった。シチリア島のマフィアと同じように、戦後になってもさらに影響力を増していった。

彼らのやり方の基本は、「ゆすり」と「脅迫」の両面から成り立っていた。トップにはナポリの貧民街を支配する『カピ』と呼ばれるファミリーの組長らが居座り、その下にはトラブルや無頼行為が起こらないように目を配るとともに、お得意さんへのサービス、また血の復讐を行いたい者には必要数の暴力団や殺し屋をそろえることのできる熟達した班長たちがそろっていた。

カモラ一家は高い地位にある者に容易に接触できるコネを持っているだけでなく、失業と貧困にあえぐ環境の中で生まれ育った無数の家族とも密接な関係を持っていた。彼らはまた地元メディアや司法当局を脅迫することにかけてもちゃんとした術を心得ていた。彼らがナポリ市民と公然と交わるための最高の場所は、サッカー試合の行われるサンパオロ・スタジアムであった。組長も班長も、また金で雇われた暴力団も、サッカーという共通の生き甲斐を持った数千、数万のサポーターたちとはまったく見分けがつかなかったのだ。

ところがマラドーナがサポーターたちに披露されたその日、同時に行われた記者会見でひとつの質問が大きな波紋を投げかけた。

その質問をしたのは冷静なフランスのジャーナリスト、アラン・シャイユーで、彼はマラドーナに対して、移籍を可能にした資金がカモラ一家によって集められたというのは事実かと聞いた。

マラドーナは「そんなことは聞いてないし、関心もない」と答えた。代わって答えたのがフェルライーノだった。それも瞬間的だった。明らかに怒りの色を表したフェルライーノはドアのほうを指さした。同時に警護係が動き始めた。フェルライーノは言った。

「あなたの質問は我々に対する侮辱であります。ナポリは正直者の住む町です。サッカークラブの会長として、私はあなたの退場を求めます」

すぐさま子分がやってきてシャイユー記者の左右を取り巻き、ドアから連れ出していった。カモラ一家と同じようにフェルライーノは建設業で財を成していたが、叔父のひとりがカモラ一家の手に掛かって殺害されていた。

マラドーナがバルセロナからやってくるということは、ナポリに利権を持っているカモラにとってはさらに利権増大につながる要素だった。クラブ側は入場券が以前の3倍も売れると見込んでいたが、これはとりもなおさずカモラ一家の得意とするダフ屋家業が繁盛することを意味していた。さらに、カモラが利権を持っているほかの商売にも好影響をもたらすことは十分に考えられることであった。

このカモラ一家が絶大な力を持っていることを、マラドーナは移籍交渉の始まる初期の段階ですでに思い知ることになった。まだナポリにいたマラドーナはチテルスピラーをナポリにつかわし、クラブ関係者とのコンタクトをつくり上げると同時に、ナポリの生活はどんなものであるかを探らせてみた。むろんチテルスピラーとしては友人が快適な生活を送れるようにするのが自分の務めであると思っていたが、同時にマラドーナ・プロの業績の回復も大きな関心事だった。

実はバルセロナでのマラドーナと彼の取り巻きの贅沢三昧の面倒を見ているうちに、会社の資金はどん底状態になっていた。しかし、チテルスピラーは業績が悪化したもうひとつの理由は、マラドーナがしょっちゅうケガをし、またバルセロナのクラブ当局との仲がうまくいかないことにも一因があると思っていた。彼には、ナポリにやってくればマラドーナもバルセロナよりもずっと環境になじみ、サッカーでも思う存分に力を発揮するとの確信があった。営業的な価値から見ても、ほかのトッププレーヤーが逆立ちしても到底及ばないようなスター性が、必ずマラドーナ・プロの業績向上に役立つはずだと考えていたのだ。

ところが、ナポリに来てみて分かったのは、マラドーナのビジネス王国が独占権を持つのはそう簡単ではないということだった。最初に気付いたのは、ナポリがマラドーナ獲得に乗り出したという噂がイタリアのマスコミで派手に話題になっていた84年春、彼が第1回目の予備調査で初めてナポリを訪れた時であった。空港から車に乗ってナポリ市内へ向かう高速道路に入りかけた時、みすぼらしいなりをした街頭の物売りが盛んに品物を売りさばいている姿が目に入った。

売っていたのはすでにナポリのスラム街では盛んに歌われており、やがてはサンパオロ・スタジアムの中で響き渡ることになる、ある曲の海賊版のカセットテープであった。

おおまかに訳してみれば次のような内容であった。

「おお、ママよ、ママよ、ママよ。おお、ママよ、ママよ。ぼくの心臓が高まるのはなぜか知っている？　それはマラドーナを見たからなの。ぼくはマラドーナに夢中なんだ、ママ」

マラドーナの名前入りの商品が自分の許可なしに売られていることに仰天して、チテルスピラーはすぐさま運転手に車を止めさせた。彼はその時のことをこう回想している。

「私はその物売りに言った。マラドーナはまだナポリと契約に調印していないのに、どうしてそんなカセットテープを売っているんだ。もし契約しなかったらいったいどうする気なんだ。すると男は私を見ながら肩をすくめた。『それは俺の知ったことじゃないよ。とにかく一日で、もう2万本も売れてるんだぜ』」。

もうひとつの例がある。信号のある交差点でひとりの少年がマルボーロのたばこを売りながら「マラドーナ・ブランドのたばこだよ。買わんかね。1箱分の値段で2箱買えるぜ」と叫んでいた。それを見てチテルスピラーは驚き、やがて怒りの表情に変わった。彼は少年に対してマルボーロなのになぜマラドーナ・ブランドと言っているのだと詰問した。すると少年は答えた。

「そう言うとたくさん売れるんだもの」

マラドーナの名前がビッグビジネスにつながることを知っているのは自分ひとりではないことをチテルスピラーはその時実感した。初めのうちは、ナポリでマラドーナの名前を付けた商品の販売は版権侵害に当たるとして告訴するつもりでいた。しかし、カモラ一家から使いの者が来て、地元の貧しい人々の後ろ盾を自認する地元マフィアと話し合いをつけないで事を進めるのは得策ではないと忠告した。

ナポリでは露天商売は地元経済の重要な部分を占めており、カモラも貧困層や困窮のどん底の人々の間に勢力を維持していくための手段として、その組織化に手を貸していた。また、売り上げからの取り分は組織を運営するための資金の一部にもなっていた。そこでカモラ一家側は地元でのグッズ販売は組織の手でコントロールし、プロモーション企画や広告はマラドーナ・プロに任せるという提案を出してきた。

チテルスピラーは自分、およびマラドーナの身の安全を考えてこれを断りきれない話だと判断して、カモラ側の提案を受け入れることにした。マラドーナもカモラ側の提案を歓迎していることを示すためにナポリ入り直後に声明文を発表した。

「私の顔でナポリの商業が今後も存在していけるというのなら、私としては大変喜ばしいことであります」

しかし、その後マラドーナとカモラ一家の間に生ずる関係は、こんな飾り文句のようなきれいごとでは終わらなくなった。カモラ一家はマラドーナを公に利用できる人物、むしろ利用しなければならない人物であると見ていたのだ。

一流スポーツ紙「ガゼッタ・デロ・スポルト」のナポリ支局の記者、ロサリオ・パストーレはこう説明した。

「カモラ一家が巨大なタコと想像するとよく分かるのです。その大きな吸盤はナポリ市のそこらじゅうに伸びて甘い汁を吸っていたのです。つまりマラドーナは利用しがいのある貴重な人物であり、マラドーナが自分たちと一体であり、自分たちの力の象徴であることを示したかったのです」

到着して数カ月の間にマラドーナの人気は天井知らずという感を呈した。サンパオロを埋めるサポーターたち――司法当局の推定ではおよそ70パーセントがカモラ一家となんらかの関係があった――は、歓声をあげながらマラドーナのプレーに酔いしれた。

ナポリ1年目のシーズンのマラドーナは、バルセロナ時代以前の彼に戻ったようにはつらつとした変幻自在のプレーを見せた。体つきもよく、エネルギーにあふれた彼は果敢に飛び込み、派手なパフォーマンスを見せるイタリアの『オペラ』式サッカーとファンの熱烈なサポートを思う存分に楽しんでいるふうに見えた。あのノウカンプのしかつめらしい束縛から解き放たれた彼は、再び自分を迎える部族の中に戻り、そこらにあるものから奇跡を生み出すサッカーシューズを履いた聖人、サンジェローナのような存在になっていたのだ。

その頃のイタリア・サッカーは『カテナチオ』つまり南京錠で固めると呼ばれたディフェンシブなスタイルが主流だった。

82年、スペインのワールドカップでも精神に混乱をきたし、しっかりした目標もなかったマラドーナはジェンチーレを中心にしたこのイタリアの『カテナチオ』作戦にまったく動きを封じられてしまった。しかし、ナポリに来てからマラドーナは変身した。相手ディフェンスを自由自在にかわしながらうっとりとするような動きを見せ、自分がボールを持ち込んでいかない時でも彼の刺激によってチームメートのカレッカ、デナポリ、フランチーニ、あるいはクリッパも攻撃に幅を持たせられるように変わった。

昔のようにボールは目に見えない糸でマラドーナのシューズに結びついているように思えたし、蹴るボールには、まるでカーブを描いて飛んでいく誘導ミサイルのような威力があった。サポーターたちは『レイ』つまり『王様』に夢中になり、マラドーナもシュートが決まればお返しとばかりにプレーの続行はそっちのけに、とんぼ返りをしたり、天に向かって投げキスをしたり、あるいはファンが一番密集しているスタンドの前に走っていき、こぶしを振り上げながらサポーターの歓呼に応えるのだった。

この熱狂的な『マラドーナ・フィーバー』はサンパオロ・スタジアムを越えてナポリ市全体を包み込んでいった。マラドーナ一族も、例外ではなかった。冷たい目で見られ、疎外感を味わわされたバルセロナとは大違いだった。

マフィアのマスコット

カモラ一家が直接マラドーナに触手を伸ばし始めたのは、その強力な一族であるジュリアーノ・ファミリーからの使者がナポリの練習グラウンドにやってきた86年1月某日のことだった。

「我々のファミリーとしてはあなたともっと親しくしたい」。これが伝言だった。

それは殺し屋のような物の言い方ではなく、サポーターが大スターに対するような丁寧な言葉づかいで行われた。外見も真っ当な人間に見えた。このため、マラドーナとチテルスピラーは、しばらくたって送ってきた招待状を別に断る理由もないと判断した。

2、3週間後、マラドーナはファミリーのドンのひとりで、サッカーばかりでなく、麻薬、たばこの密輸入、さらには売春まで手広く利権を持っていたカルミーネ・ジュリアーノの主催するパーティーのメーンゲストのひとりとして招かれた。ちょっと見た感じでは団らんのひと時を過ごすための集まりのように思えた。笑い声が響き、お互いに肩をたたき合う風景があちこちで見られた。しかし、これはあくまで表面上のことで、そこには目に見えない緊張の糸がぴんと張り詰めていた。自分が呼ばれたのも、本当はファミリーから一度ならず受けた恩義をいつかは返さなければならないからだと承知している者もいれば、逆にいつかは貸した借りを返してもらうつもりでいる連中も顔をそろえていた。

その招待客たちはカルミーネがそばを通ると丁重に挨拶した。濃いモップのような頭髪、底からじっと見据えるような黒い瞳を持ったカルミーネは、背の低いがっしりした小づくりの男で、ナポリのカフェやニューヨークのピザ店などでごろごろしている何千人というナポリ人とまったく変わらない風采をしていた。だから「あれは勤務時間の終わった給仕だよ」とか、「きっとマラドーナのチーム仲間だろう」と言われても、別に不思議はなかったはずである。ところがその日パーティーに集まった人々の中で彼ほど恐れられた人物はいなかったのだ。彼が命令ひとつ出せばそれは即時、そして確実に実行に移されるのだった。

ジュリアーノ・ファミリーは「パトロネージ」（庇護）にかけては天才的な感覚を持っていた。守ってもらいたいという人間、あるいはさりげなく脅かしておく必要のある人物を本能的に見分ける独特の勘を持っていた。しかし、この場はそうしたファミリーのビジネスよりもファミリーの権勢を公にデモンストレーションする機会であった。

マラドーナはファミリーの仲間と考えられていたが、それでもゲストの中で最も脚光を浴びることになった。到着と同時にお抱えのカメラマンが、彼が主要なゲストと会う模様を次々と撮影していった。カメラマンの一番大事な仕事は、ジュリアーノ・ファミリーとマラドーナが一緒にいるところをできるだけ多く撮影することであった。

カルミーネはじめ、ジュリアーノ一家の面々は一人ひとりマラドーナに近づいて抱擁し、ほおにキスした後、歓迎のしるしとして杯をあげた。マラドーナはまったく恐ろしいといった感じを持たず、相手は金や力を持ってはいるが、彼と同じように貧しい環境の出身者と思い、しごくリラックスした気持ちになった。

お互いに理解できる言葉で話ができるし、世の中に対する見方も共通していた。バルセロナ時代にはカタルーニャの人々にアウトサイダー扱いにされ、南米の成り上がり者「スダカス」と常に軽蔑されていた。ところがここではまったく普通のナポリ人と同じように見られる。これが嬉しかった。それからというもの、何度かカモリスタたちの主催するパーティーに彼は出ることになった。

なかでも派手な話題になったのはジュリアーノ家の結婚式で、それは映画「ゴッドファーザー」のオープニングシーンさながらの光景だった。その時もマラドーナはカメラのフラッシュを浴び続け、いわば『カモラのマスコット』のように扱われ、これが犯罪組織ではなくて世間の普通の結婚式であるように思わせることに役立った。これらのスナップ写真はジュリアーノ・ファミリーがしばらく保存していたが、やがて再び世間に公開され、それがマラドーナを悪夢のような思いに追い込むことになるのだった。

マラドーナがカモラと接触を持ち始めたことは、地元では格別驚かれなかった。マラドーナ自身、カモラのパーティーに出ることはさほど騒ぎ立てることでもないように思っていた。彼にしてみれば、地元サッカー界と密接な関係を持つ組織が――それがいいか悪いかはともかくとして、自分のようなプレーヤーと一心同体の関係にあることを示すことはしごく当然に思えたのだ。

彼がパーティーに出たのもサッカープレーヤーとしてであり、決して犯罪の共犯者としてではなかった。ジュリアーノからの初めてのパーティーへの招待状は、代理人チテルスピラーから渡されたが、これはチテルスピラーがナポリのサポータークラブの幹部役員から受け取った物であった。のちにカモラとの関係を問題にされた時、マラドーナは記憶をたどりながらこう答えている。

「私はジュリアーノ・ファミリーが何をやっているか全然知らなかった。だれかに彼の家に招待されたから行くように言われたので、その招待を受けたまでの話だ」

これはいささか説明不足の感がある。というのは、95年2月、私は彼のイタリア人弁護士のビンチェンツォ・シニシャルッチのインタビューをした時、次の答えを得ているのだ。

「マラドーナは連中がカモラという犯罪組織の者であることは承知していた。しかし、だからといって組織のメンバーであったということにはならない」

マラドーナは、犯罪組織に引き込まれたことを96年1月のインタビューでこう反省している。

「私がカモラ一家の気に入りになったのは格好がいいとか、いい男だったからではない。理由は大衆を喜ばせたからだが、その大衆は、カモラが食い物にした人々と同じであったわけだ。言い換えれば、関係があったかどうかというよりも、だれが権力と金を持っていたかというところに問題は絞り込まれてくるのだ」

「アンタッチャブル」

マラドーナとカモラ一家の関係が、少なくともナポリで大目に見られたことを理解するためには、当時の時代背景を考慮に入れておく必要がある。マラドーナがナポリのサッカーの王様という地位を築き上げていた頃のカモラは、まだかなり自由に活動することを許されていた。あの裁判官たちが先頭に立った犯罪組織の取り締まりキャンペーンは始まっておらず、キリスト教民主党に所属する政治家であれ、カモラのボスであれ、また地元経済を牛耳る何かの特定組織と関係を持った個人のネットワークであれ、古いタイプのパワーブローカーがまだナポリでは幅を利かせていたのだ。

また、マスコミは、全容を暴露すれば自分たちがとんでもない目に遭うことを十分承知していた。その例外のひとりがジャンカルロ・シアニという若いフリーランスのリポーターだった。85年に彼はナポリ近くの小さな町で地元政治家とカモラの結びつきを暴き、その記事をイタリアの全国紙のひとつに売るつもりだった。しかし、取材ノートをまとめる前に彼は射殺されてしまった。

「見ざる」「知らざる」が最も安全な道と悟ったナポリの記者のひとりは私にこう説明してくれたことがある。

「当時のナポリがどんな状態であったかを理解しておく必要があります。ジャーナリストとして責任をまっとうできない弁解のひとつとして、よく使った言葉があります。それは『私には家族がいる』という短いフレーズでした。つまり、『カモラ一家のことを書くと自分が殺されるか、さもなければ家族のひとりを消されることになる』という意味だったのです」

善悪、いずれの力も及ばないところで、公然と闊歩できたのはカモラの組織だけではなかった。しばらくはマラドーナも組織のドンに劣らぬような『アンタッチャブル』の存在になっていた。スタジアムでの活躍と、それが生み出す部族的なサポーターの忠誠心に守られた彼は、やがてマザーテレサ並みの道徳的なオーラに包まれることになった。彼は法王に拝謁を許され、ユニセフの大使に任命されたのだ。

バチカンに現れたのは、神の啓示によって天使の星のもとでスラム街に生まれ、試合の前に神への感謝を捧げるための十字を切り、ゴールを記録するごとに同じく天に感謝する天才的な素質を持ったマラドーナだった。また、ユニセフでは常に自分のルーツを忘れたことがなく、ナポリに初めてやってきた時にも広く恵みを施したスラム出のマラドーナであった。また、85年の冬、凍てつく寒さと雨の中で、公の行事とクラブの約束で詰まった過密なスケジュールを中断。弟のウーゴとラロと一緒に全試合に出場したのもマラドーナだった。

また彼はイタリア南部の最も貧しい地帯にある村のひどく荒れた極悪のグラウンドで、下手をすれば大ケガをする危険もあるのに慈善試合でプレーしたこともあれば、その数カ月後、1万キロを飛んで米国パサデナ市でユニセフが主催した貧しい子供を救う資金集めの試合でもプレーをした。この時、ほかの国際的なスタープレーヤーが出場の日約束にとどまったのに、マラドーナは約束を守って出場した。

イタリアをベースにしてマラドーナを密着取材していたアルゼンチン・ジャーナリストのブルーノ・パサレラは、当時のことを「サッカーは今日のように金だけが物を言う冷酷で無節操な世界ではなかったが、それにしてもあの時のマラドーナが、自分のことを忘れてあれほどまでに他人のために尽くしたことは想像を絶することだった」と回想している。

ナポリに来てからのマラドーナのライフスタイルは以前とまったく変わることはなかった。ヨットを買い、さらに何台も自動車を購入した。一部の車は自分の金で買ったが、あとはスポンサー契約の一部としてメーカー側が提供してきた。その中で目立っていたのはモンテカルロ・ナンバーをつけたロールスロイスと彼のアイドルだった映画スターのシルベスター・スタローンが持っていたのと同じ黒の特別仕立てのフェラーリ・テスタロッサだった。

このフェラーリは普通ではなかなか手に入らない車だった。しかしマラドーナの場合には話はとんとんと進んだ。これはチテルスピラーが直接ジャンニ・アニエリと交渉し、マラドーナがこの車を運転している姿はフェラーリにとって大きな宣伝メリットがあるだけでなく、イタリア南部の人々にイタリアのビジネスパワーはやはりフェラーリのあるイタリア北部に根ざしていることを思い知らせる絶好のチャンスだと説き伏せたからである。

上流クラスに見下されたバルセロナ時代の体験から見ると、マラドーナはナポリにやってきた初めの頃はまさに天国にいるように思えた。まるで自分の所領を巡回する王様のごとく、どこへ行っても行く手を妨げるメディアも当局もいない上に、彼の欲望を満たそうという人間が周囲にわんさと群がってきた。

ファミリーの崩壊

ヨットや車と同じように、女も思うままに手に入るようになった。女どものほうが自分たちのキャリアに役立つと考えて、彼と一緒の写真が新聞に出るよう、四方八方から彼に迫ってきたのだ。

その目的を達成したひとりが土曜日夜のテレビのキャバレーショーで、男性視聴者をとりこにしていたカリフォルニア出身の21歳の金髪モデル、ヒーザー・パリシだった。

85年1月、クラウディアがアルゼンチンに帰国している間にパリシは短期間ながらマラドーナと関係を持った。これをイタリアのゴシップ誌「オッジ」が大々的に報道した。1週間同棲した半ば頃にふたりは雑誌の求めに応じてマラドーナのアパートの外のバルコニーに姿を見せた。微笑みを浮かべたふたりの姿をカメラマンが望遠レンズでとらえ、その『独占』撮影された写真は世界中で売りさばかれ、推定1枚

8000ドルの値がついた。

こうした浮気でマラドーナの欲望は一時的に満たされたが、家庭の平和にとっては決していい影響はなく、クラウディアとの関係が一段と険悪になってきた。

マラドーナの秘書は、「ふたりの関係が暗礁に乗り上げているようなのです。ディエゴは二度と会いたくないと言っていますが、今度はどうやら本心からのようです」と言い、マラドーナ家の家政婦のファノもこう回想している。

「マラドーナ家で働いた最初の何カ月間、クラウディアの姿を見ることはまったくありませんでした。ふたりの断絶はアパート中に飾られたクラウディアの写真にも及んだのです。ある時、逆上したマラドーナはアパート中のクラウディアの写真を1枚残らずはがしてしまったのです」

マラドーナが次のターゲットにしたのはマネジャーのチテルスピラーだった。85年9月、チテルスピラーがメキシコでテレビ放映権の交渉を行っていた時に大地震が起こり、何百という家屋が倒壊し多数の犠牲者が出た。チテルスピラーは幸いにも無事だったが、その時、彼のもとに自分の足元が崩れていくようなニュースが届いた。メキシコと世界各国との通信網が復旧するとナポリの友人から「君はマラドーナから解雇されたよ」と教えられたのだ。

その電話の2時間前にはマラドーナ・プロのPR担当のブランコと、カメラマンのラブルの両アルゼンチン人もマラドーナに呼びつけられ、一方的に解雇を言い渡された。冷酷な経営者のように、マラドーナは「プロダクションは財政危機に陥っている。チテルスピラーはもはやマネジャーでもないし、君たちも余分な人間である」と言っただけだった。そしてふたりに自分たちが受け取るべき未払いの金があるなら、チテルスピラーの後任に任命したギジェルモ・コッポラと話をつけるように申し渡した。

3人にとってはひどいショックだった。3人ともマラドーナの従業員であると同時に、自分たちは忠実な友人であると自負していたのだ。ブランコの場合には、マラドーナが天才的なサッカープレーヤーであるとともに、人のことを考える温かい人間味のある男であることを世界にPRするためにジャーナリスト生活の大半を費やしてきた。最初はバルセロナで、次はナポリでマラドーナの私設PR担当として同業のマスコミ連中からの激しい攻撃を防ぐ盾の役割を一貫して務めてきたのが、そのブランコであった。

ラブルも「アルゼンチン・テレビ」の安定してはいるが、多少退屈な職場を捨てて、フルタイムの仕事としてマラドーナの個人生活およびサッカープレーヤーとしての活躍をフィルムに収めながら記録し続けてきた。彼にはマラドーナが比類なき天才的プレーヤーであるというイメージをつくり上げていく夢があったのだ。しかもナポリに来たばかりの頃、「ホテル・ロワイヤル」に住んでいたマラドーナが衆人の注目から逃れるためにラブルと彼の妻の住む質素な家に逃げ込み、ピザを食べながらカード遊びにふけったことが幾度もあった。

しかし3人の中で一番裏切られたのは、なんといってもティーンエージャーの頃から全精力をマラドーナのために使い尽くしてきたチテルスピラーだった。自分が解雇されたというニュースがメキシコに届いた時、チテルスピラーの頭の中に過去のすべてのことがまるでフラッシュバックのように次々とよみがえってきた。揺るぎなきふたりの友情。マラドーナのためにコカ・コーラ1本とビスケットを買ってやったこと。スラム街に住む少年には夢でしかなかったプロボクシングの試合に連れていってやったこと。ボカとの契約交渉。バルセロナとの契約交渉。そしてナポリとの契約交渉…。

まさにキングメーカーの役割を果たしたのは自分、チテルスピラーだったのだ。しかしマラドーナのところにブエノスアイレスから1本の電話がかかり、マラドーナ・プロが再び破産寸前の状態にあるだけでなく新しい金銭取り引きの中にチテルスピラーが承認した不良貸付があると言われた時、これまでのことは一瞬のうちに雲散霧消してしまったのだ。

チテルスピラー自身が設立した会社から、こともあろうにチテルスピラー本人が金銭を搾取しようという容疑を裏付けるものは何ひとつない。しかし、この容疑が出たこと自体がマラドーナの心に引っかかった。彼はこれまでにもチテルスピラーが、本当のところは自分を食い物にしていたのではないかとの疑いを持ち始めていたのだ。

その頃になると、マラドーナは信頼できる友人と自分を食い物にしている人間との見境がつかない状態になっていた。しかし、行動するにあたっては、いささかの迷いもなかった。マラドーナは自分に忠誠心を持つことを要求し、疑いがあれば容赦することはなかったのだ。

目に余る浪費と収入の不安定さはナポリでもそのまま続いていたが、マラドーナは『明日はどうでもいい』といった様子で、個人的な悦楽のためにどんどん金を使い、またマラドーナのプロモーション企画で得た収入の一部がカモラ一家の取り分として消えていった。ナポリのマラドーナのスタッフだったひとりは次のように説明している。

「マラドーナの使う金はどんどん増えていき、チテルスピラーはそれに『ノー』と言えなかったのだ。マラドーナがこれが欲しいと言えばホルへは仕方なく金を出した」

しかし、マラドーナ・プロの財政難はバルセロナ時代よりもことさら悪くなったわけではない。その点、チテルスピラーに対する仕打ちには納得できないものがあることは事実だ。

チテルスピラー、ブランコ、そしてラブルの3人はいまでもなぜ裏切りと言われたか納得する理由が見つからない。彼らはナポリ時代のことをじっくり考えてみればみるほど、その時すでにマラドーナの凋落と没落が始まっていたと考えざるを得ないのだ。両親と地域全体の期待からくるプレッシャー。そしてサッカー選手のキャリアとますます不安定さを増す家庭生活との軋轢のために、マラドーナはだれが自分の真の友人であるか、そして自分が何であるか分からなくなってきていたのだ。

熱狂的な声援を受け、充実したプレーヤー人生を送ったナポリ時代

第14章 星屑 STARDUST

クリスチアーナ

マラドーナが一時的にしろ本当の自分に立ち戻るのを助けてくれる女性が現れたのは1985年12月のことであった。ナポリ生まれのクリスチアーナ・シナグラという20歳の女性で、マラドーナの妹のマリア、彼女の夫ガブリエル・エスポシート、そしてマラドーナのふたりの弟、ウーゴとラロがつくったグループのメンバーのひとりだった。

クリスチアーナの一番の仲良しがウーゴとデートしており、また自分の妹はラロに目を付けていた。ディエゴをクリスチアーナに紹介して近親結婚まがいの関係をつくり上げたのは、実はマリアのアイデアで、クラウディアがアルゼンチンに帰国していた時のことだった。マリアはディエゴの住んでいる階下の地階にある自分のアパートで、仲間のために夕食会を開いた。ディエゴも招待され、クリスチアーナと初対面した。

舞台のお膳立てと状況から見て、ふたりの間に関係ができるのは当然の成り行きだった。マラドーナの見たクリスティアーナは部族のひとりとしては完全に受け入れられている半面、自分がサッカー選手としてやってきた間に関係を持った、男と簡単に寝る数々の女性どもとは何か違ったものがあることを感じた。小柄で比較的きゃしゃな体つきをしており、目もとの彫りが深かった。浮気相手のヒーザー・パリシとも違い、またクラウディアとも違っていた。

クリスチアーナとしては別にマラドーナを邪険にする理由はなかった。伝統的な道徳観で、最初は慎重に付き合っていたが、最終的にはマラドーナの誘惑に屈することになった。ふたりの関係がどのように深まっていったかを彼女の話から想像すると、この時期のマラドーナは性的欲望よりも純愛に傾いていたように思われる。

クリスチアーナはこう話してくれた。

「私たちは少しずつお互いのことを理解するようになりました。彼には公のイメージとはまったく違った部分のあることを発見したのです。私の知っているディエゴは新聞に出てくるディエゴとは別人で、誠実になろうと思えばなりきれた人間であり、人生で本当に大事なものが分かる能力もありました。傲慢でもなければ自堕落でもなかったのです。大酒を飲むわけでもないし、麻薬も使っていませんでした。人に強い愛情を寄せ、大事にし、デリケートで思いやりがあり、私といる時は本当の自分に戻ったような気持ちになっていたようです」

これは95年12月、ナポリ近郊の喫茶店で話してくれたことの内容である。すぐ見分けがつくような場所を選び、友達ふたりが一緒だった。あのマラドーナとの運命的な出会いから10年がたっていたが、彼女の記憶は鮮明だった。その半面、自分が個人的な復讐を受ける恐れをまだ抱いている様子であった。私がようやく彼女の信頼を勝ち取ると、彼女はさまざまな出来事についての説明を裏書きできるところへ連れていくことを約束してくれた。

その3日後、火山の硫黄臭い空気の垂れ込めたナポリの丘の上で、彼女はマラドーナの息子、ディエギートに私を紹介してくれた。私たちは腰をおろして、地元少年リーグでほかの10人の9歳の子供たちとボールを蹴っているディエギートの動きを観察した。父親ディエゴが生まれ、ボールを蹴ることを覚えたビラ・フィオリートの埃まみれの荒れ地と違って、目の前にあるのは個人会費を出して入会する総合スポーツ施設に属しているトレーニング用のグラウンドだった。

クリスチアーナと同じように子供たちの親は中流クラスの人たちだけであった。肉体的に似ていることもさることながら、目の前にいるのはまさしく『第2のマラドーナ』であると感じざるを得なかった。その自信と技術はほかの少年とは段違いだった。

ほかの少年がボールと格闘しているように見える中で、ディエギートはボールが足に吸いついているように、並んでいるプラスチック製の柱の間を巧みなドリブルで右左へと縫うように進んでいき、最後にボールをゴールに蹴り込むのだった。ゴールが決まると、そのたびに走り出して母の座っている前にやってくると天にこぶしを振り上げる、あの父親そっくりのジェスチャーを見せてくれた。父と違って左足でなく右が利き足だが、父親を凌ぐことはないにしても父親のレベルまで行こうという気持ちがありありと見えた。彼は母親に対して将来アルゼンチンを代表してプレーするのが夢だと語ったことがあるという。

そのディエギートがまだクリスチアーナのお腹の中にいなかった10年前、マラドーナは一時ライフスタイルを変え、夜遊びを少なくしてヒマな時間をクリスチアーナと親密に過ごし始めた。その親密な時間が長くなればなるほど、マラドーナが家族から求めていた信頼の度が増していくのに気付いた。ふたりの関係が深まる役割を果たしたのは妹のマリアで、彼女はクリスチアーナと一段と親密になっていった。ふたりそろって派手に買い物をしたり、代わり番こでマリアの子供のおもりなどをした。最も肝心なことは、マラドーナ部族の女王で、常に長男から目を離さないトタのお気に入りになったことだった。

「実に感じのいい娘さんね。ディエゴが1週間も付き合えば、ぽいと捨ててしまう女性と同じように扱ってはいけないよ」

これは当時トタがメードのひとりと交わした言葉である。クリスチアーナとの愛の営みの時、マラドーナは「君の子供が欲しい」とクリスチアーナの耳にささやくのだった。ふたりで結婚することも考えたし、練習グラウンドからマラドーナは毎日電話をかけた。

「百万のキスを贈るよ」。これがいつも会話を結ぶ言葉になった。生まれて初めての恋に落ちたクリスチアーナはまるで雲の上を歩いているような思いで、いささか意図的にも思えたが避妊について若干不注意になっていた。

こうしておとぎ話のようなロマンスは86年4月、突然雲の上からどすんと地上に落ちることになった。妊娠をマラドーナ家の人々に隠しきれなくなったのだ。彼女はマラドーナに対しては初期の段階で妊娠の事実を伝え、彼も子供を欲しがる彼女の気持ちを支持してくれたと一貫して主張し続けている。しかし家族の連中が知ると、マラドーナは中絶するように彼女を強く説得し始めた。マラドーナの気持ちが変わったのは何人かの男友達と相談した後のようだ。家族の影響も大きかった。

クリスチアーナよりもディエゴのことをより良く理解していると自認していたマリアは、クリスチアーナに、「今後も関係を続けていきたいのなら子供をおろすように」と忠告した。トタといえば、ふたりの関係をあれほど認めていながら息子に関係を絶つようにすすめた。こうして温かい愛情を寄せてくれる優しいディエゴが一夜のうちに変身した。再びクリスチアーナの目の前に姿を現したのは神の啓示で生まれたマッチョな子供。いくらスポイルされても責められることはなく、野望達成を運命づけられ、世間的な責任というものには何ひとつ拘束されない「マラドーナ・ザ・キング」の姿であった。

マラドーナはもはやクリスチアーナを神からの賜り物ではなく、自分にとっての重荷と感じ始め、ロマンチックな感情のかけらもなく、むしろ彼女に激しい非難の言葉を浴びせるようになった。たまりかねたクリスチアーナの父親が娘の責任を取って欲しいと懇願すると、マラドーナの返事は「確かに子供はぼくの物だ。しかしクリスチアーナが出産するのを見たくない」という冷たい一言だった。この時分になるとふたりの関係は完全に冷めきっていた。

アルゼンチンに帰っていたクラウディアは、マラドーナのたったひとりのガールフレンドだという地位を再び取り戻すためにイタリアに戻りつつあった。しかし男は、目の前に現れた新しいチャレンジのことで頭の中がいっぱいだった。メキシコでのワールドカップ大会開催が迫っていたのだ。

クリスチアーナとの間の息子ディエギートこと、マラドーナ・シナグラ・ジュニオルはプロを目指す(2001年)

第15章 メキシコのフィエスタ

MEXICAN FIESTA

86年ワールドカップの人間模様

ディエゴ・マラドーナのプレーヤーとしての評価はさまざまで、必ずしも芳しいものばかりとは言えないが、彼が1986年ワールドカップの主役であったことについては、異論を唱えた者はひとりもいない。

実際、この時のマラドーナのようにひとりでマスコミの関心と、ファンの人気を独占した例は、過去には皆無に近かっただろう。最初から最後までマラドーナという天才の独壇場――これが取材する数百人のサッカー・ジャーナリスト、またテレビ観戦している何百万人の人たちの受けた偽らぬ印象だった。バルセロナや4年前のワールドカップでトラブル続きだったのがウソのように思えた。彼の活躍を目の当たりにした人々の大多数は、スラム街から生まれた25歳の若者が、頂点を極め「サッカーの王様」の座に就くために、古いアステカ王国の首都をわざわざ選んだのではないかと思うほど、ただ驚くばかりであった。

しかし、成功の陰には、ほとんどの人が目に触れることのできなかった凄まじい人間の葛藤、残酷なまでのライバルの争い、そして人をあざ笑うような駆け引きが渦巻いていた。ナポリからメキシコに来る時、彼の心に最も大きくのしかかったのが、最初は歓迎しながら結局父親になることを拒否したため、私生児となったひとりの子が間もなくこの世に誕生してくることであった。

彼はいつものように出発前、自分の胸の内を語るためにひとりの気に入りのジャーナリストと単独会見を行った。彼はその時アルゼンチンのスポーツ誌「エル・グラフィコ」の編集長だったエルネスト・チェルキス・ビアロにこう語ったのだ。

「そうなんだ、本当に心が寂しいんだ。もう何もかもやめてしまおうかと思うこともあるんだが、ママが力になってくれるのでね。それで朝起きた時にママに『ママ、もうこのあたりでやめて逃げ出したい』と、弱音が出るんだ。とにかく気持ちは最低だね」

やがては自分の子供の母となり、また自分が本当に愛したただひとりの女性であるクリスチアーナ・シナグラと縁を切ったことで、問題はすべて解消すると彼は思っていた。イタリアから遠く離れたメキシコに来ているので、最初は錯覚にとらわれたのだ。しかし、反対にもっと激烈な形で問題が跳ね返ってきた。ワールドカップの始まる2、3日前にアルゼンチン代表の宿舎「クラブ・アメリカ」の自分の部屋に、ナポリから長距離電話がかかってきた。電話してきたのはクリスチアーナと大の仲良しになった妹マリアの亭主、ガブリエル・エスポシートだった。

エスポシートはやがてナポリで『シナグラ事件』としてセンセーショナルに報道される前に、あえて状況を包み隠さずマラドーナに教えた。クリスチアーナはすでに妊娠8カ月だった。自分の家族はもとより友人のすすめもあって、子供を産む決意はますます固くなった。マラドーナが父親としての責任を持たないという主張に対して、泣き寝入りして引き下がる気持ちはまったくなかった。クリスチアーナはマリアに、子供が生まれたら、あらゆる手を使ってその父親がマラドーナであることを世間中に知らせる。それだけでなく、マラドーナが父親であることを認めないなら、法廷に持ち込むとも言ったという。受話器を置くとマラドーナはショック状態になり、2日間は表情が引きつったまま、夢遊病者のようにチームメートの間を歩き回っていた。

マラドーナが一緒にメキシコ入りしたアルゼンチン代表は、優勝候補の筆頭ではなかったものの、最強チームの部類に入っていた。しかし、チームの中に実は緊張感がみなぎり、内部対立のために不安感があることを、外部の者はほとんど気付いていなかった。

アルゼンチンとしては、前回の雪辱を果たさねばならなかった。大会前の調整のための試合やワールドカップ予選でも、まだチームとしてのまとまりはいまひとつという状態だった。問題はカギになる選手の人間関係が、さらに悪い方向に行っていたことだ。なかでも、問題なのが新しくキャプテンになったマラドーナと、前キャプテンのダニエル・パサレラとの関係であった。

チームの中で一番の古株で最も経験豊かなパサレラは、マラドーナのような若造で何をしでかすか分からない者にあとを引き継がれたことに反発していた。彼は78年にアルゼンチンが地元で開かれたワールドカップ大会で優勝した時のキャプテンを務め、ワンマン的にチームを引っ張る独裁的スタイルは、当時政権を握っていた軍部の方針とぴったりマッチしていた。メノッティ監督が、マラドーナを代表から外す決定をした時も、まったく異議を唱えなかった。その4年後のスペインのワールドカップでは、チームの規律維持によって士気を高めようとしたが、規律違反が起こった。その悪質な張本人がマラドーナだった。それ以後、堅物のパサレラはマラドーナの成功を妬むと同時に、彼は選手としての評価が高過ぎる上に、私生活がだらしなく、無責任に過ぎると思っていた。メキシコのワールドカップ直前のことだったが、パーティーを開いていたマラドーナのホテルの部屋に、パサレラが怒り狂ったような形相で飛び込んでくるなり「お前がキャプテンをやるというなら、キャプテンらしく振る舞え！」と怒鳴りつける一幕もあった。

マラドーナと最年長代表のリカルド・ボチーニの間にも緊張状態が生まれていた。もともと、ボチーニがチームの中心となっていたインデペンディエンテを南米カップで優勝させてから、マラドーナは『エル・ボカ』ことボチーニをペン、クライフと並んで、自分のアイドルとして崇拝していた。一見サッカーにはとても向かないような小柄なボチーニは、いったんボールを持つと、自分より背のぐんと高い頑丈でハンサムな選手たちが、まるで役立たずの電信柱のように見える鮮やかなプレーができた。37歳になり峠を越した彼は、人気の点で、すでにマラドーナに追い越されていた。しかし、彼はまだパサレラがキャプテンであった時代が懐かしく、王国に新しく君臨することになった若い王子マラドーナに嫉妬の念を抱いていた。

結果的にはパサレラは代表から外されてしまった。『モンテズマの復讐』と呼ばれる外国人のかかる下痢、腹痛を伴う風土病にとりつかれ、ふくらはぎを痛めたことも原因だった。ボチーニもほとんど出場の機会がなく、出たのは準決勝の最後の6分だけだったが、マラドーナは「大将、よくやったぜ！」と声をかけた。だからボチーニがアルゼンチンに帰国してから、できるだけメキシコ大会のことは忘れたいと語った気持ちも納得できるし、彼自身恥ずかしさをこらえるように、ぽつりとこう語った。

「ぼく自身は世界一になったという気持ちはないんだ」

しかし、アルゼンチンが2度目の『世界一』になったことは、まぎれもない事実だった。その成功のひとつの大きな要因を求めるとすれば、マラドーナが大会を通して自分の私生活上の危機に耐え忍べたことだ。その強靭な意志は、アルゼンチン代表が、宿合の「クラブ・アメリカ」に到着した時からうかがえた。

それを間近に観察したのが、マラドーナと親密な関係をつくり上げていた、イタリア人ジャーナリストのパウロ・パウレッッティだった。パウレッッティはマラドーナのナポリ入りに好意的なインタビュー記事を書き、バルセロナからの移籍を助けくれたということで、マラドーナの絶大な信頼を勝ち取っていた。メキシコ大会でも、ほかの世界各国のプレスの大部分がアルゼンチンのトレーニング・キャンプでは、マラドーナをつかまえても有刺鉄線のフェンス越しに話が聞ける程度だったのに、パウレッッティだけは「クラブ・アメリカ」の出入りを自由に認められていた。

そのパウレッッティがホテルのロビーで座っているマラドーナを最初に目撃した時、その肉体的、精神的な変わりように驚いた。彼は言う。

「まるでパワー、精神力、そして若々しいエネルギーに満ちあふれていたような感じだった」

大会中に密着取材したほかの記者にも、マラドーナがいつになくすかっとしているように映った。メキシコで、マラドーナの頭の中にあったのは、ただひとつ「とにかく優勝…」だけだった。

新監督ビラルドの手腕

このような気持ちにさせたのは、アルゼンチンの新監督のカルロス・ビラルドだったように思われる。

ビラルドは前任者のメノッティの高踏な理論などはたわけていると問題にもせず、むしろアルゼンチンが82年大会でチームをガタガタにしてしまって、結局敗れ去ったのはメノッティの責任だと考えていた。

ビラルドはメノッティのようなプレーボーイ的な美男子ではなかったし、政治的にもメノッティの左翼的な考えとは無縁で、アルゼンチン・サッカー界では「とにかく勝つためには何でも許される」という、一直線に目的に向かう現実サッカーの信奉者だった。

医師の正規の資格を持つビラルドは理論的にサッカーを考える能力もあり、自分の選手と相手チームの選手を注意深く観察し、その分析結果をもとに、一試合、一試合の準備と戦略を組み立てていた。その意味で彼のサッカーのベースとなっていたのは「折衷主義」だった。

彼はマラドーナについても、押し付けがましい理屈や哲学は通用しない、その度合を注意深く測りながら、一方では指導し一方では思い通りにさせておく必要のある、独特の天才選手であると見ていた。ビラルドは少年時代のマラドーナを発掘した、あのアルヘンチノスのスカウトをしていたフランシスコ・コルネホの近所に住んでいたことがあった。このため1部リーグのハーフタイムショーでマラドーナがボールを蹴るのを見たし、その後はアルゼンチン・サッカー協会の役員として、マラドーナがスターダムにのし上がっていくのを、ずっと見守ってきていた。83年にメノッティの後任に任命されると、ビラルドはアルゼンチン代表たちの意見を広く聞いた上で、空路バルセロナに飛び、マラドーナにキャプテン就任の話を持ちかけた。

これを知ったスペインのマスコミは、ただでさえ所属クラブのバルセロナがこじれているのに、また余計な問題を持ち込むことになると批判した。しかし、ビラルドは自分の判断は正しかったと、こう回想している。

「彼の家で午前3時まで5時間ほど話した。お母さんも一緒だった。私がチームについて描いている計画を説明すると、彼は大変に喜び大いに乗り気だった。私の前にいるのはひとりの偉大な選手、というよりも世界最高のプレーヤーになる実力を持った選手なのだ。それがチームのキャプテンになってくれれば、これ以上のことはない。彼をキャプテンに推すに当たっては、自分の医師、選手、そして監督としての経験のすべてをデータとしてインプットした。キャプテンになれば、やがては彼に大きな励みになることが私には分かっていた。それに選手たちも彼を歓迎すると信じていた。最高のプレーヤーだから、自分が模範を見せてチームを引っ張ってくれる。そうなれば、彼を中心にチームをつくり上げていけると思った」

ビラルドは最初から、マラドーナを特別待遇にすることにした。ほかの選手たちには就寝時間から余暇の使い方にまでルールを設け、トレーニング・プログラムも共通した厳しいものを課したが、マラドーナには個人トレーナーのフェルナンド・シニョリーニやマッサージをするビクトル・ガリンデスを認めるという別格扱いにし、精神的に常に前向きでいられるように、彼の要求にいつでも柔軟に対応できる体制を設けた。ビラルドはこう説明した。

「彼にはほかの選手と別な管理方法が必要だということは、最初の段階から分かっていた。私は自分に言い聞かせたのです。『マラドーナはこっち、そしてほかの選手はあっちだ』と」

マラドーナの人格に内在している矛盾は、そのままシニョリーニとガリンデスに反映しているように思える。シニョリーニは外向的で、ユーモアのセンスを持っていたが、しっかりと現実に足をおろしていた。アルゼンチン以外の生活が多かったこともあって、マラドーナ一族のように、陰謀めいたことにはなじめなかった。マラドーナが、バルセロナでテニスをやっている彼を見つけた時の、ほとばしり出るような若さはまだ健在だった。アルゼンチンのチーム全体の中でも、彼は抜きん出て思慮深く、自己にも厳しかった。しょせんは無駄と知りながらも、シニョリーニは口を酸っぱくしてマラドーナに、健全な精神と健康な肉体を持つことがいかに大きなプラスになるかを、繰り返し説得した。

これとは対照的に、ガリンデスはマラドーナの粗暴な面を代表していた。マラドーナと同じ底辺から這い上がってきた男で、マラドーナがバルセロナに連れていった友人のひとりだったが、彼のためにたちまち地元の人々と関係がまずくなった。彼には仕事をやる能力などは、あまり問題ではなかった。むしろ大事なのは一族への忠誠心、そしてマラドーナがどうしても捨てきれない過去の世界を代表していることに意味があった。職は一応「マッサージ師」となっていたが本当に資格があるかどうか疑わしかった。彼のもっぱらの仕事は、試合前にマラドーナの用具や衣類を運んだり、アルゼンチンで最も崇拝されている宗教的な偶像「バージン・オブ・ルハン」に一緒になってお祈りを捧げることだった。もっとも、彼はどちらかと言えば迷信家で、魔法の力を呼び起こせば試合に勝てると思っていた。攻撃的な性格で、すぐ暴力を振るった。バルセロナでマラドーナが疎外感を持ったのは、ガリンデスがカタルーニャの人々は、アルゼンチン人に対して故意に差別態度を取っていると非難したことにも原因があった。その意味でマラドーナは相棒のガリンデス同様、スペインよりもナポリ、そしてメキシコのほうが性に合っていたのだ。

マラドーナがスタッフを自由に選ぶことを許可したほか、ビラルド監督は自由時間についても柔軟に対応した。家族と会うことを許され、ほかの選手は遅くとも夜12時には床に入っていなければならないのに、マラドーナは別扱いだった。ビラルドは医学生時代に夜遅くまで勉強した習慣で夜型になっていたこともあって、真夜中の2時、3時頃までマラドーナとしゃべっていることがあった。

マラドーナの特別練習メニューは、医療スタッフの仕事にも影響した。プロ選手に成りたての頃から、彼はケガに弱いことが問題になっていたが、それはバルセロナで一段と深刻になり、ナポリに移ってからも変わらなかった。医者たちが選手生活を継続させるため、手術しないで心理学的な療法や薬の投与に頼ったために、「痛み→回復→痛み」という悪循環がマラドーナの体を痛めつけていた。ずんぐりした筋肉の塊のような体には、コルチゾンなど痛み止め薬がふんだんに注射され、『ビルバオの殺し屋』の残虐なプレーで打ち砕かれた足首は、金属のピンで留めたままだった。このため、ナポリでは試合に出るたびに足首が痛み、腫れたままプレーを続けるほかはなかった。

マラドーナは、メキシコに出発前に、ワールドカップのドーピング検査で陽性反応が出ないよう、ローマに行ってイタリア・オリンピック委員会のダルモンテ博士による一連の検査を受けさせられた。これは当時、日常茶飯に行われていたドーピングに対して、イタリアではなんら公式な対策も取られていなかったことを考えると、まことに皮肉な話だった。メキシコ大会の直前になって、ほかのアルゼンチン代表もアルゼンチンの医師の手で同じような検査を受け、陽性反応のケースが見つかったが、FIFAには結果の報告は行われなかった。

メキシコのワールドカップで、自分の競技能力を高めるために、マラドーナが不正薬物を使用した証拠はまったくない。FIFA内部の話では、彼は大会中に3回検査を受け、陽性反応を示したケースは一度もなく、話題に上ることもまったくなかった。しかし、アルゼンチン代表にドラッグ（薬物）の噂は、ずっと付きまとった。大会中にもアルゼンチン代表選手にコカインを常時提供していた、悪名高いアルゼンチンのフーリガン族「バラ・ブラバ」のひとりが、現場で取り押さえられて検挙された。マラドーナがその事件に関わりがあったかどうかは不明である。

ただ、将来になって体に影響が出ることを配慮せず、医師とチーム関係者がマラドーナがプレーできるよう工作し、共謀したことは、まぎれもない事実である。マラドーナ自身も、「自分は何も知らなかった。自分は犠牲者だ」とは主張できない。彼は成功への意志と決意のために、ほかの選手なら断るような治療に応じていたのだから。

ワールドカップの第1戦を控えて、彼は定期的に注射を受けていた。

それでもサッカーシューズは、普段より一回り大きいサイズのものをはいていた。試合中の足首の腫れがあまりにも大きくなったからだ。アルゼンチンの公式ドクターはマデーロ医師だったが、一時期はボディービル選手をめぐるドーピング事件に関わりがあったとされるひとりの医師がスタッフのメンバーの中にいた。しかし、ビラルド監督は、マラドーナに対する無責任な治療については、ほとんど良心の呵責は感じていなかったようだ。彼のサッカー戦術と同じで、目的を達成するための必要手段としか思っていなかった。ビラルドは、こう語っている。

「どのような肉体状態にあろうと、マラドーナが出場してグラウンドにいることが、絶対必要だったのだ。歩ける状態であり、また苦痛に耐えられる限り、私は彼を使うつもりだった」

アルディレスの予言

多くのサッカー専門家は、メキシコ大会当時のマラドーナの技量は、4年前のスペイン大会の頃に比べて一段と磨きがかかったと評価していた。アルゼンチンを長く離れたことで、かえって世界のサッカーのこと、特にヨーロッパのチームの技術と戦略についての理解が深まり、選手としても円熟味を増していた。好不調の波の激しかったバルセロナ時代に比べると、ナポリの最初の2シーズンの彼は、意気込みとエネルギーにあふれたプレーを見せた。しかも、アルゼンチン代表のキャプテンになることは、個人的なトラブルを乗り越えるのに必要な自信を彼にもたらしてくれた。アルゼンチン代表そのものは、ビラルド監督が就任した83年以降の成績は芳しいものではなく、34の国際マッチで勝ったのは13試合にとどまっていた。

しかし、ワールドカップ予選の対コロンビア戦では、マラドーナでなくては到底できないような芸当を披露して見せた。両国代表の対戦はいつも敵対的な空気に包まれ、サポーターが野次を応酬したり、物を投げ合うシーンが繰り返し起こった。この時もコロンビアのファンが、マラドーナに向かって、オレンジを投げつけた。彼は飛んできたオレンジを軽く足の先で受け止めた。そして今度はもう一方の足先に軽く蹴って乗せ、これを何回か交互にやった後、突然振り向きざまにもの凄い勢いでスタンドに蹴り込んだ。この光景は、テレビカメラの前でオレンジを使って曲芸のような芸当を見せた少年時代の、あの魔法のような足さばきとサッカーをあくまで楽しむ精神がいささかも失せていないことの証明であった。

メキシコに乗り込んできたビラルド監督は、自分の将来もアルゼンチン・サッカーの命運も、すべてマラドーナひとりにかかっているとの強い意識があった。逆にレアル・マドリードでウイングをやっていたホルへ・バルダーノや元キャプテンのダニエル・パサレラらの代表選手は、戦力に不安のある自分たちのチームが、たったひとりの傑出したプレーヤーに頼るのは得策に思えないと、ひそかにマスコミ関係者に不安をもらしていた。

左派系のインテリで、メノッティの哲学的サッカーを信奉するバルダーノは、ビラルドの現実的サッカーになかなかなじめず、一方のパサレラは妬みのために色眼鏡でものを見ているようなきらいがあった。バルダーノはマラドーナを心から崇拝しており、個人的にも仲が良かった。反面、ビラルドの率いるアルゼンチン代表に潜んでいる弱点も知り尽くしていた。マラドーナの力で決勝までは行けるかもしれない。だが、彼が何かの理由で抜けたら、ビラルドがマラドーナを攻撃の要にして組み立てた、4－3－3のフォーメーションを軸にした戦術パターンは一挙に崩壊すると、バルダーノは分析していたのだ。

ここでマラドーナの存在の大きさを示すことで、チームに楽なムードをよみがえらせてくれたのが、あの外交官的センスを持つ元アルゼンチン代表のオッシー・アルディレスだった。大会が始まる直前、アルディレスは、英国人記者にこう語った。

「もしひとりで大会の人気を独占できる選手に賭けろと言われたら、私は躊躇なく全財産をディエゴ・マラドーナに賭けますよ」

アルディレスの判断は間違っていなかった。大会前には精彩を欠いていたアルゼンチンは、いざ本番が始まるとパサレラに代わってディフェンダーに起用されたホセ・ルイス・ブラウンの活躍で見違えるようなチームに変身した。しかし、メキシコ大会そのものの看板スターとなったのは、なんといってもマラドーナであった。アルゼンチンと西ドイツの決勝の前日、マラドーナの存在感を英オブザーバー紙で、ヒュー・マクラビニー記者はこうまとめていた。

《ワールドカップはすでに半世紀以上の歴史を持つが、決勝戦を前にたったひとりのサッカー選手の才能が、かくまで人々の心をとらえ、揺り動かした大会はない。マラドーナの与えるインパクトは単に最高の技術を持ち、また最高にエキサイティングなプレーヤーであることを、はるかに超えたものである。メキシコに来てからグラウンド上で見せてくれていることには、ほとんどひとつひとつに強力なメッセージが秘められていること、そしてマラドーナが自分の才能を決定的に認知してもらうために、わざわざアステカ・スタジアムという舞台を選んだということ、そんな確信にも似た膨大な一般大衆の期待があることも忘れてはならない》

アルゼンチン代表のキャプテンとして優勝と最優秀選手の栄冠を勝ち取ったメキシコ・ワールドカップ

第16章 フォークランド紛争Ⅱ

FALKLANDS ROUND TWO

政治とサッカー

1986年のメキシコ・ワールドカップ大会でマラドーナがアルゼンチン対イングランドの準々決勝で見せたパフォーマンスは、大会が終わっても何百万のファンの脳裏からしばらくは消えないほど強烈な印象を残すものだった。それはまさに一遍のドラマに値するもので、投げかけた波紋の渦もそれほど大きかった。

過去の国際マッチを見ても、戦争の発端となった、あの69年のエルサルバドル対ホンジュラスの試合を除けば、この準々決勝ほど、政治的な泥試合を背景にして行われた試合もない。思えば4年前、スペイン大会でマラドーナが退場処分になった時も、アルゼンチンがフォークランド侵攻で味わった屈辱を、再現したようなシーンにも見えたが、いまはさらに一段とエスカレートし、戦場でなくサッカーのグラウンドでの対決が、双方の愛国主義を煽りに煽ったのである。

英国の新聞は、イングランドのワールドカップ代表を、まるでフォークランド紛争の作戦部隊さながらの扱いをした。

あるタブロイド紙が「事態に備えてメキシコ、5000人の部隊を動員」と不穏な見出しに報道すれば、別の新聞は挑発するように「覚悟しろ、アルゼンチンの野郎ども！」と大見出しの記事を掲げた。アルゼンチン・マスコミも負けてはいなかった。前々から大衆色の強いクロニカ紙は、マラドーナを19世紀、アルゼンチンを植民地支配から解放した革命の英雄ホセ・サン・マルタンになぞらえながら、これまた大見出しでこう宣言した。「海賊ども、いまに見ていろ！」。これに応じてアルゼンチンのフーリガン「バラ・ブラバ」が、マルビナス島で戦死した同胞の敵討ちとばかりに、ブエノスアイレスから続々と空路メキシコ市入りし、行く先々で英国旗に火を放っていった。

アルゼンチンのマスコミ陣に対する発言から察するに、バルダーノは、対イングランド戦を植民地主義に最終的なピリオドを打つための理論的な過程の一部ととらえていたようだ。派手な言動で知られるGKのネリー・プンピードは、そんな七面倒くさいことは言わないで、ズバリこう宣言した。

「イングランドの連中に勝つことは、マルビナスで起こったさまざまなことへの報復にもなり、我々には二重の意義があるのだ」

マラドーナも内心ではバラ・ブラバと「イングランド憎し」という思いは同じだったし、アルゼンチン国民の大多数と同様に、教科書にある「イギリス人は傲慢で侵略的植民地主義者である」というイメージを捨て切れなかった。こうした感情がグラウンド上で、イギリスをやっつけようという決意を一段と強いものにしたことは間違いない。しかし、大会が始まるまでマラドーナは、そうした気持ちは一切表さず、メディアのプレッシャーの中でも、驚くほどの平静さを保った。

イングランドとの試合前の記者会見で、マラドーナは「グラウンドに出れば戦争でどっちが勝ったかではない。問題はサッカーなのだ」と語り、また別のインタビューで「ロンドン・タイムズ」のジョン・カーラン記者の追及にはこう答えた。

「ねえ、あなたにもよく分かってもらいたいんだが、ぼくはサッカー選手なんだよ。政治のことは何も知らないんだ。本当だよ、まったく何も知らないんだ」

しかし、このカーラン記者はじめメディア関係者は、この試合の直前まで外交とサッカーがいかに絡み合っていたかを知らなかったのだ。イギリスとアルゼンチン両国のメキシコ駐在大使の間では、秘密で電話交渉が行われていたし、ビラルド監督へアルゼンチン本国のラウル・アルフォンシン大統領から直接電話がかかり、この指令でビラルド監督は「試合に政治を持ち込まない」ことで、イングランドのボビー・ロブソン監督と合意していた。また、大会が始まってイングランドとの対決が避けられないことが分かると、ビラルド監督はキャプテンのマラドーナ以下全選手を集めて、いかなる事態になってもメディアに対しては、両国のサポーターを挑発するような発言を慎むように秘密のブリーフィングを行っていたのだ。

その時のことを、ビラルドはこう語る。

「私は選手たちに言いました。『諸君、これはワールドカップ、つまりサッカーなのだ。もしイギリスとアルゼンチンの関係を聞かれたら、サッカー以外のことは話さないことだ』。マルビナスのことをみんなが忘れていないことは、百も承知だが、私は報復を望んではいなかったのです」

イングランドのロブソン監督も、同じ方向で臨もうとしていたことは、彼の日記が示している。

「政治的な影を払しょくしようといかに努力しても、4年前にアルゼンチンと戦争をした事実を消し去るわけにはいかない。しかし、選手たちを一堂に集めた時、私は政治的な問題に巻き込まれないように注意した。これは監督である私についても、同じことが言えた。我々はサッカーをやるためにやってきた。私は監督であり、政治家ではないのだ」

ロブソンは自分のチームの選手については心配はしていなかった。彼が恐れたのはアルゼンチンのサポーターが、それまで比較的におとなしかったイギリスのサポーターを挑発して乱闘が起こり、それがテレビによって世界中に放映されることだった。

飛び出した「神の手」

イングランド戦までのマラドーナは、レフェリーが的確に試合をコントロールしてくれたのが幸いして、順調にプレーを続けていた。

スペインでは14年前のワールドカップやバルセロナでプレーした時でも上官判のひどさに泣かされ、危うく選手生活を駄目にされそうにもなった。彼に対する意識的なファウルを審判は見て見ぬ振りをすることがしばしばあった。反対にファウルされた時、大袈裟な動作で転倒し、派手にアピールするお得意の芸当を見せると、レフェリーの反発を誘ったのだ。自分の技を発揮するのをファウルで妨害され、思う通りのプレーができないために感情が爆発すると、彼は同情を得るどころか、逆により大きな罰を受けてしまうのだった。

しかし、メキシコでは反対だった。レフェリーたちはちゃんと意識的なファウルから自分を守ってくれる。したがって報復することも、大袈裟に抗議することも必要なかった。これにはビラルド監督も一役買っていた。82年のイタリアとの試合の時、厳しいマークを受けて完全に動きを封じられたが、そうしたマークが避けられるように、ビラルドはマラドーナがかなりの程度まで自由に動くのを認めてやったのだ。アルゼンチンがウルグアイに勝った時、イングランドのロン・グリーンウッド元監督は次のように語っていた。

「彼はどんなプレーにでも絡んでいるように見えた。前から突っ込んでこられたり、押されたりしたが、決して報復をせず、自分の仕事をきっちりやった。私は心の中でつぶやいた『坊や、お前さんは100点満点だよ』」

それにしても、メキシコでマラドーナが審判にツイていたことを端的に、そして決定的に示したのが、イングランドとの試合であった。政治抜きになった以上、この試合は国と国、あるいはチームとチームの対決というよりも、両サイドの誇るふたりのエース、つまりイングランドのGK、ピーター・シルトンの『運命的な対決』となるべきシナリオが着々と描かれつつあった。ふたりがチームの中で果たす役割は、ある意味では正反対だった。アルゼンチンの選手たちは、勝利はすべてマラドーナの攻撃力にかかっていることは百も承知、逆にイングランドのサッカー解説者は、イングランドの勝利のカギはただひとつ、シルトンの守備力にかかっていると見ていた。

ロブソン監督もチーム全員が恐れているただひとりの選手、マラドーナを封じ込めるフォーメーションがきっとシルトンを助けるだろうと確信していた。ロブソンは「わずか5分間で試合全体の流れを変えるマラドーナに全神経を集中せよ、ただ必要以上に恐れることはない」と選手たちに言い聞かした。「彼の周りに密集し、プレッシャーをかけて押し込んでいく。バックス4人は常に待機し、攻撃に参加しない」。彼の日記にはこう書かれている。

試合開始10分、最初のファウルでチュニジアのレフェリー、アリ・ベナンスールがすぐさまテリー・フェンウィックにイエローカードを出した。ここからイングランドのリズムがおかしくなってきた。ベナンスールはアフリカでは一、二に入るレフェリーとされていたが、ロブソン監督はすでに試合開始の時から、彼がどうもアルゼンチン寄りであり、何か精神的に落ち着きがないところがあると見て取っていた。

後半、両チームとも得点できないまま5分が経過したが、この時、ロブソンの最悪の予感が的中した。マラドーナが攻撃を仕掛け、イングランドの選手を何人か抜いて攻め込んだが、バルダーノへのミス・パスでチャンスをつぶしたかに見えた。ところが、イングランドのゴール前の混戦で、イングランドDFに当たったボールがシルトンの前に上がった。マラドーナはその時、すでに体勢を取り戻しており、ボールを取ろうとするシルトンの前でヘディングしようと飛び上がった。体がぶつかり合い、手が絡み合った。反則くさいところも見えた。が、浮いたボールはそのままゴールに入ってしまった。

マラドーナは有頂天になり、ゴールの確認もせず、チームメートの喜びの輪の中に飛び込んだ。シルトンらイングランドの選手はすぐさま「ハンドだ」と執ように抗議し始めた。シルトンは怒り狂ってゴールエリアから飛び出し、絶対ハンドの反則だとのジェスチャーを見せた。普段冷静なシルトンが、このように感情をあらわにしたのは初めてのことだった。

しかし、ラインズマンもレフェリーも、ゴールだと断定した。マラドーナにとっては、言うことなしの結果だった。

その4分後、マラドーナはふたつ目のゴールを記録したが、これはサッカー史に永く語り継がれていくような見事なものだった。ブライアン・グランビルは次のように表現した。

「それは『ロマンチック』で、本当に現実にあったことかと思わせるようなゴールだった。ひとりの高校生のヒーローがやってのけた離れ業と言っても通用するし、あるいはまだドリブルが主流だった時代の遠い昔の選手がやったと言ってもおかしくはなかった。要するに今日のようにすべてが合理的に見え、合理化された――つまりジュラ紀に存在した巨大な翼龍が絶滅していったように、ドリブルを武器とする選手が消滅の危機にさらされている今日のサッカーでは、およそ想像もできないゴールだったということだ！」

その時、自陣でボールをもらったマラドーナは、粘着剤でも使っているようにぴたっとシューズでボールをドリブルしながら、イングランド選手の中を走り始めた。スイスイとまるでスキーのスラローム選手のような滑らかな動きだった。マラドーナは、のちにこう語っている。

「右のほうにボールを出して、ピーター・リードがとても追いつけないと分かったとたん、『よし…』とそのまま自分でボールを持って一気に走ってみようという気になった。相手選手がみんな後ろに消えていってしまうような感じがした」

左にスワーブして、簡単にゲリー・スティーブンスをかわす。次はフェイント…。テリー・ブッチャーが逆を突かれ、一流の国際的なＤＦがまるで驚いた羊のような表情で立ち尽くした。今度はフェンウィックが一瞬肘で引っかけようとしたが、すぐ思いとどまった。すでにイエローカード一枚をもらっている。

マラドーナを倒せば自分が危ない。マラドーナにはフェンウィックがあわよくば自分を引っかけて倒そうとしているのが分かっていた。

「でも彼はもう何もできなかった。もうぼくがトップスピードに乗っていたから…」

フェンウィックを振り切る間でも、完ぺきにボールをコントロールしながら、マラドーナはじっくりシルトンの位置を確認した。シルトンも必死になって、マラドーナの次の動きを読もうとしている。これを見てマラドーナはドリブルしながら、最後の最後までシュートする機会を延ばした。この一瞬の時間差に乗じるように、ブッチャーが背後から捨て身のタックルで、マラドーナの体勢を崩そうとしたが、これも無駄だった。マラドーナはスピードを緩めると、右足から左足にボールをそっと移すや、軽く何気ない感じで蹴ってシルトンの脇からすっとゴールに入れた。

これにはイングランドの選手たちも息をのみ、ただ唖然とするばかりだった。ロブソン監督は、その時の模様をこう語る。

「イングランドの選手はきちんと自分の責任を守り、ミスはまったくなかった。我々の選手の半数を抜いていきながら、ひとりの天才が大会最高のゴールをあげた。話はそれに尽きるのだ」

アルゼンチンの選手たちは、このゴールはマラドーナが自分たちチームだけでなく、世界のサッカー界全体の中で、ひときわ抜きん出た存在であることの何よりの証であると見た。アルゼンチンの選手の中で、マラドーナが相手ゴールに向かっていくのを側面から助けることのできるポジションにいたのは、MFのバルダーノだった。確かにバルダーノも自陣から懸命に走り、マラドーナについていこうとした。しかし、この時のゴールは特別なものであった。

「どんなに練習しても絶対つくり上げることのできない、つまり自分のような者が果たす役割はまったくなかったゴールであった」とし、当のバルダーノはこうも回想している。

「最初は責任を感じて一緒に走り出したが、やがて自分も観客のひとりに過ぎないことが分かってきた。実際、私にやれることは何ひとつなかった。それはまさに『彼のゴール』であり、チームとはなんの関係もなかった。言うなれば、ディエゴの個人的な冒険、それも一大冒険ショーだった」

ふたつのゴールの分析

この後、イングランドも1点返したが、結局2対1でアルゼンチンの勝利に終わった。

試合後、専門家の分析――特にイングランドのサッカー解説者は、当然のことながらマラドーナの最初のゴールに焦点を当てた。その専門家たちは、こぞってマラドーナにハンドの反則があったことは間違いなく、ゴールとして認めるべきではなかったという意見だった。

ゴール前でマラドーナともつれたシルトン本人や、現場の一番近くにいたホドルも、間違いなくハンドであったとして、自分たちの主張をレフェリーにアピールした。ホドルは『成功に駆り立てられて』という自伝の中で、こう述べている。

「選手の中には実際に見ていなくて、テレビのリプレーで初めて知った者がいたことは事実だ。しかし、私は自分の前でマラドーナが両手を上げてパンチするのを、しっかりとこの目でとらえたのだ。マラドーナは手を使いながらも、ヘディングするようにちょっと頭を動かして、実にうまくごまかしていた。だが、私の目はごまかせなかった。日曜日の朝、公園などでやっている試合でもよく見かけるが、こうしたインチキはイングランドではとても通用しない」

GKのシルトンもだまされたと思っていたし、あの状況でマラドーナがゴールを決めるのには、ハンドする以外にはなかったことがよく分かっていた。

マラドーナが明らかにパンチしている場面を、テレビのリプレーで見たひとりがテリー・ブッチャーだった。彼はレフェリーと同じように、マラドーナの頭が邪魔になってよく見えなかったのだ。試合中にブッチャーは、マラドーナに手で触ったのかと聞いてみた。のちにブッチャーはこう言っている。

「マラドーナは笑いながら、指で頭のほうをさして見せただけだった」

アルゼンチンの選手の中でも、実際に何が起こったかを確認できる者は、ゴール近くにはいなかった。むしろ、得点をあげたことで有頂天になっていたので、そんな疑問はだれの頭もかすめなかったのだ。ビラルド監督も、ロブソンに比べるとあいまいで歯切れが悪かった。一方のロブソンはハンドだと抗議し、その後何年も同じようにハンドだと言い続けた。イングランドのベンチ全員も同じだった。95年、イギリスでマラドーナのプロフィールを描いた番組で、ロブソンはこう振り返っている。

「私はとっさにハンドと思ったので、数秒間はホッとした気持ちになった。ところが、レフェリーもラインズマンも含めて、みんながいっせいにハーフウェーラインに戻り始めるのを見て『畜生、あれが見えなかったのか…』と口の中でつぶやいたが、その時ハッと気付いた。『やられた…ゴールなんだ』。これで1点リードされた。しかも、抗議は聞き入れてくれない…」

ボールがネットに入った瞬間、ビラルドはすっくと立ち上がって叫んだ。

「ゴール！」。彼の話ではロブソンも自分も、イングランドのゴールから60メートルも離れており、選手が示した反応でしかことの次第は見当のつけようがなかった。彼は後で自分の選手からあるいはハンドの可能性もあったという話を聞き、ビデオでリプレーを見たが、自分としてはどっちとも言えなかった。「その瞬間はハンドではなかったと思った。しかし、その後リプレーを見ながら、これではハンドと見られるかもしれないなと感じた。要するに『イエスでもノーでもない』。ともかく、レフェリーの判定にはクレームをつけないのが、私の主義なのだ」

ここでひとつの見方ができる。それはマラドーナのゴールは突き詰めていくならば、サッカー伝統のフェアプレーの精神はどうでもいい。どんな手段を使ってでも成功しなければならないという、コマーシャリズム哲学の産物と言ってもいいのだ。スタンレー・ロバーはメキシコのワールドカップ当時に出した著書「サッカー・マッチ・コントロール」の中で、「ゲームの駆け引きというのは、自分はなんら恥じることはないとの確信のもとに、相手を絶妙にだましきれることを言うのだ」と指摘している。レフェリーはもともとだますために存在しているのであって、インチキをつかまされるほうが悪いのである。スポンサーシップと同じように、相手をだますこともいまやサッカーの一部になっているのだ。ゴール前の出来事で「胸がむかついた」というホドルでさえも、マラドーナを責めるよりも、レフェリーと、一番よく見えるポジションにいたラインズマンのほうのせいにしたのである。

アルゼンチンの同胞たちが、マラドーナを非難するどころか逆にほめそやしたという事実は、アルゼンチン人が試合の駆け引きについて伝統的に独特の解釈をしていることを改めて教えてくれたのだ。なにしろ憎きイングランドが相手だったこともあって、このゴールはアルゼンチンでは最高の美徳のひとつとされている「ビベッツァ」（巧妙さ）の手本とされたのである。

イングランド戦で見せたマラドーナのゴールは「神の手」と称された

サッカーではグラウンド上で、だましっこがゲームの一部になっていることは否定できない。選手はあらゆる手を使って得点をしようとする。見て見ぬ振りをできるものと、許されないごまかしとの見分けがつけられるのが良いレフェリー、逆に厳しく反則を罰しながら、かえって重大な反則を見逃すことが多いのが悪いレフェリーとされる。イングランドが取られた最初のゴールは、後者に属する。

しかし、マラドーナのゴールがこれを超えるものになっているのは、象徴的な意味合いがあるからだ。彼以外の選手が記録していたなら、いま頃はもう話題に上ることもないだろう。問題は彼ほどの才能の持ち主が、それをやったことにある。試合の直後、それから何年たった後でも、マラドーナは自分が愚かなことをしたとは一度も認めたことはない。

そのゴールを彼は「神の手」と称した。

その言わんとすることは、自分は手で触れなかったのではなく、本当は触れた。しかし、神の思し召しで許されたというのだ。その時、バルダーノ以下のチームメートは、さながらキリストに従う使徒の役を務めたわけだ。チームメートの目には、イングランドから奪ったふたつのゴールは、巨大なひとつの個人的な才能――そのスタイルでもひらめきでも自分たちをはるかに超えた存在が生み出したように見えた。そうした目で見られることで、自分が神の啓示を受けているとのマラドーナの確信は、さらに一段と深まることになった。

マラドーナの人生を振り返ってみると、あの6月、メキシコで生まれたふたつのゴールは、まぎれもなく同じ人間のゴールなのだ。最初のゴールを記録したマラドーナには、貧しいストリート・チルドレンからスターの座に上り詰めながらも、自分の本当の存在がどうしてもつかみきれない人間の姿を見ることができる。また、ふたつ目のゴールを記録した同じマラドーナのほうには、恐るべき天性の技巧を持ち、スピードの加速、コントロール、スタミナ、技の正確さが混然一体となって、これまでグラウンド上で見たこともないような偉大な存在を見ることができたのだ。

メキシコ大会のマラドーナは、小柄でずんぐりしていながら、その敏しょうさとスピードで、自分をマークする選手を巧みに外した。味方にチャンスをつくってやれず、ピンチに追い込まれた時でも、彼は瞬間的な判断とひらめきで、心憎いほどのボールコントロールを見せ、その場を切り抜けるのだった。彼ほどの才能を持たない選手なら、ハンドしたとしてもやむを得ないことだったであろう。しかし、マラドーナがそれをやらなければならないと思い、やったことを後になって正当化しなければならなくなったのは、いかにも悲劇的過ぎる。あれだけの才能を持った彼には、そのようなプレーをする必要はまったくなかったのだ。

メキシコ・ウェーブ

メキシコでのワールドカップによって、人間としてのイメージはいささか傷ついたものの、マラドーナがサッカー史上最高のプレーヤーのひとりという評価は一段と高まることになった。

アルゼンチンは決勝で西ドイツを3対2で下した。あの物議と華麗さに満ちたイングランド戦に比べると、決勝は多少物足りなさの残る試合であった。しかし、マラドーナは激しい動きで執ようにマークする相手MFのマテウスに対して、卓越した技能と、我慢に我慢を重ねた自制力で、この一対一の対決に勝ったことは、彼にしてみれば満足な結果だった。

しかも、最後の勝利の糸口をつくったのはやはりマラドーナだった。彼が絶妙なパスを味方MFのホルヘ・ブルチャガに送り、これがアルゼンチンのウイニング・ゴールにつながったのである。その勝利は82年、ヨーロッパのクラブに移籍してからの彼の成長ぶりを証明した。まさにパーフェクトと言えるほどの見事なエンディングだった。

思えばメキシコ入りした時、彼の私生活はめちゃくちゃの状態にあり、チームの中にまだ調和もなかった。しかも、世界一とまでは言わなくても、世界のトッププレーヤーのひとりとして、これまでのワールドカップで最高の視聴率を期待される大会で、自分の名声が世界の人々の前で秤にかけられることは、意識の中に十分あった。弱い人間であれば、そのプレッシャーに押しつぶされたはずである。しかし、メキシコでのマラドーナは、そのプレッシャーを逆に、積極的な闘争心に転化させていたように思える。グラウンドの外では、社会主義者寄りの同僚バルダーノに反資本主義的な思想を吹き込まれ、さらにFIFAのアベランジェ会長を公然と名指しで非難もした。全世界への放映権を持つテレビ会社のゴールデンタイムに合わせて、カンカン照りの午後に試合をさせたことを非難したのだ。もっとも、サッカーのコマーシャル化に寄与していたのが、実はマラドーナ自身であることに本人は気付いていなかった。

しかし、それはどうでもいいことだった。なぜならメキシコ大会のマラドーナは、人種的にも、社会的にも自分たちを代表する存在であるとの一体感が、第三世界のサッカー・ファンの心をしかりとつかんでいたからである。あのアステカ・スタジアムのスタンドで沸き起こった『メキシコ・ウェーブ』は地震が残した悲惨さから立ち上がる歓喜の表れであった。同時に、グラウンド上で見せた魔法のようなプレーで、その波頭に意気揚々と乗ったのが、ほかならぬマラドーナであったのだ。

メキシコ・ワールドカップでサッカー史上最高のプレーヤーとなった

彼の政治的な志向がどうであれ、彼のプレーヤーとしての実力には、もはや一点も疑う余地はなかった。82年スペイン大会では、目を離せば何をしでかすか分からない、気分屋でエゴの塊だった男が、メキシコ大会では自分の才能をどう活用すれば一番役立つかをわきまえると同時に、チームの要求に十分応える謙虚さを持った人間に変身したのである。イングランド戦のふたつ目のゴールのように、何かが乗り移ったような息をのむ個人プレーもあったが、ほかの試合ではボールをもらった時の的確な対応と、絶妙のパスで相手を完ぺきに翻弄しながら、チームプレーに徹するところを見せた。彼の前にはコマーシャリズムも、悪コンディションも関係なく、それらをすべて超越していた。大会に出場した選手の中でも、全身全霊をプレーに注ぎ込んだ点では際立った存在だった。

マラドーナの評価で当惑したのが、FIFAに君臨するアベランジェ会長と、その右腕のジョセフ・ブラッターだった。FIFAの依頼でイングランド対アルゼンチン戦に関する3つの調査報告書がつくられ、いま内部文書として保存されているが、それらにはマラドーナについても、『神の手』のゴールを認めたレフェリーを批判する箇所もひとつもない。むしろFIFAの体質から見て、ワールドカップの商業的成功を妨げる恐れがない以上、見て見ぬ振りをするのが良かったのであろう。また、考えようによっては、マラドーナの総体的なパフォーマンスが、あれほど大衆の心をつかんだことは、その後の大会で巨大な利益をもたらす財産とも言えたのだ。

「サッカーは金なり」――と見る連中にとって、これは見逃せないポイントであった。

ただ、マラドーナがやすやすとは自分をコントロールさせず、規則にも縛られず、FIFAの権威に本気で挑戦する危険人物であったことが、彼らの計算を狂わせることになった。

以前ならそのような反抗は簡単につぶせたし、無視することもできた。しかし、テレビの持つ強大な影響力と、マラドーナ現象によってかき立てられたマスコミのフィーバーぶりを見て、幹部たちも目の前に出現しているのは一筋縄ではいかない人物であることが分かってきたのだ。

マラドーナはブエノスアイレス経由でイタリアへの凱旋旅行の帰途についた。ブエノスアイレス空港に到着すると、歓呼のうちに車による凱旋パレードで大統領宮殿「カサ・ロサーダ」に直行、民間人大統領のラウル・アルフォンシンの求めに応えて宮殿の正面バルコニーに姿を現し、集まっていた数千人のファンにワールドカップを高々と差し上げて見せた。

83年の軍事政権の崩壊後、圧倒的な民衆の支持で選ばれた大統領ではあったが、その頃のアルフォンシンは超インフレに有効な対策を打ち出せなかったため、人気も大きく落ちていた。その意味では四面楚歌の大統領と一緒に立ったことで、マラドーナは再び政争の具に利用されたわけで、束の間のことながらアルフォンシン自身も栄光を浴びることになった。

事実、これほど多くの民衆の喜びの目が「カサ・ロサーダ」に向けられたのは、あの82年4月、同じバルコニーの上からガルティエリ将軍がマルビナス諸島の『歴史的な』奪還を発表して以来のことであった。

確かに86年、ワールドカップ優勝時のアルゼンチン民衆のフィーバーぶりは、大変なものであった。しかし、翌年の春、マラドーナが中心になってナポリに初のセリエA優勝をもたらした時の、ナポリ全市を巻き込んだ興奮はそれをさらに超えるケタ外れのものだった。

サッカー界におけるナポリは、そのフランチャイズのある都市同様、創立以来100年間イタリアでは下積みを強いられてきた。その政治と経済同様に、イタリア・サッカー界も、北部——ミラノのふたつのクラブとユベントス――に牛耳られ、時たまローマが頭を出す程度であった。

しかし、マラドーナのおかげで、ナポリはその劣等感をはねのけることができた。少なくともイタリアの家庭全体を興奮に巻き込むサッカーで、彼らはよその連中を見返してやれるようになった。その意味で、87年5月27日はナポリっ子にとって、永久に忘れられない日のひとつになったのだ。その『スクデット』――セリエAの優勝盾――の獲得が確定した日、市の全機能は完全にマヒした。街中が底抜けに陽気なカーニバルの雰囲気に包まれ、その状態は1週間近くも続いた。市民が通りに飛び出していく姿は、第二次大戦で連合軍によって解放された日を想起させるものがあった。

面白半分にライバル、ミラノの両クラブ（インター、ACミラン）のおどけた『葬式』も行われた。長年、ナポリは『ロバ』（うすのろの意あり）とからかわれてきた。そこでナポリっ子たちはそのロバに扮装して、北部イタリアの象徴である悪魔の尻尾を引きずって回った。マラドーナが「王」であり「神」であることが随所で示され、彼にあやかって町の通りや、赤ちゃんの名前まで改名された。子供の名付け親になってもらうため、一家あげて彼の前にうやうやしくひざまずく家族が次々と現れた。

しかし、考えてみれば貧しい裏通りで生まれ育ちながら、成功の栄冠を戴いたマラドーナこそ、『最高のナポリっ子』と言ってもよかった。空の星という星が、彼に微笑みを送っているように見えた。しかし、それは違っていた。彼の周辺に黒い影が静かに忍び寄っていたのだ。

マラドーナが加入したナポリは、86-87年、89-90年シーズンにイタリア・リーグを制し、88-89年にはUEFAカップ(写真)優勝を果たした

第17章 火の山のふもとで

UNDER THE VOLCANO

お祝いはマフィアの手で

マラドーナはサッカー選手としては頂点を極めた存在になっていた。にもかかわらず、彼の人生は暗黒のマフィア勢力との関わりがますます深まり、抜き差しならぬものになってきた。

ナポリが87年のリーグ優勝を果たしたお祭り騒ぎの時、街頭の各種お祝い行事を取り仕切り、シャンパンやご馳走の大判振る舞いをしたのは、ジュリアーノ一家の者たちだった。カモラ一家はマラドーナが移籍して以来、この日がやってくるのを待ち受けていたのだ。ナポリの政界、経済界でまだ隠然たる勢力を持っている彼らは、自分たちの権力と影響力増大のためにリーグ優勝を利用したのである。

マラドーナとナポリ市民との個人関係は、表面上はアイドルとファンの間の純粋な関係に見えた。しかし、実はそうでないことをマラドーナの信頼を得ている、特定のジャーナリスト・グループが、知ることになった。ホームでの試合で優勝が確定すると、クラブ関係者がこのジャーナリストたちを、さっそくマラドーナのために開かれるプライベートなパーティーに招いたのである。彼らはパーティーについての記事は書かないこと、書けば身のためにならないこともあると注意された。招待されたジャーナリストの中で、マラドーナが足を踏み入れ始めた世界の実体を、多少でも想像させる記事を書いたのは、アルゼンチンの「エル・グラフィコ」誌のローマ特派員ブルーノ・パサレラただひとりだった。その夜のことを次のような記事にしたが、それ以上詳しいことを書くのを避けた。

《その夜、マラドーナは町を抜けてナポリのベッドタウンのひとつである、ノラ村の一軒家にいた。我々は家のオーナーの名前を聞いてみたが、一切教えてもらえなかった。豪邸と言ってもいいような構えで、要塞のように門はすべてリモート・コントロール式、随所に邸内の模様をとらえるモニター用テレビのカメラが配置され、正門の近くには大型番犬が1匹つないであった。贅沢極まる豪華な晩餐で、銀で縁取ったグラスにモエットやシャンドンといった最高級ブランドのシャンパンが、まるで水のようになみなみと注がれ、巨大なビデオ・スクリーンにはマラドーナの得点シーンが、繰り返し映し出された。それを見ている大勢のゲストの指には、大きな宝石をちりばめた指輪が光っていた。周り一帯に漂っているのは、怪しい筋から流れてきながら手早く浄化され、特定なグループだけに思わぬ富をもたらす、ナポリ特有の『金のにおい』だった》

息子ディエギート誕生

こうした『闇の勢力』との関係に加えて、問題の『シナグラ』事件が頭をもたげてきた。その前年、ワールドカップの優勝をブエノスアイレスで祝った時には、よりを戻した幼なじみの恋人クラウディアがマラドーナの脇に立っていた。マラドーナの選手時代が始まった頃、恥ずかしそうにカメラから逃げていた少女とはいまやまったく別人になっていた。

また、マラドーナの女遊びに耐えかねて、ナポリから逃げ出した彼女とも違っていた。その生まれ変わったクラウディアは、一挙に世界的な名声を浴び始めたマラドーナの生活の中で、再び自分の地位回復を目指して周到な準備を進めた。髪をブロンドに変え、鼻の整形手術を受けた。身につける衣装もブエノスアイレス郊外のナイーヴな娘とは打って変わって、スターを目指す女優にふさわしい豪華なものだった。外見は、いかにもマラドーナが気に入りそうな魅惑的な、人工的セックス・シンボルに自らを変身させたのである。

ワールドカップが終わった4週間後、クラウディアはマラドーナと連れ添って、ポリネシアの島で派手な話題となった『愛のバカンス』を過ごした。マラドーナは、数年前から計画していたのが、ようやく実現したのだと語った。アルゼンチン・メディアは、真偽はともかく、大会中の禁欲生活の褒美として当然の『ハネムーン』であると書き立てた。

しかし、この楽しい時期はほんの短いものだった。イタリアに戻りサッカーの新しいシーズンが開幕すると、なんとか逃げ回っていた「過去」が、復讐するように自分の前に姿を現してきた。すでに86年9月

20日に、元愛人のクリスチアーナ・シナグラが男児を出産し、彼女は躊躇なくディエゴ・アルマンドと名付けた。彼女はイタリア国営テレビとのインタビューの中で、85年12月から86年4月にわたる4カ月の交際の間に、身ごもったと明言した。このニュースはナポリ地震にも劣らない、激しい余震を起こした。彼女と息子の周りには、さらに詳細な事実を知ろうという数十人のマスコミ陣が群がった。

彼女の受け答えぶりは、ふしだらなことをした女というよりも、すべてをありのままに話す率直な女性という印象を与えた。彼女にしてみれば生まれた赤ん坊は、生まれるべくして生まれてきたのだ。これに反して、マラドーナはまるで夜盗のような対応ぶりだった。記者団が彼をようやく取材できたのは、ウディネーゼの試合直後のことだった。

この試合の彼はミス・パスを連発、得点はどうでもいいといったやる気のないプレーで、選手生活最悪の出来だった。つかまった記者団に、彼はこう言っただけだった。

「何も知らない。まったく何も知らないんだ」

しかし、彼は内心では今後どう生きていけばいいかという、深い不安にとらわれていた。産院にいたクリスチアーナは大衆が自分を味方していると判断し、容赦なくマラドーナを責めつけた。世間の目を引く裁判で常に弱者の弁護人を引き受ける点で知られた彼女の弁護士エンリコ・ツツチーロは、マラドーナが自分の子供であることを公に認めない場合は、認知を要求する裁判を起こすとの声明を発表した。マラドーナはこの要求をにべもなく断った。こうして『ディエギート』をめぐって、ほとんど5年間にも及ぶ激しい法廷闘争が展開された。最終的にはクリスチアーナの勝ちに終わるが、そこに行くまでの過程でマラドーナは取り返しのつかないダメージを受けることになった。

この『シナグラ事件』で、ナポリの神髄を象徴するイメージにヒビ割れが生じ始めた。ナポリでは緊密な家族関係が、社会生活の大切な一部をなしていた。地元の人がよく口にする『I figli so, figli』（子供はあくまで子供）という言葉があるが、その父たる責任を逃れようとしていたのが、マラドーナであった。彼は「王」であり「神」と崇められていただけに、その罪はなおさら嫌悪感をもって見られた。ナポリの大衆がこぞって彼に情熱を注ぎ、尊敬の念を寄せていたのだから、彼に男児が生まれればむしろ王朝の後継者と見るべきなのに、この点があくまで認知を渋るマラドーナには理解できていなかったのだ。クリスチアーナに対する広範な支持と、マラドーナの個人的な生活に対するマスコミの攻撃を、彼は警戒信号と受け取るべきであった。マラドーナが「ナポリの王」としてとどまりたいのであれば、臣下が望むように振る舞うことが絶対的な条件であるはずなのだ。

こうしてマラドーナとナポリの大衆の間に最初の亀裂をつくったこととは別に、シナグラ事件は感情面でマラドーナに深い影響を与えることになった。クリスチアーナが男児を産んだ時、クラウディアも妊娠しており、2年間に女児ふたりを産むことになった。そしてクラウディアとの新生活に彼は心の安まりを求めた。

長年求めてやっと生まれた男の子の認知を拒否した彼は、物事は自分の思う通りに運ばないことを痛感した。親しい友人たちは、ワールドカップ、そしてシナグラ事件の後の彼の心に大きな変化が起こり始めたのに気付いた。昔のように気分が不安定になった。しかも、今度は重症だった。鬱の状態が続くかと思えば、突然怒りを爆発させた。人々は彼に近づくのを恐れるようになった。彼自身もさらに傲慢になり、自分が世間に与えるイメージについて、ますます意に介さなくなった。

腹心の友コッポラ

この頃にはマネジャーは、ギジェルモ・コッポラに変わっていた。

「私のやるべき仕事は簡単だが、同時に入り組んでいることも事実だ。ディエゴの経理状態を正常に戻し、彼が思う通りに金を運用するようにするのが私の任務なのだ」

86年1月、ホルヘ・チテルスピラーの後任として、ナポリ入りして間もなく、コッポラはこう公言した。

38歳のコッポラには離婚歴があり、グラマラスな女性を好み、ベルサーチのブランド物しか着ないお洒落男で、ナイトクラブにしげしげと通った。この分野で彼が名声を博すようになったのは75年のことで、ふたりのサッカー選手の手持ち資金の運用を任され、アルゼンチンの証券市場で大儲けをした。サッカー界での客筋は増え、85年に彼の客となった選手の数は180人にもなった。

彼をマラドーナに紹介したのは、いささか問題児のボカの若い選手で、その2、3カ月前に、麻薬保持と売買に掛かり合っていたということで、出場停止になった前歴を持っていた。しかし、この紹介でマラドーナとコッポラの間に友情が生まれ、その後何度も訪れたスキャンダルの中にあっても、この固い絆はビクともしなかった。マラドーナは父母の生まれ故郷エスキーナでの、投資事業をコッポラに依頼した。その中にはマラドーナ家が邸宅をつくる計画を持っていた、コリエンテス河を見下ろす一等地を手に入れる、若干疑惑の持たれる土地取引も含まれていた。

コッポラとしてみれば、権力と遊興、そして金しか頭にない自分がマラドーナのマネジャーになれたのは、まさに千載一遇のチャンスをつかんだと言っていいことだった。

ナポリに来てからは、マラドーナの分身となり、悪から守る天使というよりはマラドーナが好き放題に遊び回れる金をいつでも用意できる、腹心の友となった。彼はさっそく前任者が結んだいくつかのプロモーション契約の更改に取り組み、メキシコ大会の結果マラドーナが『世界最高のサッカー選手』になったとして、有利な条件を取り付けた。彼自身イタリア系だけに、ナポリ人相手の交渉では辣腕を見せた。

こうして、彼は早くからマラドーナの全幅の信頼を得ていった。しかも、マラドーナはコッポラに一目置くところがあった。

ナポリに来ると、コッポラはホテル・パラディーソに居を構えた。不倫のカップルや新婚の夫婦に人気のあるホテルだった。マラドーナの家から数百メートルのところにあるため、マラドーナが夜遊びをするには絶好の場所になった。ふたりは夜ナポリに数多くあるナイトクラブやレストランに出掛け、そこで拾った女性を伴ってホテルに戻ってくることがたびたびあった。マラドーナの夜遊びの手助けも仕事のうちだったコッポラは、それ以外の時間はマラドーナの財産を増やすことに、自分の財政能力をフルに発揮した。

事業を効率的にするため、彼は計理士と弁護士の3人体制をつくった。ふたりは英語を流暢に話し、国際的な商業法律に精通していた。彼らがまずやったのは、バルセロナの選手時代に汚れたイメージを被った「マラドーナ・プロダクションズ」の代わりに、「DIARMA」(DIはディエゴ、ARはアルマンド、MAはマラドーナ)という新名称で登録したことだった。税金逃れの常套手段で、外部からの詮索を防ぐために、コッポラは会社はリヒテンシュタイン籍のままに残した。

次いで、彼はマラドーナをテレビのタレントとして売り込むため、地元局と毎週1回のスポーツ番組の契約にこぎ着けた。契約金は50万ドルに近い額だった。

しかし、金銭交渉で最大のヒットを放ったのは87年半ばのことだった。交渉にかけては、したたかで抜け目のないコッポラは、ナポリ・クラブのフェルライーノ会長からマラドーナがさらに5年残留する代わりに、多額の報酬を保証する約束を取り付けたのだ。全体で収入は700万ドルを超えるはずであった。この契約について、コッポラはこう言うのだった。

「これでマラドーナ家の子供たちは一生キャビアを食べる贅沢な暮らしができるのだ」

一方、マラドーナが「チテルスピラーと彼のスタッフの責任だ」と主張する、マラドーナ・プロの乱脈経営の立て直しを至上命令に乗り込んできた弁護士のボロトニコフは、初めて会ったマラドーナの精神状態にいささかショックを覚えた。

「一番驚いたのはトレーニングの合間にやることと言えば、ブラインドを下ろして部屋に引きこもり、昼も夜もただテレビを見るだけで、それ以外のことは何もしないことだった。まるで自分の家を牢屋にしている囚人みたいだった。いったい、なぜこんな生活をしているのだと聞くと、衆人の中ではまともな生活ができないと言うのだ。自分の姿を窓越しにのぞき込むために、家の外の木に登る連中までいたというのだ。クラブは彼のプライバシーを守るために広い庭園と高い塀のある家を提供するはずだったが、この約束は結局守られなかった」

会長との対立

88年5月1日、ACミランに2対3で破れ、ナポリのリーグ連覇の夢はあっけなくついえ去った。翌年にはマラドーナを中心にUEFAカップを獲得したものの、リーグ優勝を逃し、またもや北部イタリアのサッカー勢力の後塵を拝した。これに、一番ショックを受けたのがナポリのフェルライーノ会長であった。この建設業界のボスは、ACミランの優勝によってライバルの実業家で、イタリアの「チャンネル5テレビ」のオーナーである富豪シルビオ・ベルルスコーニがさらに力を増したと思うと、腹の中が煮えくり返る思いだった。

そのフェルライーノとマラドーナの間には次第に緊張関係が生まれ始めていたが、そのきっかけはオッタビオ・ビアンキ監督とのトラブルだった。マラドーナと付き合うには、相手を持ち上げながらも現実はこうだと示してやるという一種特有な接し方が必要だった。しかし、ビアンキにはそうした配慮が欠けていた。ビアンキには『鬼軍曹』というニックネームがついていたが、ミランに敗れると自分のトレーニング方式に反対する6人の選手をクビにした。マラドーナはこれに怒り狂い、解雇された選手側の言い分を支持する声明を発表、フェルライーノ会長に「ビアンキを取るのか、それとも自分を取るのかはっきりして欲しい」と公然と迫った。フェルライーノはすぐさまビアンキ監督支持の態度を表明、マラドーナに契約を更新したばかりであることを忘れないように釘をさした。

これから両者の険悪な関係はエスカレートの一途をたどり、結果的にはマラドーナは『バルセロナ闘争』よりもっと痛い目に遭うことになった。

フェルライーノとの対決姿勢を打ち出し始めてから、マラドーナに対する周りの支持に、大きなヒビが入った。なかでも、クラブで一番長く役員を務めた広報担当のカルロ・ジュリアーノは当初、マラドーナに好意的だったが、やがて批判する側に回った。

「マラドーナは出だしの時にフェルライーノ会長と密接な関係になるチャンスを与えられたのに、それをフイにしたのだ。フェルライーノは本当は彼の最大のファンだった。もしマラドーナが別な行動をしていれば、その状態は続いたはずだ」

そもそもこうした問題が起こったのは、人格的にも選手の能力という点でも、過去にマラドーナのような例がまったくなかったからだ。彼の側近の主張はマラドーナがナポリのチームに適合し得なかったからではなく、ナポリ側が彼を理解できなかったのがトラブルの根元だという。最初、計理士として雇われ、やがてコッポラに代わってマネジャーになったマルコス・フランキは、こう言っている。

「フェルライーノは、ほかのクラブの会長と同じように、選手は単なる雇われ人に過ぎないと考えていた。それに反してマラドーナは、そのように扱われることを潔しとしなかった。だいたい天才の上に立てるボスがいるはずがないと考えているので、マラドーナをコントロールするのは不可能だった。しかも、そうした中で、マラドーナが会長より上の存在になった時期があった。フェルライーノはさすがに、我慢できなかった。彼はマラドーナをねじ伏せようと、あらゆる手を使った。必然的に両者の間で闘争が始まった」

ここでまたもや紛争の種が生まれた。ケガの続出である。ミラノから個人的に診断するため、オリバ医師が定期的に飛行機でやってくるようになった。バルセロナ時代と同じで、マラドーナは外科医やチームドクターの診療は一切拒否し、オリバ医師の診療にしか応じなかった。これには母親のトタも全面的に賛成した。すでにナポリに移籍した時、トタはオリバにこう電話していたのだ。

「今度のイタリア行きで一番いいことは、あなたが近くにいることです。息子をよろしく」

オリバはサッカー選手のどんなケガでもストレスでも、基礎的な心理学を応用すれば治癒できるという信念を抱いていた。それはかなり手荒なものだったが、強い説得力を持っていたのは、患者が常日頃から抱いている弱みを見抜く能力に恵まれ、それを治療に巧みに利用する術を心得ていたからだ。彼はマラドーナがノイローゼ的になっている状態は、意志の強さを回復させることで克服できると考えた。マラドーナの親しい友人仲間のひとりであったパウロ・パウレッティが、オリバ医師の治療に立ち会ったことがある。

「ディエゴの家で一緒にいた時、先生がやってきた。金曜日のことだったと思うが、ディエゴは日曜日のゲームにケガで出場できまいと思っていた。オリバは大きな注射針を取り出し、痛みに耐えられるようにディエゴの歯と歯の間に雑誌を入れてかませ、注射をした後言った。『これで日曜日は大丈夫出られるよ』。治療がすんだ後、オリバを車で空港に送ったが、車内で私にこう言った。『実は内緒の話だが、さっき注射したけど中身は何だと思う?』。私が分からないと答えると、彼はこう言ったのだ。『ただの水さ…』」

言われた通りマラドーナは日曜日の試合に出ている。しかし、88年以降はナポリの練習を欠席する頻度が増してきた。89年5月、背中の痛みがぶり返したという理由で、試合の前日に出場不可能だと言って欠場、1カ月後に今度は腹の具合が悪いと称して、試合に出なかった。その1週間後サンパオロ・スタジアムのホームのピサとの試合ではゲームに出たが、右足に肉離れを起こしたという理由で、試合中に交代を要求した。これはナポリに移籍してから初めてのことであった。前半17分に足を痛そうにしてグラウンドを出ていくと、サポーターたちはいっせいに口笛を交えた野次を飛ばすとともに、VIP席にいたコッポラと長女のダルマを抱いたクラウディアに向かって、怒りのジェスチャーと侮辱の言葉を投げかけた。それを見てマラドーナは気に食わぬ時にいつも見せるももをぐいと振り上げる動作で、怒りの色をあらわにした。この時、彼は心の中で、もうナポリにいるのはご免だと、クラブを離れる決心をしたのである。

この決心をさらに強固にしたのは、フランスのあるクラブが、マラドーナを買いたいと言った時、フェルライーノ会長が話し合いにも応じず、一方的に申し込みを拒否したことだった。マラドーナはナポリがUEFAカップを獲得した後、自分はチームのために最善を尽くしたので、ほかのヨーロッパの国に移籍させて欲しいとの要望を伝えていた。

移籍話が空振りに終わったことで、マラドーナとフェルライーノ会長との間のミゾはさらに深まり、マラドーナもますます追い込まれた。これ以後、彼はあらゆることに対して感情を激しく爆発させ、周囲も「ナポリの王もいまや乱心状態」という印象を抱くようになった。

彼は怒りのホコ先をメディアに向けた。成功はしなかったが、特定のジャーナリストに試合はもとより、練習の取材も差し止めにしようとしたことがあった。毎週持っているテレビ番組も、高いギャラが約束され彼のPRをするはずであったが、いつの間にか自分を批判する連中へ、反撃を加える番組に変わってきた。

ジャーナリストたちは、マラドーナの陰謀の主張は、一種の病的症状として取り合わなかった。むしろ、新聞社を自分から訪ねていき、スタッフに文句を言うのを見て、彼が一段と精神的に不安定になっていると見るようになった。事実、マラドーナは自分について批判的な記事を書いた記者をつかまえ、口の中に新聞紙を押し込むという異常な行動に出たこともあった。

89年夏、彼は二度とナポリに戻らないと言ってアルゼンチンに帰ってしまった。そのまま、両親の故郷のエスキーナに飛び、自分のルーツに戻って立ち直りを図った。しかし、これは逃避行に過ぎず、ナポリの雰囲気はますます悪くなった。サポーターたち、メディア、そしてクラブ関係者の間では、裏切られたという気持ちが充満し始めていた。

マラドーナは非難されればされるほど、反撃に出て批判者の怒りをさらに増幅させ、これが悪循環をつくり出した。アルゼンチンにいる間に、コッポラはマラドーナに代わって声明を発表した。マラドーナと彼の一家が、集団的な脅迫と嫌がらせの対象になっているという内容だった。また、あの前半17分、彼が交代して下がった時、怒ったファンがコッポラとクラウディアに空きビンを投げつけたナポリとピサの試合のこと、また、ナポリのアパートで自分の階下に住む妹マリアの家に、正体不明の人物が押し入った不可思議な事件、さらに自分の自動車がこれまた正体の分からない人物の手で壊された事件などが列挙されていた。

この中で一番問題視されたのは、妹マリアのアパートの一件だった。家具や書類が壊されたり、散乱していたものの、何も盗まれていなかった。これはマフィアが警告の意味でよく使う手である。つまり、マラドーナはカモラ一家の介在を臭わせたのである。

のちにマラドーナはコッポラが勝手に発表したと責任回避を図ったが、だれも信用する者はいなかった。実はふたりは計算違いをしていた。声明はナポリを離れている口実づくりにすると同時に、サポーターの同情を生み、フェルライーノが譲歩し、少なくともマラドーナの考えている条件で移籍を認めるように仕向ける手段に使おうとしていた。ただふたりが分かっていなかったのは、地元ナポリではマラドーナは裏切り者であるという見方が深まり、もはや特別扱いされなくなってきた、ということだった。

ナポリに来た頃は、夜遊びをしても、得体の知れない友人を持っても許された。とにかくサッカーで妙技を披露して、ナポリに優勝杯と威信をもたらしてくれればいい。陰謀があったとしたら、それはマラドーナの生活の暗部、つまりカモラ一家のパーティーに出たり、時には薬物を使ったりしても、クラブ関係者とメディアは目をつむっておくという暗黙の了解があったことだ。しかし、サポーターや一部の暗黒街のボスから見ると、マラドーナは仁義に背いたのだ。彼が問題の声明を出してからほどなく、「イル・マティーノ」紙は、4段抜きでマラドーナがジュリアーノ一家のボス、ラファエーレとカルミーネのふたりとシャンパンで乾杯している写真を掲載した。

それは3年前に撮影されたものだが、未公開のままにされていた。その写真説明はこう記されていた。

「マラドーナを脅迫して、カモラ一家の機嫌を損ねようというバカ者がいるだろうか」

理屈から言えばそうだ。自分たちにふんだんに金をもたらし、しかもサポーターたちを操る上で役立った選手を、破滅に追い落とすキャンペーンをカモラ一家が後ろで操っているとは到底信じられないことだ。しかし、状況証拠から見るとカモラ一家が、マラドーナがどうやら裏切ったと大衆に思わせて反発を煽り、それを巧みに操ったという形跡はある。それも彼を選手としてつぶすのではなく、自分たちの思う通りにするためであった。マフィアのゴッドファーザーたちは、いかにかわいい子でも公に自分たちに反抗することは認めない。マラドーナとて例外ではなかった。では、いったい何があったのか？

第18章
マラドーナ大使誕生の舞台裏
AMBASSADOR FOR SPORT

超豪華結婚式

マラドーナと地元ナポリっ子の非難の応酬は1989年の夏中続いたが、結局、一時休戦になった。危機に追い込まれてもマラドーナが常に立ち直れたのは、プロとして新たな挑戦に直面すると、フレッシュな気持ちに切り替えられる彼の特質にあったが、今度も地元イタリアで開催される90年ワールドカップが、その機会をつくってくれた。

ナポリから逃避した後のひどい鬱状態から彼を救ったのは、またもやその驚異的な意志の強さだった。彼の選手生活を通じて言えることだが、今度も一時的にトレーニングを中止すると、一挙に体重が増えると同時に、筋肉繊維が急速に弱くなってきた。これは幼い時から、医師が薬物などを使って体をいじり回した後遺症であり、十代に筋肉増強の注射を受け、負傷するたびに痛み止めのコーチゾン注射を受けた結果だった。

テレビで見る小柄ながら、がっしりしたパワーの塊とは裏腹に、肉体的には脆弱な面を秘めていたのだ。しかし、夏も終わる頃にはダイエット・プログラムのおかげで、余分の脂肪を落とし、遅ればせながらチームに復帰した時には、筋肉も強靭さを取り戻していた。

もし過去をすべて水に流し、本来のサッカー一筋に打ち込めるチャンスがあったとすれば、この時期であった。しかし、彼には「内なる敵」がいたのである。平穏な生活が望みだと言いながら、常に脚光を浴びなければ生きている気がしなかったのだ。こうしてイタリアに戻ってから何週間もたたないうちに、スポーツ選手としては例を見ないような、ケタ外れに派手なイベントで世界を驚かせた。

クラウディアとの結婚である。

この結婚式は、成り上がったことを恥も外聞もなく天下に誇示して見せた点では、かのエバ・ペロンが衣装だけに数百万ドルをかけて以来と言ってもいいほどの超豪華版であった。その贅沢さとスケールによって彼は自分も権勢と偉大さではだれにも引けをとらないことを世界に示すとともに、だれの力に頼る必要もないことを見せつけたのだ。

それはまた、自分のファンに対して、神が自分の才能と大志の味方をしてくれれば、どんなことでも成就できることを教えようとしたのである。まさにハリウッド式の、こけおどしの贅沢さだった。クラウディアのウエディングドレスは、アルゼンチン・ファッション界のトップデザイナーによるものだった。その豪華さは真珠をちりばめ、金で縁取りし、レースはスイスとフランスのリヨンからの推定3万ドルの輪入物で、ドレスの重さは15キロと、こと細かに報道された。

新興成り金を見下すアルゼンチンの上流階級への見せつけの意味で、マラドーナはブエノスアイレス大寺院で正式の宗教儀式で式が挙げられるよう、自分の住んでいる地元カソリック教会の推薦を取り付けた。ふたりの娘が新婦の付き添い役を務め、ぎっしりと教会を埋めた人々が見守る中で、マラドーナ夫妻はしずしずと祭壇に向かい祝福を受けた。教会内に響き渡る音楽、あたりに漂う香料、そして祭服が織りなすショーもどきの雰囲気だった。式が終わると、マラドーナ夫妻の招待したおよそ1500人のゲストのために、少年時代によくボクシングを見に行ったルナ・パークで祝宴が催された。その中にはナポリのチームメートやクラブ役員もいたが、飛行機賃も最高級のホテルの宿泊代もすべて無料だった。ナポリの報道担当のカルロ・ジュリアーノは「すべてが実に見事に組織され、我々は皆ゲストとして呼ばれたのを本当に誇りに思った」と回想している。

にもかかわらず、この結婚式は大衆のヒーローというイメージ回復にはつながらず、むしろ逆効果だった。式の日のマラドーナとクラウディアは、おとぎ話のロマンスのように見せつけようとしたが、ふたりとも緊張し特にマラドーナがイライラしていた。婚姻届け所に行く途中で近づいてきたカメラマンに殴りかかり、届け所の部屋の中を、まるでライオンのように行ったり来たりした。ブエノスアイレスの市中のオープンカーのパレードでも、リムジンに乗って観衆に手を振るマラドーナとクラウディアは、いささか異様な感じを与えた。結婚式は家族を食べさせるには給料が不足だと叫ぶ、公共輸送の労働者の全国ストの最中に行われていたのだ。

念入りに作成された招待客名簿を入手したイタリア人記者たちは、スキャンダルになりそうなネタを探した。ゲストの相手をさせるために、世界各地から飛行機で売春婦が呼び集められ、ルナ・パークの宴会では一番自由に手に入ったドラッグは、コカインだったという噂も立った。これは後になって、マラドーナの計理士で、コッポラと一緒に結婚式のお膳立てをしたマルコス・フランキが強く否定している。売春婦と言われたのは実は通訳であり、テーブルの上のボウルに入っていたのはコカインではなく砂糖だったというのだ。こうしてダメージを食い止めようというせっかくの作戦も不発に終わり、ナポリでの蹉跌《さてつ》は、ワールドカップが刻々と迫る中で、さらに深刻度を増すことになった。

その精神的不安定さが現れたのは、89年11月、ナポリのサッキ新監督によって、UEFAカップ2回戦の1時間前に、出場停止処分にされた事件である。体調不十分という理由からだったが、それまで数回練習をさぼっていた上、大事なUEFAカップの試合の前夜にいつもの女遊びをしていたとも言われた。この時も彼は「自分に対する陰謀」と反発した。

しかし、彼の異常な精神状態が最も人々を驚かせたのは、翌12月に行われた90年ワールドカップの組み合わせを「不正に仕組まれた」と決めつける発言をしたことだ。なんの根拠もなく、言ってみれば世界のサッカーを取り仕切るFIFAに対してマラドーナが行ってきた彼一流の攻撃的な発言だったが、FIFA側は彼の人間的未成熟の表れとして一笑に付した。その時、ブラッターFIFA事務総長は「彼は愚か者か悪人のどちらかだ」とコメントした。

しかし、再度ワールドカップに出場し、キャプテンにもなれる可能性があることが、彼にやる気を起こさせた。トレーニングにも身が入り、コーチゾン注射への依存もやめて体も締まってきた。クリスマス頃にナポリはリーグの首位に迫っていた。続く2、3週間、再びひらめきのあるプレーを見せたマラドーナを中心に、ナポリは2度目のリーグ優勝を遂げた。

しかし、高い代償を伴った優勝だった。87年に初めて「スクデット」を手にした時、ナポリが街をあげて勝利に酔ったのに比べると、真の優勝気分というには何かが欠けていた。

ナポリのためにふたつ目の「スクデット」を勝ち取ったマラドーナは、次のように公言した。

「私はアルゼンチンの友人たちに一言言いたい。それはこの優勝トロフィーと新たなる歓喜を、私の親父に捧げたいということだ。試合終了と同時に私は電話をかけ、ふたりで嬉し涙にむせんだ。親父は、私と私に親しい者だけのために喜んでいると言った。私が底から這い上がって戦ってきたことを皆が知っているのに、私を無責任呼ばわりしたことを親父は絶対に忘れていない。私は泣き、親父とともにさらに泣いた。今度の優勝は私のために苦しんだ親父に捧げたい」

「父は神なり、子も神なり」、と言わんばかりだったが、周囲がマラドーナについて抱くイメージは、そんな神格的なものとはほど遠いものだった。例えば、ワールドカップが間近になると、1本のビデオ・カセットが全国に出回り始めた。ポルノ映画の女王ながら国会議員に当選した『ラ・チチョリーナ』ことイローナ・スタラーが、セクシーなボディーを持った天使になって、愛国心からワールドカップの前にイタリアの相手チームの選手を次々に誘惑してくたくたにするシナリオで、そのメーンのターゲットとなったのがマラドーナだった。このマラドーナ役は、でぶでぶに太った男優が選ばれ、『ラ・チチョリーナ』が美しい裸体で迫ってきても、自分はマスターベーションをして性的満足に浸る自己陶酔型の役を演じた。このポルノ映画はマラドーナ役の男がクライマックスの瞬間、「ブラボー！　ブラボー！」と絶叫するシーンでエンディングとなっていた。

それでもマラドーナは、ワールドカップの開幕が迫ってくると、仮に北部イタリアのファンが自分に敵意を示しても、自分の人気からして南部イタリアのサポーターたちは、ワールドカップが始まれば、必ず自分の応援に回ると信じて疑わなかった。彼はナポリのファンはイタリアの代表チームではなくて、ほとんどひとりの力でナポリに次々と優勝杯をもたらした自分を支持するはずだと何度も公言した。この種の発言はワールドカップに政治的陰謀や個人的な復讐が絡まない、クリーンな大会にしようと長年努力してきたＦＩＦＡにとっては迷惑至極な話だった。

大統領側の計算

そのワールドカップがあと1カ月に迫った90年5月、ウイーンのホテルの地下のバーで、マラドーナはアルゼンチン人ジャーナリストのフェルナンド・ニエンブロと奇妙な会合を持った。

マラドーナは、ワールドカップに備えるための親善試合出場でオーストリアに来ていた。一方、アルゼンチンのテレビ、ラジオの一流スポーツ解説者として知られるニエンブロは、ひとつの政治的な任務を任されてウイーン入りしていた。その任務とは自分がいままでは公式スポークスマン役を務めているアルゼンチンのメネム大統領の名代として、マラドーナに特別な要請をすることだった。

要請の内容は世界サッカー史上最高のスターのひとりであるマラドーナに、世界に対するアルゼンチンの顔になって欲しい。ついては『スポーツ大使』に就任してもらえないかという話だった。そしてもし承諾を得たなら、ワールドカップ開幕の際に、大統領自らが赴いて、マラドーナに外交旅券を手渡したいというのだ。

大使になった後、いったいどんな役目を果たすかについては、大統領側からことさら具体的な説明はなかった。ただ、メネムはいくつかのアルゼンチンのトップ企業に接触し、将来マラドーナを世界的な宣伝ツアーに出す時の資金援助の約束を取り付けていた。そのメネムの外交キャンペーンの支持者の中には、アルゼンチン最大のゼネコンの社長で、世界の女性実業家の中でも最高の金持ちとされているアマリータ・フォルタバトも含まれていた。

この大使就任話は、あまりにも突飛な話に思えたが、そこにちゃんとした政治的な計算があった。メネムがペロン主義を掲げ、国民の圧倒的支持のもとに政権の座に就いたのは、1年前のことであった。しかも、その選挙運動の参謀を務めたのが、マラドーナをスラムの少年から世界的なスターに育てたかつてのマネジャーのホルへ・チテルスピラーであった。彼はエージェントをクビにされたものの、自分は生涯マラドーナの忠実な友人であると自負し、マラドーナと過ごした日々が、自分にとって人生最良の時期だったとの思いがいつまでも残っていた。

このような背景もあって、メネムとマラドーナの人間的類似性をクローズアップしようという作為的工作が密かに進められたのだ。メネムは上流の出ではなかった。シリアからの移民一家に生まれた彼を、ブエノスアイレスの上流クラスは初め、『エル・トルゴ』と、さげすみの目で見ていた。スラム街に住んだことはなかったが、父親は、ロバの背に品物を積んで、北部アルゼンチンの村々を渡り歩いたしがない行商人だった。エバ・ペロンやマラドーナと同じように、メネムが権力の頂点を極めたのは、巨大な移民人口を持つ新興国共通の現象と言えるのだ。

しかし、90年5月になるとメネム大統領は国内での人気を保つのにも、また海外で新規の友人を獲得するのにも汲々としていた。国の経済は天井知らずのスーパーインフレに見舞われ、大統領一家にまつわるスキャンダルにも手こずっていた。海外の投資家や先進国の国際間での分析も、アルゼンチンという土壌に生まれる扇動政治の評判が立っているメネムの政権担当力に懐疑的だった。

メネムのスポークスマンを務めたサッカー・ジャーナリストのニエンブロは、こう回想する。

「私は、76年以来、マラドーナの動きをつぶさにフォローしたが、彼がサッカーの天才であることに一点の疑いも抱いたことはなかった。彼はまさにサッカーのために生まれ、サッカーそのものであった。彼の世界的名声はペレやローマ法王をも凌いだ。マラドーナという名前を出すだけで、国際的に尊敬されたアイドルというイメージがわく。彼を『スポーツ大使』に任命するアイデアを出した時、メネムは大統領としての自分のイメージの低下を恐れていた時だった。彼はなんとか海外からの投資を増やし、アルゼンチンの信頼回復を図りたかった。F1ドライバーのファンヒーヨのように、スポーツマンの活動によってアルゼンチンが国際的な尊敬を受けた例をいくつかあげた。マラドーナを使うことによって、メネム政権を世界的にPRできるはずだし、イタリアで開かれるワールドカップこそ、その絶好の見せ場であり、このチャンスは絶対逃すべきでない、と大統領を説得した。説得には時間を要しなかった。というのも、メネム自身がマラドーナのようなスタープレーヤーになるという夢を抱いていたこともあったからだ」

メネム自身はこう語っている。

「私はサッカーで体をつくり、またサッカーによって多くの精神的なものを得た」

彼も子供時代から、アルゼンチン代表になりたいとの夢を持っていた。その『夢』を彼は大統領の座に就いて、ようやく実現した。代表チームのユニホームを着て、トレーニングキャンプに参加することができたのだ。その後、自分のチームを編成し、ボビー・チャールトンの率いるチームとの慈善ゲームも行った。

マラドーナのことを親身になって考えている数少ない側近のひとり、マルコス・フランキには、ニエンブロのアイデアはまったくたわけたものに思えた。

「この決定にたずさわった連中が、ディエゴが心理的な面、さらに知的な面で、そんな責任ある役割を引き受ける下地ができていると、本当に真剣になって考えた者がいるだろうか。実はそんな者はひとりもいなかった。なぜなら、どうでもよかったのだ。とにかく大使にしておけばいい。それで彼に外交旅券を渡したのだ」

その贈呈を行うと同時に、マラドーナがアルゼンチンのスポーツ大使に任命されたことを世界に知らせるため、メネム大統領は90年6月7日午後3時45分、ミラノのサン・シーロ・スタジアムの脇に設けられた満員の記者会見場に到着した。アルゼンチン代表のビラルド監督、マラドーナのコッポラ・マネジャーらの姿も見えた。メネム大統領は、同じく満面に笑みを浮かべた随行員に取り巻かれながら、場内を見回した。

この外交特権の付与を一番喜んだのは、自分が手を引いて「神」の示された道を息子に進ませていると信じている母親のドーニャ・トタだった。マラドーナは、この日の栄誉をトタと、父のチトロに捧げたいと会場に向かってこう挨拶した。

「おそらく、私の両親は自分の子供を誇りに思っています。きょうからアルゼンチンのカップ防衛のために戦うのです…」

メネムもこの機会を逃してはならないと、最高級の形容詞を用いて弁じ立てた。

「我々は今日、新しいジャンルの資格、新しい外交官のイメージをつくり出したのだ。プラトンも、スポーツは賢明で慎重な人、つまり現在世界が必要とするタイプの人間を創り出すと言っている」

スポーツ大使就任の感想をイギリスの記者に聞かれると、ゲーリー・リネカーは軽妙な口調で言った。

「なるほど、ディエゴのように聡明で慎重な人をねえ…」

が、そばにいたある人物の言葉はもっと辛辣だった。

「これで、反則をごまかすことがなくなる、という意味にとっていいのかね」

ワールドカップのふたつの「涙」

90年イタリアのワールドカップ大会は、のちのちまでも『涙のワールドカップ』として語り継がれていくことになるだろう。

なにしろ、その理由や意味はともかくとして、常に物議をかもすふたりのスーパースターが、テレビを見守る世界中のサッカーファンの前で『涙』を流したからである。ひとりはイングランドのポール・ガスコイン、もうひとりがディエゴ・マラドーナだった。

イギリス人の性格としては、大衆の前で自分の感情を表に現すことを潔しとしない風習がある。泣くのなら人目につかないところ、さもなければ一滴も見せてはならない。にもかかわらず、ガスコインの伝記を書いたイアン・ハミルトンも指摘しているように、西ドイツとの準決勝で敗れた時、『ガザ』の目から涙があふれたことによって、それまでサッカーの『悪童』だった彼は、一躍国民的なヒーローへと変身したのである。なるほど、それは本人にしてみれば、自分個人の痛恨の涙であったかもしれない。通算2枚目のイエローカードをもらったため、いま戦っている西ドイツを下しても、自分は決勝戦には出られない無念…。この涙が何かを呼び起こした。心の底から感動に包まれ、その根性の限り、やれることのすべてをやって、ついに敗れ去ったイングランドへの応援と、その負けた時の純粋な失望感…。ガスコインがトリノで流した涙には、ひとつの象徴的な意味があった。

「トリノのガスコインの涙は、人々の胸に共感を呼び起こし、ポスターになったり、Tシャツ、スカーフ、あるいはビールのジョッキのシンボルになるほどの象徴的な意味を持つものだった」

とまでハミルトンはその著書に記している。

一方、人々がマラドーナの涙を見たのは、西ドイツとの決勝戦がアルゼンチンの敗北で終わろうとしていた試合終了の瞬間だった。この決勝戦は、魔術はおろか感動のひとかけらもなく、ただ暴力的な力のぶつかりであり、サッカーの名に恥じるもの――殺気だったプレーの応酬など、あらゆる点からみてワールドカップ史上最悪と言ってもいいほどのひどいものであった。

アルゼンチンは大会が始まると、次々と悪質な反則ですでに4人にレッドカードが出ていたが、この西ドイツ戦でもふたりの退場者を出した。マラドーナもほとんどが地元イタリア人であるスタンドからの怒号と口笛で野次られっぱなしだった。

実はビラルド監督は大会が進行するにつれて、自分の率いるアルゼンチンの評判が、次第に悪いほうへ向かっているのが気掛かりで、それに歯止めを加えるために、ひとつの独創的なアイデアを心中で練っていた。彼はかねがね自国アルゼンチンの国歌が、長過ぎて、サッカーの試合での演奏には不向きと考えていた。

長い演奏の間に、選手のせっかくの集中心が散漫になると同時に、試合がまだ始まっていないのに、相手チームのサポーターたちに、野次る時間やチャンスを余分に与えてしまう。そこで「アルゼンチンは自国の旗のためには命を捧げる」と、オペラ風に高らかに歌い上げる最後の小節をカットすれば、ちょうどいい長さになると考えた。が、それを実行すれば、アルゼンチン国内の国家主義者の大反発を招きかねない。結局、イタリアのワールドカップで国歌短縮案を断念したが、ビラルド監督は、これを後悔することになる。

決勝戦——アルゼンチンが自国の国歌が演奏される間に直立不動の姿勢をとっていると、案の定、スタンドを埋めた地元イタリア人観客が一丸となってブーイングを始めた。その野次と口笛によって音楽はかき消され、壮麗な試合前のセレモニーは台無しになってしまった。マラドーナは素早く反応し、口をゆがめながらつぶやくようにブーイングにやり返した。

『このブタ野郎め!』。ほんの数語で、マイクを通しても聞き取りにくいつぶやきだったが、読唇術を専門にしていなくても、言っていることはだれにでも分かった。テレビ解説者たちはすぐに飛びつき何百万人という視聴者がそれを知ったのである。だから涙が彼のほおを伝って落ちても、もはや同情も引かなければ、だれも見向きもしない、ただの下水道に落ちていく雨粒ほどの意味しか持ち得なかった。もはやマラドーナの『涙』は通用しなくなっていたのだ。

あのレフェリーに対する激しい抗議、両手をあげて天に語りかける姿と同じように、彼の激烈な感情の噴出も使い古されたパフォーマンスとの評価しかされなくなった。彼のほおを伝って流れた今度の『涙』も、その意味ではマラドーナ本人以外とは関係のないものとしか思えなかった。それを目にした何百万人の中には、傲慢さから生まれた過剰反応と見る者もいただろうが、むしろ多くの人にはマラドーナの精神的不安定の新たな兆候に映ったのである。

イタリアで挫折感に打ち砕かれたのは、ガスコインではなかった。それはディエゴ・マラドーナであったのだ。

しかし、この時マラドーナがサッカーに本当に集中できていれば、別の展開になったかもしれない。しかし、4年前メキシコで、まるで彼の体について回ったように見えた『魔術』は、イタリアのワールドカップではほとんど見ることができなかった。何かにとりつかれたように見えるのに、サッカーを心から楽しんでやっている様子はまったく見られなかった。彼に近い連中は、一部はビラルド監督の指導力の欠如のせいであると指摘し、同時に、ナポリのクラブ当局との関係が悪化し始めたことによってさまざまなプレッシャーやストレスがあったこともあげる。

カメルーンとの開幕戦でも、マラドーナにはほとんど出番がなかった。前回優勝国のアルゼンチンが0対1で敗れた瞬間、ミラノのサン・シーロ・スタジアムはその敗北を待っていたかのように、どよめきの声に包まれた。しかし、ソ連との試合のため、ナポリに行くと、この時はさすがに地元ファンも、最初はマラドーナを温かく迎えた。アルゼンチンと地元イタリアのファンが共通のアイドルを応援するため手を結び、サンパオロ・スタジアムは久しぶりに『ディエゴ・コール』に沸き返った。もっとも、ここでまたもやマラドーナの故意の反則をレフェリーが見逃すという、後味の悪い試合が再現された。スウェーデン人のフレデリクソン・レフェリーは、ペナルティ・ボックス内でオレグ・クズネツォフがヘディング・シュートを決めようとした瞬間、マラドーナが右手を差し上げてシュートのコースを変え、ゴールを阻んだのを見逃したのである。

マラドーナが持ち前の意志と力を取り戻したように見えた唯一の試合は、トリノで行われたブラジル戦だった。この時の彼は目を見張らせるような動きと、ひらめきで、彼の才能を「これがなるほどマラドーナか」と、人々に納得させるような鮮やかな動きを披露した。試合は、拮抗し、後半残り8分になっても、スコアは依然0対0。その時だった。マラドーナが突然、彼ならではの『神業』で、なんの苦もなく、ブラジルのスイーパー・システムの間をスイスイと抜いていった。そして友人で、つい先頃リバープレートからベローナに移籍したばかりの、ブロンドの長髪のストライカー、クラウディオ・カニーヒアに軽くパスし、カニーヒアがウイニング・ゴールを決めた。

しかし、そのマラドーナが準決勝で地元イタリアと対戦するため、再度ナポリに戻った時に、本来の倣慢さがまた頭をもたげてきた。彼は自らつくったワナの中に落ち込むと同時に、サッカーの醍醐味を味わうために大会をフォローしてきた大多数のファンの気持ちに水を差し、その言動はイタリア中を揺るがすことになった。マラドーナの計略は、イタリア戦を意図的にひとつの政治的、社会的対決の場にしようというものだった。彼は公然とこう言い放った。

「イタリアはナポリ市民に、1日だけイタリアのサポーターになれと言っている。しかし、この日が終われば、イタリアは残り364日はこれまでのようにナポリを見下すのだ。大衆はこのことはよく分かっているのだ」

彼がこのように地元イタリア・ファンの分断の挙に出たことを、アルゼンチン解説者の一部は、心理作戦としては最高の傑作と評価する者もいた。しかし、結果的には古来から伝統のライバルであるアルゼンチンとイタリアの激突、それが生み出すべき最高のドラマに、むしろ何か割り切れない影を落とすことになった。試合を取材したジャーナリストたちは、イタリアを応援する地元サポーターたちが、ローマやミラノで感じたような熱気がなく、ナポリのサポーターの応援が控え目なのに不自然さを感じ取る者もいた。終わってみれば、満足し切ったのは、アルゼンチンのサポーターたちだけであった。勝敗はＰＫ戦に持ち込まれ、勝利のゴールを決めたのが、マラドーナであったからだ。

こうしてマラドーナの『イタリア90』は野次と口笛を浴びせられながら始まり、野次と口笛を浴びながら終わった。いま、日の前にいるマラドーナは、あの歓呼の声に包まれながらメキシコで誕生した英雄マラドーナでもなければ、ナポリが初のセリエＡ優勝へ走り続けた時に数多くのイタリアのサッカーファンのハートをとらえたマラドーナでもなかった。いまのマラドーナのイタリア体験に、もはや取り返しのつかない亀裂が生じている兆候がありありと見えた。

しかも、もっと恐ろしい地獄が彼を待ち受けていたのである。

成り金趣味の結婚式は周囲をしらけさせた

アルゼンチン代表ユニホーム姿でご機嫌のメネム大統領

第19章 血の復讐

AN ITALIAN VENDETTA

麻薬、忍び寄る捜査

マラドーナが初めてカモラ一家と接触を図ったのは、1985年にさかのぼる。

しかしながら、90年の終わり頃になると、マラドーナがはまりこんだ悪の組織が、もはや外部からの調査を免れることができなくなってきた。イタリア中の判事や警察が組織的な犯罪の撲滅に乗り出し、ナポリにやってきてからずっとマラドーナを守ってきた、『沈黙の共犯』ももはや通用しなくなってきたのだ。イタリアのマスコミが、マラドーナがドラッグ問題を抱えていることをほのめかし始めたことが、その時世の変わり方の兆候だった。

90年11月22日、マラドーナがフィオレンチーナとの試合を欠場した翌日、一流紙「ガゼッタ・デロ・スポルト」は同紙の地元トップ記者フランコ・エスポシートの次の署名記事を掲載した。

《マラドーナは具合が良くないようだ。体もぼろぼろになってしまっている。世界で最も偉大なサッカー選手は、悪魔の手に落ちてしまった…、黒い悪魔にとりつかれたように見える。彼にとりついた目に見えない不可解な病気の正体とは何であろうか？》

エスポシートは、マラドーナが急速に麻薬中毒にのめり込んでおり、それがサッカーのプレーに影響を与えていることには一点の疑いも持っていなかった。同じように考える彼の同僚も増えていた。マラドーナの反抗的な態度に業を煮やしていたためか、ナポリのクラブ関係者も全面的に噂を否定しようとはしなかった。暗黒街も、もはやマラドーナの後ろ盾にはなってくれなかった。それどころか、警察の調査が進むと、売春婦や麻薬の売人もマラドーナを裏切っていった。

91年の初め、マラドーナを批判的に見ている連中の疑惑を裏付ける証拠が現れた。1月7日、マラドーナが出場したトリノのゲームで、ユベントスに0対1で敗れた夜の12時過ぎに、カルメラ・シンゲラマという女性の家の電話が鳴った。シンゲラマは、ナポリの最も悪名高い売春宿のおかみのひとりだった。彼女は、カモラ一家のギャングのボスのひとり、マリオ・ロ・ルーソの口添えで、街の薄汚い地域でコールガールを使って商売をしていた。シンゲラマは、まだ半分眠っていたが、電話をかけてきた男は、しわがれたナポリなまりの声で、すぐに用件を話し始めた。

「ディエゴがこの電話番号を教えてくれた…、女をふたり、頼みたい」

「分かったよ」。シンゲラマは、いかにも年季の入った商売人らしい受け答えで客の要望に答えた。男はさらにこう付け加えた。「いいかい。いい女を寄越すんだよ。エアワンで待っている」

エアワンは、マラドーナの住居やホテル・パラディーソのそばにあるピアノ・バーだった。「ディエゴはそこにいるの？　話があるんだけど」と、シンゲラマが尋ねたが、男は「いない」と電話を切った。しかし、その夜しばらくして再び電話が鳴った。午前3時38分だった。今度、電話の向こうにいるのは、マラドーナ自身のようで、シンゲラマが手配を約束した売春婦について、さらに詳しく尋ねた。こうして手はずはすべて整った。

それから2週間後、シンゲラマの夫、ナポリの夜の顔役であるマリオ・ファルコンは、友人と電話で話している。「今夜、連中は来なかったが、やつは来たぜ。ギア（コカインを意味するスラング）が欲しかったんだ…。マラドーナは、ここに来た、女とギアを手に入れるためにな」

この会話は、ヌルチェオ・ナポリ第一警察によって録音されている。第一警察は英国の特別捜査班と同等な捜査権を持ち、南米、フランス、イタリアにまたがる、コカインと売春組織の捜査をしていた。「オペレーション・チャイナ」をコードネームとするこの捜査は、ヴィットリオ・トマソーネ少佐が指揮を執っていた。捜査の網は、最初はロ・ルーソ、シンゲラマとその夫、そして「チャレットパーク」というレジャーセンターを経営するイタロ・ジョビーニがターゲットになっていた。しかし、すぐにマラドーナ一家にも捜査の手は及ぶことになった。警察で聴取された証言によると、ジョビーニにマラドーナを紹介したのは、マラドーナの義理の兄弟であるガブリエル・エスポシートだった。ジョビーニ自身もカモラ一家のボスの場で、麻薬売買の前科があり、マラドーナをシンゲラマに紹介していたのだ。

1万時間に及ぶ電話の録音テープの中で、マラドーナの名前または声が録音されたものは、11件だった。傍受されたテープをもとに、マラドーナは警察に尋問を受けた。ロ・ルーソ一味に関与した容疑は晴れたが、このテープをもとに、地元の判事たちはマラドーナに対してコカイン所持と売買の容疑で法的な措置をとることになった。警察の最初の報告はこう述べている。

「有名なサッカー選手であるディエゴ・マラドーナはシニョーラ・シンゲラマにかなりの回数にわたって、相当量の『ギア』を求めている。ギアがコカインであると我々は理解している」

マラドーナに警察の捜査の手が回ったことが分かると、グラマーな売春婦やモデルたちから、彼とホテルやアパートで麻薬とセックスの乱交パーティーをしたという、暴露証言が殺到するようになった。なかでも港の赤線地区にある、いかがわしいバー、「クラブ21」で働いていたスージーというブラジル人からは、生々しい証言を得ることができた。彼女の証言によると、彼女をホテルに連れ込んだマラドーナは、650ドルから800ドルを支払い、コンドームを使用しない過激なセックスを求めたという。

「あの人は、特に私の足の親指をなめるのが好きだったのよ」。スージーは語った。マラドーナは変態的なセックス行為を好み、彼女はマラドーナが100万リラを支払う時にだけ、それに応じたという。マラドーナが値上げに応じないと彼女は拒んだ。

「あの人は、アーチストで、有名な世界チャンピオンだけど、だからってベッドで特別扱いはしなかったの」。スージーはこう説明した後、自分はやらなかったが、マラドーナは彼女の前でコカインをやっていたと付け加えた。

まるでハーレムから出てくるように次々と女どもがマラドーナを「麻薬漬けのセックス狂い」と証言している時、マラドーナにとって決定的なダメージとなる重大証言をした人物が出現した。91年3月5日、ピエロ・プグリーゼというやはり暗黒街の男が、以前はネオ・ファシスト党の顧問だった弁護士を伴って、予告もなしに裁判所に現れ、マラドーナの事件を担当する検事に面会を求めた。プグリーゼは、カモラ一家とサッカーの間に存在する密接な結びつきを象徴するような存在だった。昼間はナポリ・チームのガードマンをやっていた。しかし、やがて判明することになったが、実は『夜間のアルバイト』にマフィアの殺し屋をやっていたのである。

暴露、裏切り、転落

89年頃、プグリーゼは、友人を通してマラドーナに紹介されてからふたつとも仕事をやめてしまい、マラドーナのメッセンジャーボーイ兼運転手に雇われたが、「マラドーナを取り囲むナポリのファンに関係を持った悪い仲間のひとりだった」と、マラドーナの親しい友人のひとりは語っている。89年、プグリーゼはマラドーナの結婚式に招かれたナポリ人の選ばれたグループのひとりだった。アルゼンチンの首都にいる間、彼はアレサンドラ・ベルテロという女性と知り合い、彼女にコッポラを紹介している。ベルテロは、その後、マラドーナのマーケティング会社であるディアルマ社のために、ブエノスアイレスとイタリアの間のメッセンジャーとして働くことに同意した。

プグリーゼの話はこうだった。89年、コッポラとマラドーナは、麻薬売買に手を出し始め、彼は仲買人としての大事な役割を依頼された。プグリーゼは、ベルテロにブエノスアイレスで包みを受け取らせ、ローマ国際空港にいる彼のもとに運ばせた。プグリーゼは、それを空港からナポリまで車を飛ばし、コッポラのもとに運んだ。ベルテロは包みの中身は新聞や雑誌だと聞かされていた。プグリーゼはイタリアの検察官に、「ベルテロには教えていなかったが、包みの中身は2キログラムのコカインだった」と告げている。

またプグリーゼは、コッポラとマラドーナは、最終的に配達される段階で指示をしていたから包みの本当の中身を知っていたはずだと申し立てた。プグリーゼはナポリ銀行の口座を通してコッポラから2000万リラを受け取った。口座の名義はディアルマ社のものになっていたが、コッポラもマラドーナもサインで引き出しができるようになっていた。コッポラが銀行業務に関わっていることを示す会話や、マラドーナがプグリーゼを自宅に招いた電話の会話は、プグリーゼの弁護士によって密かに録音されていた。

以上のようなプグリーゼの供述によって、マラドーナに対してさらに法的な追及が始まることになり、同時にイタリアではいつもそうであるように、マスコミへのリークも同時に行われることになった。マスコミは麻薬に溺れるマラドーナについての不利な記事を次々と書き立てることになった。後になって、マラドーナとコッポラの両者とも、包みが届いた時そこに居合わせたことを認めたものの、包みの中身がコカインだったことは否定した。だがふたりともプグリーゼとの関係を否定することはできなかった。コッポラは、プグリーゼに2000万リラを渡したのは、この臨時雇いの運転手からナポリ郊外にサッカー学校を開きたいと聞いたからだと主張した。

「いい考えだと思った。金は30日以内に返すと約束をした」というのがコッポラの説明だった。マラドーナは、ローマでトレーニング中にプグリーゼが別の借金の申し込みにやってきたと説明した。マラドーナはその時90年のワールドカップのためにアルゼンチン代表チームとともに練習中だった。プグリーゼの今度の借金の理由は、土地を購入するためだった。彼はサッカーくじの賞金をもらっているので、借金は返済できるとマラドーナには言っていたようだ。

マラドーナの情事をタブロイド紙などで暴露した女たちは、現れたかと思うとすぐに消えてしまった。スキャンダルを追いかける記者たちはこれらの女たちにガセネタをつかまされたが、その中には、金をくれたら、もっと詳しい話をするという、あのマラドーナが指をしゃぶったという問題のスージーの偽者もいた。本物のスージーのほうはモデルの仕事を続けるためにブラジルに帰国してしまっていた。こうした女に比べれば証人プグリーゼの信用性は、かなり高く、それをつき崩すのは容易ではないように見えた。5人を殺したという自白とカモラ一家についての情報の提供によって、元殺し屋は警察の保護を得たばかりでなく、検察当局からもその証言を相当信用されているように見えた。裏切り者、イタリアで言うところの『ペンチチ』の証言は、マフィアとの戦いにおける重要武器になっていた。だからプグリーゼは、信憑性がある限り、当局としては大切な証人として扱うほかなかった。

ところが、次の供述でプグリーゼは、証言の内容を変えてしまったのだ。問題の包みは、アルゼンチン代表チームと監督であるカルロス・ビラルドとともに飛行機でイタリアに密輸されたと証言し、さらにマラドーナはナポリで過ごした6年間、カモラ一家から月々給料をもらっていたと主張した。これらの証言は、ビラルド、マラドーナのふたりとも否定したが、プグリーゼは、87年~88年のセリエAで、ナポリが優勝すれば組織はチームに賭けた人々に何百万という莫大な金を払わなければならないので、マラドーナはカモラ一家の命令で、チームが勝てないように工作した、と主張した。さすがに、賭けに負けた人でも、この話は信用しなかった。

ただ、プグリーゼの証言が、コッポラの信用性に疑問を投げかけたことは重要だ。イタリアの法律で裁きを受ける彼の立場は、それから1年もたたないうちに、ふたつ目の事件に巻き込まれたことで一段と不利になった。今度は、ブエノスアイレスのナイトクラブでの殺人事件との関わりが問題になったのだ。イタリアでコッポラに対する証言をした人々の中にマッシモ・クリッパという、パルマのMFで、イタリア代表チームのメンバーがいた。彼は検察官に90年、ナポリ湾に停泊した船でのパーティーで、コッポラがマラドーナにコカインを渡すところを目撃したと証言した。コカインは、モーターボートで運ばれ、運び屋かコッポラに直接手渡された。「コカインが届いた」とコッポラが言ったのを耳にしたとクリッパは証言した。コッポラ自身は90年の終わり頃、生まれ故郷のアルゼンチンに戻った直後に、「マラドーナは麻薬をやっていないし、手を出したこともない」と言明した。また彼は、一時的にマラドーナと『離れた』のは、ふたりの娘と年老いた母親が恋しくなったためだと説明した。

マラドーナは、ナポリきっての腕利き弁護士のひとり、ビンチェンツォ・シニシャルッチに弁護を依頼した。シニシャルッチは、テロ組織「赤い旅団」のメンバーを弁護した実績を持っている。彼は政治的に、戦後、国内に広がってきた組織的な腐敗構造に反対していた。彼は、コッポラに対して深い疑念を持ち、マラドーナには同情していた。教育はないが、純真な心を持って、サッカー一筋に情熱をかけて成功した少年であると考えたのである。29歳のスターはいまだに15歳の心を持っている。ただ、生まれ持ったその未熟さのためプレッシャーに弱く、共謀して自分を攻撃目標にしてくる力には抗しきれない人間であると考えたのである。

シニシャルッチは自分の依頼人が麻薬をやっていることを決して否定しない。だがそんなことは、戦後ナポリの巨大な腐敗構造の中においては、取るに足らない罪であると主張した。シニシャルッチは、カモラ一家がナポリの腐敗を象徴するとともにその原因を追及するナポリの弁護士のひとりとして、マラドーナ本人は気付かないうちにギャングやその手先に利用されたことはあったとしても、自分からカモラ一家に関わろうとした証拠はどこにもないと弁護した。究極的には、シニシャルッチはマラドーナの事件は、麻薬とは無関係であり、すべてはマラドーナを利用しようという周囲の権力争いであると断じた。

シニシャルッチは、弁護側の意見を述べる段階でマラドーナが自分に対して陰謀が行われた可能性があるとほのめかしたのは、有利な材料だと判断した。ある陳述で、マラドーナは「勝ってはならない試合に勝ったために、自分に対する血の報復が何者かの手で進められていた」と弾劾し、サッカー「利権グループ」が背後にいたかもしれないと言っている。この発言をとらえて、マラドーナは、カモラ一家が握っている「闇」のサッカー賭博に協力したことはないと言おうとしていたのだ、との見方が広まったが、この推測は誤りである。マラドーナは、自分は八百長工作に加担して、故意に試合に勝ったことも、負けたことも一切ないと主張しており、その主張を覆す証拠はまったくない。カモラ一家も、競技場でのマラドーナは、あまりにも際立つ存在であり、プレーのスタイルも独特なので、どんな八百長もすぐに分かってしまうと最初から知っていたようだ。

マラドーナが勝ってはならないとされた試合の中には、相手チームの執ような粘りのためマラドーナの強い意志の力でやっと勝った試合も含まれている。90年ワールドカップでアルゼンチンがイタリアに勝った試合もそのひとつである。だが本当の地元の怒りと憤りは、マラドーナが試合で負けたり、試合に出場しなかった時に噴き出した。

カモラ一家やナポリのサポーターから見れば、陰謀はともかくとして、傲慢にも「ナポリの王」を名乗った男を、一度はひざまずかせるほどの目に遭わせるのは当然と思えたのだ。イタリアの法律制度では、罪が立証されなくても名誉毀損の訴えを起こされる心配がないので、勝手にいろいろのことが公表され、話題にされる。裁判そのものも、正式の告訴も行われず、敗北に持ち込まれるのに随分と時間のかかるケースが多い。このためマラドーナは電話の盗聴テープ、タブロイド紙への女どもの話、さらにプグリーゼの供述と、まさに集中砲火の矢面に立つことになった。

傷心の帰国

この時、マラドーナはイタリアを去る以外に、自分のとる道はないと決心、新たにマネジャーとして雇ったフランキに対して、ナポリとの契約を破棄するために、可能な限りのことをやるように指示した。「イタリアの最後の何週間の仕事は、どうすれば契約を破棄できるかという一点だけに集中していだ」と、フランキは回想するが、彼もまた前任者がバルセロナでやったのと同じ役割を押し付けられたのである。

ナポリのクラブも、もはや、マラドーナに保護の手を差し伸べることはしなかった。91年3月17日、それまで検査で手抜きしていたチームの医師たちは、バリとのホームゲームの後、マラドーナに対して、2度にわたり抜き打ちのドーピング検査を行った。

最初のテストはチームドクターであるアルカンジェロ・ペペ自身がひとりで行い、2度目は、マラドーナの承諾のもと外部から呼んだふたりの医師によって行われた。2度のテストとも陽性と判明した。マラドーナの尿からコカインが検出されたのだ。マラドーナが2日前の夜に鼻から吸引した薬物の残物で、量はごくわずかなものだったが、それだけでも即刻試合出場停止になり、イタリア・サッカー当局が彼に対する措置の検討を開始するには十分だった。
「スポーツマンとして、私は常に誠実で正しく行動し、精力と情熱を傾けてスポーツに取り組むという原則に反したことは一度もないことを再び言明する」と、マラドーナは声明を出した。シニシャルッチの弁護は、詳細ではあったが、使用を認めた点ではむしろ逆効果だった。彼は「マラドーナは自分のプレー能力を高めるためでなく、単に楽しむためにコカインに手を出した程度だったのだから、不問にしてもいいはずだ」と、主張したのである。

マラドーナ自身がイタリアで実際に何が起きたのか公的に認めたのは、それから6年後のことであった。「ナポリでは、麻薬はいたるところにあった。レストランでウェイターがトレーに乗せて持ってくるように簡単に手に入った」。マラドーナは「ジェント」誌のインタビューにこう答えた後、長期の常用癖を治すために、内心ではむしろドーピング検査に引っかかればいいと思っていたと、説明している。

91年4月1日の夜、マラドーナは毎晩家の周りを取り囲んでいる報道陣を突破、やっとナポリを離れられることになった。フランキに伴われて、疲れ切り、涙を浮かべながら、マラドーナは飛行機に乗り、アルゼンチンに帰った。次の日、彼のチームの同僚たちや、サポーターたちがサンパオロ・スタジアムに集まった。だれも物を言わなかったが、彼らの感情は、まるで葬式のように怒りと悲しみに揺れ動いていた。マラドーナがやってきた6年前のお祭り騒ぎとは、まったく対照的な光景だった。

イタリア人流の言い方をすれば、マラドーナは「星から、家畜小屋に転落した」のである。だが、マラドーナの悪夢はここで終わったわけではなかった。4週間後、マラドーナがエル・ソルダディートに貸していたアパートが警察の手入れを受けた。エル・ソルダディートは、父親の故郷から連れてきた運転手であり友人だった。警察は、女友達と一日中酒と麻薬に浸ったマラドーナがソルダディートのベッドでぐったりしているのを見つけた。彼の傍らには、数グラムのコカインがあった。警察官のひとりがマラドーナを揺さぶった。目を覚ました時、無精ひげをはやしたマラドーナは、寝ぼけた目で、自分がいったいどこにいるのか必死に思い出そうとしていた。

「クラウディアはどこにいる?」と尋ねられるとマラドーナは、自分の妻のことを思い描こうとしたが、時間も場所の感覚も失っていた。

「いや、ああ、そうだ……クラウディアは家にいる……ここは俺の家じゃないな」

マラドーナはつぶやいた。

実はイタリアから戻ってきてから、クラウディアとフランキは、マラドーナを薬物の専門家に見せたほうがいいのではないかと考えていたが、そのことを言い出せなかった。マラドーナは自分を見失い、ますます麻薬の誘惑にはまっていった。エル・ソルダディートのアパートを手入れすると警察が記者たちにもらした時点では、マラドーナはもはや盟友メネム大統領の助けさえも当てにできなくなっていた。夫婦間の問題や、ごく近い親類が麻薬の売買組織に絡んで問題を起こしたことでマスコミに包囲攻撃を受けているメネムとしては、マラドーナが法の裁きを受けることになって、むしろホッとしていた。多くの人は、メネムが苦境を脱するためにマラドーナを見捨てたとの疑念を抱いていたが、これは必ずしも的外れの見方ではなかったように思える。

第20章 コカインとの闘い

COPING WITH COKE

リハビリ「作戦」

1991年4月の日曜日の夜、南半球のブエノスアイレスにはもう冬が訪れようとしていた。その時マラドーナは、かつて経験もしたことがないような雰囲気の中で、家族と向き合っていた。イタリアから戻ってから、マラドーナが妻のクラウディアとふたりの娘とともに暮らしているアパートには、マラドーナの両親や妹や弟たち、マネジャーのフランキも来ていたが、まるでお通夜のような暗い空気に包まれていた。

マラドーナはサッカー用のズボンとTシャツという普段着で、はだしだった。それはサッカーの試合の後、友達と家族でくつろぐ、いつもの日曜日と変わらないように見えた。だがマラドーナは、家族たちが黙り込んで見守る中で、科学的な検査の対象者となる屈辱に耐えなくてはならなかった。部屋には、マラドーナ家にはおよそ似つかわしくない、ふたりの言葉づかいの丁寧な精神科医がいた。マラドーナが落ち込んだ「ブラックホール」から彼を救い出そうと裁判所が派遣したメディカルチームのメンバーだった。コカイン所持と使用の疑いで逮捕されたマラドーナは、保釈中の身だったが、アルゼンチンの法律では、治療に応じなければ刑務所行きだったのだ。

精神科医たちは、優秀な学校の出身で、カリキュラムにサッカーの科目などはなかった。彼らにとっては、世界に誇る偉大なサッカー選手も魚屋も同じだった。マラドーナはひどい麻薬中毒で治療を必要としていた。彼らの考えでは、麻薬中毒にかかった者は、どんな特権も免除も存在しない。マラドーナのプロ生活は、ここで一大とん挫し、彼のマネジャーのフランキも、医療の助けを借りなければ、未来はないということをはっきりと理解していた。

イタリアでのドーピング検査が陽性と判明し、ブエノスアイレスでは逮捕され、マラドーナのコマーシャル価値もゼロになった。ニュースを聞いて、まず日本の企業がコマーシャルの契約から手を引き始めたのである。

精神科医たちの『作戦』は進められた。計画のいくつかは、実は以前にもマラドーナが軽度の中毒症状のあった時に適用された方法だった。『解毒』は新鮮なフルーツと野菜、多量の水を基本にした厳しいダイエットを伴うもので、アルコールも一切摂取しない。近くのジムでのトレーニングとパレルモ・パークでのジョギングも日課に組み込まれていた。フランキと精神科医たちは、マラドーナの両親と相談の上、マラドーナが会ってもいい人間と、会ってはならない人間を選ぶことにした。悪影響を与えると思われる者は、マラドーナの周辺から隔絶されて、一切近づけない。まずは、ギジェルモ・コッポラだった。医者たちや、フランキは頭からコッポラをマラドーナが回復する過程にはなんの役にも立たない「悪玉」だと決めつけた。マラドーナをナポリの夜の世界に引きずり込んだ張本人はコッポラであり、ナポリとの関係がおかしくなったとたんにマラドーナを見捨てたことを問題にしたのだ。

マラドーナに会うことを許されたのは、彼の最初のマネジャーのチテルスピラーと代表チームの監督だったビラルド、メノッティの3人だった。メノッティの態度は特に立派だった。バルセロナを離れてからマラドーナとは決していい関係にあったわけではなく、サッカー哲学をめぐって衝突した末に絶交していた。だが、マラドーナが逮捕されると、すぐにメノッティは電話をかけた。「俺たちが最近うまくいっていないことは分かっている。だが、助けになることがあったら何でも言ってくれ」。マラドーナはメノッティの思いやりを終生忘れまいと思うほど感謝した。

3人がマラドーナに会うことを許されたのは、彼らがトレーニングをする目標を与え、サッカーの才能を引き出してやったからだった。彼らはマラドーナを人間として尊敬していた。

ノイローゼで頭がはっきりせず、夜ごと妄想にとらわれていたマラドーナは、真の友人と、ただ彼を利用しようとしている者の区別もつかなくなっていた。それでも、マラドーナは、アドリアン・ドメネクという人物の名をあげて会いたがった。ドメネクはマラドーナが有名になる前からの友人で、十代の頃、ともに幸福な時間を過ごした仲間だったのだ。アルヘンチノス・ジュニアーズでともにプレーをして、夜になればガールフレンドを連れて、映画やピザ屋に行ったものだった。あの頃は、パパラッチや何百万ドルの契約に悩まされることもなかった。それから10年後のある朝、ドメネクは新聞の一面に大きく掲載された旧友の写真や、テレビの画面でカメラに向かって怒り狂う顔を見ることになった。マラドーナがイタリアに行ってからは、会うことも少なくなっていた。だがコカインのために逮捕された日のマラドーナの姿は、ドメネクに深いショックを与えた。

数週間にわたって、ドメネクはまるで『収監状態』になっているマラドーナの心を癒そうと努力した。

「マラドーナは、自分の家で囚人のような暮らしをしているんだ。昔、俺たちがやったように、めかしこんで、映画に行くこともできない。記者たちがアパートの入り口に陣取り、外に出ようにも、医者たちが許さない」

ドメネクはマラドーナに付ききっきりだった。彼が食べる物を食べ、一緒にトレーニングをして、マラドーナが自分を前向きに考えるように、立ち直らせようとした。マラドーナの人生で出会った『良い人々』がいるならば、彼こそは、そのひとりだった。

もうひとり、早い段階でマラドーナのリハビリに手を貸すためにやってきた男がいた。セルヒオ・バチスタという、ひげをはやしたMFで、代表チームでのマラドーナの友人だった。彼は最初からマラドーナの相談役になることを引き受け、マラドーナと、サッカーのプレーの邪魔にならないよう気づかいながらもふたりで遊び回った良き時代のことを話し合った。国際試合の前に、ふたりはビデオカメラを使ったインタビューの真似事でセックスについて議論してはしゃいだこともあった。バチスタは、かつてマラドーナがキャプテンだったことを思い出させた。ワールドカップの優勝の原動力になったこと、そして彼が疑いもなく世界的なスターであることを思い起こさせようとした。

マラドーナは本質的には内向的な人間だった。彼はいまや自分は、本当にサッカーを続けたいのか、それとも引退をするのか、そして運命に翻弄されることを選ぶか、自分の運命を自由に選ぶのかを決めなくてはならなかった。

麻薬をやっていたことは、ごく親しい友人の間でしか話し合うことがなかった。人には知られたくない問題だったので、両親にさえ説明したことはなかった。幼い頃から、両親の称賛を受けることしか考えてこなかったマラドーナは、彼らに見放されることを恐れていたのだ。

マラドーナの脳裏には、薬物を使ったことで彼を愛する者たちを傷つけ、自分の選手生活を危機にさらした瞬間の模様が、浮かんでは消えた。コカインを始めたのは、バルセロナの時からだった。ちょっとした遊びのつもりだったのが、イタリアでは、彼の人生を奈落に落とす原因となってしまった。クラウディアはバルセロナのパーティーでマラドーナがコカインを吸うのを目撃して、彼を叱責した。だがその後もマラドーナは、ドラッグを毎夜のようにこっそりとやった。これはマラドーナの不貞でヒビの入ったふたりの関係をさらに一段と悪いものにした。

そのマラドーナは、やがて告白する。

「あれをやると、生き返ったような気分になるんだ。だが、本当はなんの助けにもならない。自分が強くなったわけじゃない。だんだん衰弱して、ゆっくりと体をむしばんでいくんだ」

そこまで言うと彼は黙り、考え、そして続けた。

「最初、大きな精神的なショックがある。まるで世界を破壊してしまいたい気分さ。そしてもの凄い孤独感と恐れに打ちのめされる。それから、疑いを持つようになる。そしてすべてが崩れ落ちてくるんだ……」

マラドーナは思い出していた。部屋を歩き回りながら、ドアにカギをかけて、幼い娘たちに麻薬を吸引するのを見られないようにした。カギをかけ忘れたこともあった。コカインのため頭がもうろうとしていたためで、娘たちと話さえできないこともあった。

マラドーナは、プレーを向上させるために意図的に薬物を使ったと認めたことは一度もないし、ドラッグが彼の競技への意欲や能力に、マイナスの影響を与えた可能性のあることも否定する。しかし、薬物使用での後遺症で、トレーニングやゲームに参加できず、時にはひどいプレーをしたり、体力や集中力を失っていったことは事実なのだ。

カウンセリング治療で再三再四よみがえる子供時代の記憶の中で、何よりもあざやかなイメージがあった。庭の裏にあった肥溜めに落ちて、叔父のシリロに救い出された記憶だった。そのイメージは、マラドーナに、人生最大の危機を乗り越える力があるという自信を取り戻させ、サッカーで勝つための精神力、彼のつまずきにもかかわらず、いままで通りにサッカーで成功することを保証しているようだった。

負けるという発想は、ディエゴ・マラドーナには簡単に受け入れられるものではなかった。テレビでサッカーのあらゆる技術を披露する少年マジシャンのように大衆の目に映り始めてから、マラドーナには自分が世界一だという自信が心の中に植え付けられていたのだ。イタリアに行った時、マスコミやファンに取り囲まれたマラドーナは、自分は単なるスポーツのヒーローが望んでも達し得ない域にいる存在であると、思い込んでいた。彼は神につかわされ、神を代表する聖者であり、救世主になったのだ。

サッカーは、神の儀式の一部になった。かくしてメキシコでの疑惑のシュートが「神の手」になった後、彼は普通のサッカー選手の技術や才能をはるかに超えた、素晴らしいプレーでファンの心をとらえた。イタリアで失脚しても、マラドーナ自身は、彼を最高の地位にまで祭り上げた連中の手によって、今度は逆に裏切られ、殉教者にされたのだ。彼は自分の弱さのためではなく、裏切り者と偽善者たちの陰謀のために犠牲になったと考えていた。

このようにマラドーナは薬物を使ったことについて、自分の責任は認めず、彼の周囲がつくり上げた圧力のせいだと非難した。だが、人々の圧力はマラドーナに苦難を与えた反面、彼の復活をも引き起こす。特にアルゼンチンでは、良くも悪くも、史上最高のサッカー選手のひとりという称号を得たスラム街の出身であることから、なおさらのことであった。イタリアから帰ってほんの数日が過ぎた頃、マラドーナは何千人ものファンに歓迎された。ボカ・スタジアムの試合開始の時、観衆の中にマラドーナがいることに気付くと、ファンたちから歓声が起こった。

「オーレ！　オーレ！　ディエゴ！　ディエゴ！」

観衆たちは声をそろえて叫んだ。さらにもうひとつの呼び声が、スタンド中に響き渡った。

「アルゼンチンには、用心棒の集団がいる！　マラドーナを逮捕する命令を受けた集団だ。でも俺たちは、メネムだって麻薬をやっているって知っているぜ」

数日後、逮捕されたマラドーナが警察署を出る時にも、街の人々は結束して、同じような反応を示した。ファンたちは警察に悪態を浴びせ、マラドーナには拍手喝采した。外国では、無精ひげをはやし、麻薬のために肉体的にすっかり衰えの見えるマラドーナの姿を見て、もうすべては終わったと感じられていた。だがアルゼンチン人の目には、そうした姿さえも、マラドーナが神の使者であるという証に思えたのだ。警察官さえも、ローマの兵士に映り、人々は救世主の苦しみを嘆き悲しんだ。再び、裏切りと陰謀がささやかれた。アルゼンチンの国民はマラドーナを非難することはできないし、その気持ちもなかった。全国

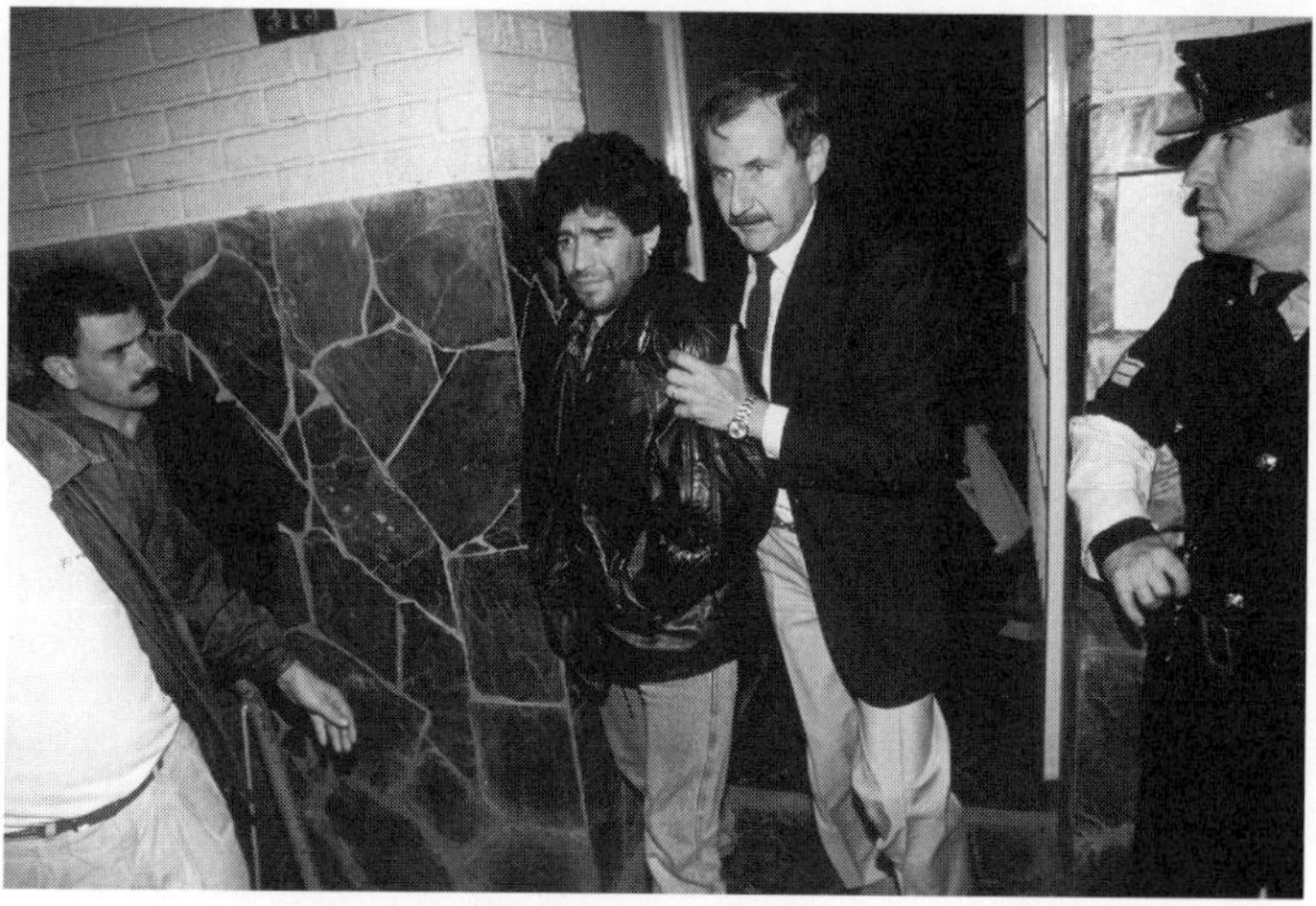

ブエノスアイレス市内でコカイン所持により逮捕される

で発行部数トップのタブロイド紙である「クラリン」が取ったアンケートによると、質問に答えた71パーセントの人がマラドーナの無実を信じ、およそ同じパーセントの人々がいまだにマラドーナをアイドルとして見ていたのだ。

マラドーナと彼を慕う民衆は一心同体なのだ。彼らはお互いに必要だった。麻薬で逮捕された後、アメリア・ベレス・デ・ビダル判事の前に出頭したマラドーナは、どれだけ薬物をやったのかと尋ねられた。だが、裁判に出頭しているのは、ただの罪人ではない。自分の王国以外は認めない男、マラドーナなのである。マラドーナの判事への陳述は、キリストがピラトに示したように穏やかな反抗の態度だった。

「判事様、私が人生でやったのは、国の名誉のためにサッカーをプレーするということだけです。娘たちの命を賭けても、このことは誓って言えます」

マラドーナは責任を問われることは何もないと信じているのだった。

FIFAの移籍仲介

リハビリが3カ月目に入ると、マラドーナは「子供時代のことを医師に繰り返し語らされることには、うんざりだ」と言って、こっそりとカウンセリングをやめた。

自分自身の判断で、マラドーナは彼がやってきた、たったひとつの仕事への試験的な復帰を始めた。イタリアでのドーピング検査の結果として課された15カ月間の追放は、マラドーナをプロ・サッカー界から締め出した。そこで彼は地元のスポーツクラブでの室内アマ・トーナメントに出場して、2ゴールを決めた。続いてすぐにチャリティーマッチに姿を見せたが、このために短期間、ボカで練習した。

マラドーナの『回復』を注意深く見ていた人々の中にカルロス・ビラルドがいた。彼は勝手気ままにさせること、規律を守らせることを注意深く織り交ぜながらマラドーナを導くことのできる数少ない指導者のひとりだ。86年メキシコで、マラドーナがプロとしての頂点を極めたのも、このビラルドのおかげだった。ビラルドはすでに代表チームの監督ではなかった。90年のイタリア大会後にやめていたのである。

彼はセビリアというスペインのチームの監督に任命されていた。そしてマラドーナの15カ月の出場停止処分が解け次第、彼をチームに迎えたいと希望していた。セビリアはスペインの1部からの降格を防ぐのに必死だった。ビラルドがマラドーナに最初に話を持ちかけた時も、「翌シーズンは、セビリアがリーグで5位から8位ぐらいで終えればいいのだ」と説明した。

セビリアの内部では、何人かの役員がマラドーナをチームに入れることに反対していた。彼らは、マラドーナは扱いにくく、面倒なことを起こすだけで、チームに入れることはプラスにならないと考えていた。だが、クラブの会長ルイス・クエルバスはビラルドの味方だった。その年、セビリアは、万博の会場になったことで国際的な知名度も上がっていた。もうスペインのへき地にある田舎町ではなかった。新しい国際空港が建設され、高速道路網が整備され、マドリードを結ぶ『弾丸列車』もつくられた。マラドーナの獲得は、万博の終わった後の穴を埋め、テレビ放映権やスポンサーシップでも、多額の収入をもたらしてくれる期待があった。

ビラルドの申し出は、マネジャーのフランキにも、マラドーナのカウンセリングに当たった精神科医のルベン・ナベドにも大歓迎された。彼らはビラルドと同様、マラドーナにとって、それがプロ・サッカー界への復帰の挑戦であると同時に、セビリアなら彼をブラックホールの中に転落させたようなプレッシャーを受けないでプレーできると判断したのである。ただ、問題があった。彼が世の中をいろいろと騒がせているにしても、ナポリはいまだにマラドーナを保有しているのだ。87年にサインした契約期間は、まだ1年残っていた。

クエルバスがマラドーナの獲得を発表し、250万ポンドの移籍料を提示したが、ナポリはマラドーナは移籍の対象外の選手であるとして、この申し出を拒否した。そこでフランキやボロトニコフ弁護士を通して、マラドーナはナポリが到底応じないと分かりきっている条件を提示した。カプリに邸宅、6週間ごとに休暇を保証、そして200万ポンドの負債をキャンセルするというのが、その提示した条件だった。ナポリはマラドーナが去ってから財政難に陥っていて、どのような投資にも銀行の保証を受けるのが難しい状態だった。ナポリとしては、このまま放置しておくわけにはいかない。一方、セビリアはすでにマラドーナ獲得を発表している。

袋小路に入ったかに見えたところで、ひとりのパワー・ブローカーが登場してきた。FIFA事務総長のジョセフ・ブラッターである。

一見するとFIFAがマラドーナに助けの手を差し伸べるのは奇妙に思える。マラドーナは規則も規律も破っている。FIFAを「独裁的で思いやりのない組織」と非難してもいる。にもかかわらずブラッターはこの機会にマラドーナを救済して、ゲームに復帰させることは大きなプラスだと考えた。その功罪はともかく、マラドーナは依然として世界のサッカー界で正真正銘のカリスマ性を備えた数少ない選手のひとりであった。ブラッターとアベランジェは、94年の米国でのワールドカップを興行的に成功させるには、マラドーナは欠かせないと判断していたのだ。また、新しい米国のサッカーリーグ発足の助けにもなる。あるＦＩＦＡの内部関係者がこう説明してくれた。

「協会のお偉方は、サッカーの人気を高めて行くためには、すべての努力を惜しまないことを示したかったのさ。マラドーナの移籍を斡旋《あっせん》することは、格好の宣伝になるのだ。結局、セビリアは理屈抜きでマラドーナが欲しかった。一方、ナポリはお払い箱にできれば、それ以上好都合なことはなかった。解決すればＦＩＦＡは、その両方からのおこぼれをちょうだいできるわけだ」

絶対のプラスを確信したブラッターは、アベランジェの賛同を得て、三者間の交渉役を買って出た。この際、調停は選手資格委員会で行われるべきであると明記しているＦＩＦＡのルールは無視された。それはアベランジェとブラッター路線の独裁的なやり方の典型を示していた。重要な決定はトップによって強引に推し進められてしまうのだ。

何カ月にも長引いた交渉は、チューリヒにあるＦＩＦＡの本部で行われたブラッターとふたつのクラブのトップとの5時間の話し合いで解決した。96年3月、筆者とのインタビューで、92年の9月末の夜を回想しながらブラッターは、その業績を誇らしげに語ってくれた。しかし、時間が経過し、アベランジェ体制への批判と、その体質の不明朗さが表面化するにつれて、そこまで立ち入るべきかという妥当性の問題も出てきた。しかし、ブラッターは私にこう言った。

「あの夜、私は、ＦＩＦＡにとってマラドーナは家族の一員と同じだと説明した。彼は家族に背いたため、その罰を受けたのだ。だが彼は罰に服した。家族なら、彼が帰ってくるのを温かく迎えるため、可能なあらゆることをするべきなのは当然だ」

ブラッターは、彼の移籍の斡旋《あっせん》は倫理的に行われたと主張しているが、交渉と駆け引きの末に生まれた協定の焦点は、やはり金であり、これによってマラドーナの名前は再びサッカーのビッグビジネスの世界に登場することになった。

4500万ポンドの移籍話の中には、欧州のテレビ・コンソーシアム「テレシンコ」への放映権の移譲も含まれていた。皮肉にもそのテレシンコの一部はナポリのフェルライーノ会長のライバルであるACミランの会長シルビオ・ベルルスコーニが所有していたのだ。

これでマラドーナのおかげで、みんながハッピーなサッカー・ファミリーになったように思えた。移籍の調印が終わると、ブラッターは世界のマスコミに対して声明を発表した。

「FIFAはマラドーナに対して、今後、クラブ、連盟、国際的、どんなレベルであろうと、あらゆるサッカーの指導者たちが無礼なコメントを一切言わないようになるものと期待している」

これはまさに、『お人好しのジョセフ』としか言いようのない声明だった。

セビリアからニュエルスへ

ドンファンとカルメンで知られるセビリアは、スペインの作家カミロ・ホセ・セラによると「青い空とオリーブの木々の緑の町」で、バルセロナやブエノスアイレスのような、上品で洗練されたところではない。セビリアでは、闘牛のように、サッカーはプレーも応援もお祭り騒ぎの中で行われた。

セビリアは何千人という新しい客をマラドーナのおかげで得ることができた。マラドーナの到着から4日間で、セビリアはおよそ220万ポンド増のチケット売上を記録した。マラドーナは、郊外の静かな住宅街にある、広々とした快適な高級アパートを友人の闘牛士、エスパルタコから借りた。マラドーナはフラメンコを習い、闘牛士になることを夢見ていた。競技場では、再び試合の感覚を取り戻し、シメオネとコンビを組んで、往年の魔法のプレーを披露した。しかし、マラドーナがセビリアでプレーしたのは、わずか数試合に過ぎなかった。

マラドーナは体重がオーバーしたままだった。ビラルドがワールドカップでやりたい放題にさせながら、その中で放縦と規律を注意深く織り交ぜたような方法は、セビリアではうまくいかなかった。しかも、マラドーナにセビリアのために金額に見合う活躍をさせようとした監督の試みは、アルゼンチンの代表チームの新監督がマラドーナに出した要求のためにさらに困難になった。新監督のアルフィオ・バシーレはラシンのＤＦを務めた経歴を持ち、メノッティの『詩』とビラルドの『現実主義』の中間のようなサッカー哲学を持っていたが、代表チームの一連の試合のメンバーとしてマラドーナを呼び戻した。セビリアの役員は、バシーレの要求に反発したが、マラドーナは知らん顔でアルゼンチンに帰国した。

マラドーナはセビリアでも生活が荒れ始めた。ある夜、街の大通りをポルシェに乗って２００キロのスピードで飛ばし、スピード違反で警官に止められたり、有名なディスコではケンカに巻き込まれた。マラドーナはディスコに入る時にトレーナーを着ていたので、用心棒に断られた。

「いったいだれに向かって口を聞いてると思ってんだ?」

マラドーナは用心棒をどやしつけた。

「死んでもいいから、俺の靴にキスしたい人間がゴマンといるんだぜ」

マラドーナの乱行が、あまりにひどいため、同情を寄せていた地元紙も報道しないわけにはいかなくなった。セビリアは小さな町で噂はすぐに広がる。家にどんな者が出入りしたかを盗み見した近所の者が言いふらすことまで、ありとあらゆる暴露話を取材した。マラドーナが足繁く通った場所のひとつに悪名高い売春宿、ラ・カシタがあったが、彼はたびたびチームメートも連れていった。マラドーナのせいで広がった、チーム中の放蕩が雑誌の暴露記事の材料になったこともあった。

スペイン人は清教徒ではないが、マラドーナの乱行には、セビリアの人々の寛容も限界に来ていた。マラドーナの放蕩生活は、クエルバスに雇われた独自の調査チームによって克明に記録された。分厚い調査データを示しながら、会長はきちんと試合に出てくれなければ、契約違反になるとマラドーナに申し伝えたが、マラドーナは契約そのものが気に食わず、チームをやめたいと言い出した。危機は、93年6月に訪れた。ゲーム終了30分前、セビリアは1点リードしていたが、ビラルドはマラドーナをベンチに下げた。監督には、マラドーナの調整不足や、練習に出てこないことへのイラ立ちが高まっていた。マラドーナの運動量がだんだん落ちているのを見たビラルドは、マラドーナがプレーを続けるのは不可能と判断したのだ。マラドーナは侮辱と受け取り、心の底から信じていたたったひとりの監督に裏切られた思いだった。

マラドーナは人々の見守る中で反抗的態度をあらわにし、ビラルドのところに歩み寄ると、「このクソ野郎め…」と、小突いた。「ビラルドのやつ、今度だけは許さん。男と男の話し合いをする」。マラドーナは記者たちにこう言った後、さらにこう付け加えた。

「もっとも、やつが男ならばの話しだがな…」

その後も激しいやりとりが続き、更衣室ではとうとうふたりの殴り合いになった。その時の出来事をビラルドは忘れたいらしく、しぶしぶこう話してくれた。

「ディエゴの調子はまったく良くなかった。その彼がいきなり私のもとにやってきて、侮辱した…。試合

ビラルド(右)の尽力むなしく、セビリアでも放蕩生活はなおらなかった

が終わってから彼の家に行ったのだが、いないと告げられた。もう一度、彼を訪ね、話し合いを始めた。お互いに腹を割って話し、これで、この一件はすんだことにしたんだ」

ところが、マラドーナの話は違う。

「あの時、俺たちは、徹底的にののしり合ったんだ」

この出来事から、ビラルドはマラドーナがセビリアを去ることを決めていて、もう事態がもとに戻ることはないことを確信した。マラドーナがセビリアのユニホームを着てプレーしたのは、この試合が最後となった。

セビリアはディエゴ・マラドーナの人生の分岐点になるべきだった。ズバリ言えば、サッカーから引退の時だった。実際にマラドーナはしばらくの間、引退しようかと考えてみた。だが、自分がこの世に生まれたのはサッカーをやるためだった。それをもう二度とやれないと思うと、目の前が真っ暗になってくるのだった。しかし、マラドーナの中には、敗北を受け入れられない何かがある。ことがうまく運ばなかったのは、彼にプレーする意志がなくなったわけではなく、セビリアでは挑戦すべき何ものもないためだと彼自身は信じていた。

過去においては、意志の力が、すべてを克服した。だがセビリアの後では、もはや彼は自分に自信を持てなかった。彼は再び自信を取り戻すために、他人が納得できるだけのものを見せる必要があったが、彼の調子はあまり良くなかった。

実際のところ、競技場でも、競技場の外でもまったく以前のマラドーナの見る影もなかった。そして彼はプロ人生で2回しかない、究極の屈辱に苦しめられた。大事なワールドカップ予選ラウンドのアルゼンチン代表から外されたのだ。バシーレ監督が彼を戦力として必要ではないと判断したからだ。前回、マラドーナが代表から外されたのは、78年のことで、メノッティがマラドーナは経験がなさ過ぎると判断したからだった。しかし今回は年齢だった。バシーレは、若くないマラドーナは精神的にも体力的にも、現在の不調を乗り切れないと判断した。マラドーナは自尊心を傷つけられた。そしてこう言ってのけた。

「バシーレがひざまずいて頼んでも、二度とあいつのためにプレーするもんか…」

しかし、マネジャーのフランキには、マラドーナが再びクラブチームでプレーする必要があることは分かっていた。だが問題は、いつ崩れるか分からない状況にあるマラドーナに合うチームを見つけることだった。マラドーナはもはや昔のように金を生み出すことはできないし、再び有利な移籍をできるかどうかも疑問だった。

代表復帰を求める声

93年10月、マラドーナにまた救いの手が差し出された。マラドーナにおあつらえ向きの契約が提示されたのだ。アルゼンチンのニュエルス・オールドボーイズから誘いが来たのだ。

ニュエルスの会長ウォルター・カッタネオは熱心にフランキとマラドーナに働き掛け、地元の企業やスポンサーから金を集めて、セビリアに残っているマラドーナの契約の残り期間を約400万ドルで買い取れると説明した上、マラドーナに月給として2万5000ドルを支払うという条件も示した。その時の状況から判断して、マラドーナの財政上のアドバイザーたちは、この申し出は即刻受けるべきだと判断した。

ただ、マラドーナはほんのわずかなゲームしか、ニュエルスでプレーしなかったし、本人の気持ちも乗っていなかった。優勝を狙えるわけではないし、かろうじてリーグで順位を少し上げるのが関の山だった。しかし、周囲の期待感でマラドーナは最初から、大きなプレッシャーを受けていた。体重を落とすために、彼は再び徹底的なダイエットを始め、薬物も使用し出した。有害な結果になることには本人自身は気付いていないようだったが、最初のうちエネルギーを爆発させて走り回っても、試合の終了前には、すっかり動きが止まってしまい、試合後の記者会見でも息切れを起こす。顔も不自然に引きつって、げっそりしている。だが、テレビ局も、地元のマスコミ、さらには、マラドーナのサッカー界への復帰が金になると考える受益集団は、彼の状態がどうであろうと、知ったことではなかった。

マラドーナの復帰に希望をつないで利用しようとしていた者の中に、バシーレがいた。監督としての運はすっかり傾きかけていた。マラドーナなしに連勝を続けていたアルゼンチン代表だったが、フレディ・リンコンやファウスティノ・アスプリージャを擁するコロンビアに0対5で敗れたのだ。アルゼンチン人としては、民族的に劣っていると見下し、まじめさにも欠けるコロンビア人にだけは負けたくなかった。その敗北は国辱として、「エル・グラフィコ」誌に解説された。

その表紙は真っ黒に印刷されていた。

しかし、結局のところ、以前、ほかの監督も経験したように、ものを言うのはサポーターの声だった。コロンビアが重ねていく点数がリバープレート・スタジアムに掲示されるたびに、スタンドの中におなじみのコールが沸き起こった。

「マラドーナー……マラードーナー……マラドーナー……」

やがてバシーレを含む人々みんなが知りたくなったのは、彼が次のワールドカップでプレーするかどうかではなく、いつになれば代表チームに合流できる体調になれるかということだった。

「大事なことは、彼がプレーをし続けることなんだ」と、バシーレは語ったが、アルゼンチンの古い幹部役員の中には、マラドーナの復帰を快く思っていない者たちもいた。その中には、長い間、アルゼンチン・サッカー協会の会長を務めている、フリオ・グロンドーナがいた。保守的で厳格なグロンドーナは、物静かな駆け引きに長けたタイプで、さまざまなアルゼンチンの政権交代の中をくぐり抜けて生き残ってきた。年をへるにつれて、彼のマラドーナに対する嫌悪感は増していった。まったく正反対の生い立ち(グロンドーナはスペイン系で、マラドーナはイタリア系)や生きる姿勢がその理由だった。グロンドーナにとってみれば、マラドーナはショーマンで、規則を破ってばかりいる異端者だった。グロンドーナは、サッカー王国、アルゼンチンのイメージがマラドーナのとどまるところを知らないスキャンダルによって損なわれるのを防ぐために、多くの時間を取られ、そのことにうんざりしていた。そしてマラドーナが世界の注目を浴びる米国でのワールドカップに参加することが、悲惨な結果を生むのではないかと恐れていた。

しかしながら、グロンドーナはがむしゃらに時勢に逆らう男ではなかった。93年末、マラドーナに反対することは、彼の職を奪うことになりかねないことは明らかだった。アルゼンチンのサッカー業界に依存しているテレビをはじめ、マーケティングやクラブの関係者は、落ち込み気味の景気を煽るためにマラドーナの復帰を必要としている点では共通していた。だからグロンドーナは、バシーレがしぶしぶ、マラドーナを大事なオーストラリアとのプレーオフの2試合に復帰させた時にも、公式には、反対の声を上げなかった。それは、アルゼンチンにとって、米国行きの資格を得るため、勝たなくてはならない試合だった。

アルゼンチンはマラドーナのおかげでそれを果たした。彼はまたもや、国の救世主として復権したのだ。

次の数週間、大衆の期待という情け容赦ないプレッシャーがまたマラドーナにのしかかってきた。人々は、マラドーナに彼が世界一だということを証明するように要求した。だが、ニュエルスでのプレーは、歓喜した人々を、失望させてしまう結果に終わった。自分がだれなのか、いったいどこに向かっているのか、という自信喪失がマラドーナを古い習慣に向かわせた。

空気銃乱射事件

94年2月、マラドーナの病んだ心が彼を分別のない行動に走らせた。夏の終わりのことだった。彼はモレノにある別荘でくつろいでいた。そこには、友人たち、ニュエルスのチームメート、父親のチトロ、そして大好きな叔父のシリロがいた。門の外では、記者たちが張っていた。彼らは、事実上、暗礁に乗り上げたニュエルスとの契約や今後の計画についてマラドーナのコメントを取りたかったのだ。マラドーナは彼自身はもちろん、子供たちをそっとしておいて欲しいと頼んだ。記者たちは、マラドーナからきちんと納得のいくコメントを聞ければ、引き上げることを約束した。するとマラドーナは記者たちを侮辱し始めた。友人のひとりが水まき用のホースを持ってきて、記者たちに水を浴びせた。その次にマスターベーションのふりをして、記者たちをあざけり笑った。マラドーナ自身は空気銃を手にして、自動車の屋根にのぼり、狙いを定めて、門に向けて撃った。4人の記者が負傷した。

負傷した記者たちはマラドーナを告訴した。ふたりはマラドーナ側の圧力によって示談となったが、ほかのふたりは、法の正義が、有名人に対するのと同じようにただの労働者に適用されるのかどうか、試そうと裁判に持ち込みたいと考えた。調査に当たった判事はその地方出身の男で、ブエノスアイレスからの政治的干渉はまったく受けつけないことを示すため、見せしめにマラドーナを懲らしめることを決心した。だがその後、彼はマラドーナが、いかに国内の巨大な利益集団を動かす力があるかということを見せつけられた。判事はメネム大統領から、大目に見るようにとやんわりとした圧力を受ける。一方、グロンドーナ会長からのメッセージは逆だった。そのメッセージは、サッカー協会のトップのマラドーナに対する個人的な復讐心が弱まっていないことを示した。グロンドーナは、マラドーナはほかの市民と同様に起訴されるべきで、もし暴行の罪が明らかならば刑務所に行かなければならないと信じていた。彼は、マラドーナがまたもや彼の愛するスポーツを、スキャンダルに巻き込んだことに、腹を立てていたのだ。

舞台裏の政治的な陰謀に気付かずに、人々の反応はいっせいにマラドーナへの同情へと変わっていった。マラドーナがいかにスターの地位にあっても、一般の犯罪者と同じように取り扱われるべきだと主張する者は、少なくとも地元のマスコミでは少数派だった。それよりもこの事件は、マラドーナがいかに非常識——そして時には凶悪な——行為に及んでも、国民は結局目をつむって見逃すという類のヒーローたちと同列に見なされていることを示した。妻の首を締めた上に、投げ飛ばして殺したにもかかわらず、世間からの非難をそれほど受けなかったアルゼンチンのボクシングのチャンピオン、カルロス・モンソンがそうだったし、同じ世界チャンピオンで、ラスベガスの売春宿での撃ち合いで殺されたのにいまだに国民的ヒーローになっているオスカー・ボナベナも同じだ。

マラドーナには法的処置ではなく、ある期間、だれにも干渉されないようにしておくのがベストだと公言した人々の中には、メネム大統領、ボカの何人かの選手たち、それにマネジャーのフランキがいた。マラドーナのファンの多くは、モレノでの事件で、彼が依然として王様であることを証明したとの立場をとった。サッカー場の立ち見席にいるファンの言葉を借りれば、「マラドーナは記者のアホウどもに、どっかに消え失せろ！と言うほどの、金玉のある男だ」ということになるわけだ。

結局、この事件はマラドーナへのアルゼンチンの人々の支持がいかに高いかを示す結果となった。法的な処置は未決定で、彼が撃った記者たちの負傷がまだ癒えていなかったにもかかわらず、マラドーナは米国のワールドカップのキャプテンになってもいいし、またその役も十分果たせることを発表した。人々は歓喜とともにこれを歓迎したが、この声明はマラドーナというたったひとりの高位の聖職者しかいないサッカー狂の国でなければ、とても考えられないようなものだった、そう言う以外に言葉がない。

バシーレ監督はしぶしぶマラドーナをアルゼンチン代表に復帰させた

第21章 衝撃の米国ワールドカップ

TESTING POSITIVE

ダラス発の第一報

1994年6月30日の午後遅くのことだった。アルゼンチン・サッカー協会のフリオ・グロンドーナ会長が、携帯電話をまるで飲み込まんばかりに口に押し付けながらダラス・コットンボウル・スタジアムを出てきた。彼はその直前までワールドカップの1次リーグの最終戦、ブルガリアとの対戦を前にしたアルゼンチン代表の練習を見ていたが、いまはそれどころの話ではなかったからだ。

というのも、そのほんの少し前に、アルゼンチンの記者を中心とした一群の報道陣がFIFAの広報担当、アンドレアス・ヘレンを取り囲み、24時間も前からFIFAの役員や医師たちが興奮した面持ちで右往左往している状況について、納得できる説明をしろと迫っていたのだ。

FIFAの役員がもらす官僚的な言葉の中には、ぶっきらぼうなノーコメントやあいまいな言辞がかえって深い意味を持つことが多い。それは、何か重大なことが起きているということの証明なのだ。そしてこの場合、広報担当が何ら納得できる説明ができなかったということは、記者たちにもっと事情に詳しいニュースソースに接近すべきだという信号を出しているのと同じことだった。

グロンドーナの電話は、実はブエノスアイレスのラジオ局と直接つながっていた。ふたりのアルゼンチン記者が数時間前に内々の情報をつかみながら、十分な確信が得られないため報道できないでいたことが、事実であることをグロンドーナはラジオ局に教えていたのだ。つまり、ドーピング検査の結果が陽性と出た選手は、まさしく、彼らのヒーローであり、サッカーの魔術師と言われ、その天才的な素質によって国際的なスターの座を占めているマラドーナだったのだ。

そのニュースはそれより24時間前、すでにマラドーナの耳に入っていた。教えたのは彼の専用トレーナーであるフェルナンド・シニョリーニだった。その時、マラドーナはアルゼンチンが1次リーグの試合を戦っていたボストンのバブソン大学の寮の一室で深い眠りについていた。もともと眠り込んでいるマラドーナを優しく、かつしつこく揺り起こして、試合や練習に行かせることが、83年、バルセロナで個人トレーナーとして採用されて以来のシニョリーニの仕事になっていた。この時もマラドーナがなかなか反応を示さないので、シニョリーニは過去何百回とやってきたようにマラドーナの体を揺すりながら繰り返して言った。

「ディエゴ、起きるんだ…。このままじゃ大変だ…。とにかく起きてくれよ」

マラドーナがやっと反応を示したのは、シニョリーニが「もう万事休すだよ」と耳元で叫んだ時だった。その時マラドーナはやっと夢うつつから現実の世界へと戻り始めた。

前週以来、マラドーナは、4年前のイタリアでのワールドカップの悪夢がまるでウソかと思うほど気分は最高潮だった。以前に比べるとずっとスリムになり、地元アルゼンチンの記者をはじめ各国の記者の目には、外見上はかなりコンディションもいいように映った。マラドーナは練習の大半をタッチライン近くでやり、その年のアルゼンチンの「追っかけ」の中でも最も異様な風体をした古代ローマ時代の長衣をまとった3人のファンを相手にぺちゃくちゃしゃべってはヒマをつぶしていた。

マラドーナを先頭にしたアルゼンチン代表は1次リーグの第1戦で予想通りの強さでギリシャを4対0で破り、続くナイジェリア戦も2対1の接戦だったが、これを制した。この第2戦の後、マラドーナはドーピング検査の対象者に選ばれたふたりのアルゼンチン代表のひとりであると緑十字の看護婦に告げられ、彼女に付き添われてフィールドを出た。

その時「心配いらない。ぼくがどんなに価値のある人間かを分からせてくるから…」とマラドーナは友人に言った。彼は順調に勝ち進んでいるし、心配することはひとつもないという自信があった。この94年大会は、マラドーナの偉大なるカムバックが売り物で、確かに大会の序盤戦は彼の活躍で大いに盛り上がっていた。彼は米国人の大半が名前を知る数少ないスタープレーヤーのひとりであり、ボストンでは、彼に対する非難の口笛も野次もまったく聞かれなかった。

しかし、こうした楽しいイメージもマラドーナが完全に目が覚め、シニョリーニの表情がはっきりと目に入ったとたんに雲散霧消してしまった。「何か悪いことがあったのか？　フェルナンド…」とマラドーナは聞いた。シニョリーニは答えた。「俺たちはやつらに殺《や》られたんだ」。そしてさらにこう言った。「ドーピング検査が陽性だった。やつらは、お前を出場停止処分にしたんだ」

マラドーナはブラックホールにたたき込まれたように目の前が真っ暗になった。黙ったまま、彼はふらふらとベッドから立ち上がり、バスルームに向かった。そして「俺は死ぬほど練習をした。本当に死に物狂いにやったんだ。それなのになんという仕打ちなんだ…」と叫んだ後、嗚咽《おえつ》の声をもらした。

シニョリーニはマラドーナの行動には滅多に驚かなかったが、国際的な大スターが、廃人同様になってしまったこの時のシーンばかりは別だった。それは永久に心の中に刻まれた。そして後になってこう回想している。

「あの時は、ディエゴの世界がバラバラに砕け散ったような感じだった。彼は心の奥底から泣き、もう手の施しようもない状態だった」

マラドーナがドーピング検査で陽性反応を示したことが公表され、不正薬物使用が判明したというダラス発のニュースは、あのジョン・F・ケネディ暗殺の第一報以来と言っていいほどの衝撃を世界に与えた。

大会の序盤戦の頃にはお手柔らかだったイギリス・マスコミの大部分も、この発表とともに一転して従来のマラドーナ批判に回り、「希代のサギ師」とか「世界サッカーのいい恥さらし」といった激しい調子で非難、攻撃を浴びせ始めた。反面、「インデペンデント・オン・サンデー」紙のイアン・リドリー記者のように同情的な記者もいた。彼は、マラドーナは単なる愚行で自らの墓穴を掘ったに過ぎないと次のように書いている。

《おそらく、マラドーナのプレーへの情熱に匹敵する情熱で試合を観戦しようとする人々は、このニュースを聞いた時、自分はどこにいたかを永久に忘れることはあるまい。このテキサス州の町の38度近い暑さの中で焼け焦げた人々が『ディエゴ、あれはウソだよね。ねえ、そう言ってくれよ』と祈りつつも背筋に寒気が走ったことも永久に忘れることはできまい》

悲嘆から怒りへ

これと同じような声は、マラドーナをいまや神と崇めるほどになってしまったほかの国々でも沸き起こった。バングラデシュの首都ダッカでは、2万人を超すデモが自然発生的に起こり「マラドーナの出場が許されなければ、ダッカは火の海だ」というシュプレヒコールを何度も何度も繰り返した。当然のことながら、国中がショック状態に見舞われたのは母国アルゼンチンだった。本をただせば半ば引退状態だったマラドーナに最後の花を咲かせるため、米国のワールドカップ代表に駆り出したのは、彼をヒーローと崇めたアルゼンチン民衆の間に生まれた熱狂的な渇望だったのだ。

「私のたったひとつの望みは、もう一度アルゼンチン代表になることだ。それを果たせたらサッカーをやめる」とマラドーナは言ったものだ。

ボストンには何千人というアルゼンチンのファンが飛行機で応援に来ており、本国では1次リーグが始まると何百万という人間がラジオやテレビの前に釘付けになっていたのだ。アルゼンチン人が最もあこがれるとともに、最も憎悪の的にしている国、米国で優勝すること――これは86年のワールドカップでマラドーナが率いたアルゼンチンがイングランドを迎え撃って以来の国家的壮挙であることは、明々白々としていたのだ。

対ギリシャ戦でマラドーナがチームの3選手と、ものの見事なパスのコンビネーションの末にチームの3点目をあげた時、アルゼンチンで最も人気のあるラジオ解説者はこう叫んだ。「ガルデルは生きている！　まだ生きています！」。これは、30年代にパリで死んだ伝説のアルゼンチン・タンゴ歌手、ガルデルになぞらえてマラドーナの妙技を讃えたものである。

しかし、ドーピング検査がクロだったというニュースが広まるにつれて、人々が想起したのは、35年6月、ガルデルが死んだ日の事であった。ペロンの死の時もそうであったが、国民の間に深い絶望感が広まり、まるでひとりぼっちに取り残されたような荒涼とした気持ちに人々は包み込まれてしまった。アルゼンチン国民全体が立ち上がれないほどのショックに陥るか、あるいは人前をはばからず泣いた。しかし、ちょうどフォークランド紛争でアルゼンチンが負けた後起きたのと同様に、悲嘆はやがて徐々に、目に見えぬ敵への怒りへと変わっていった。マラドーナの個人的責任を公に追及しようとするアルゼンチン人は少数派であったのみか、そのような者はただちに裏切り者のレッテルが張られた。

少数派の中には、ライバルのテレビ解説者と反対の意見を唱えることで視聴率を稼ぐことを常套手段とするTVコメンテーターのベルナルド・ノイドスタットが含まれていた。ノイドスタットはマラドーナに痛烈な批判を浴びせ、その中でマラドーナを無責任極まりない「薬物野郎」であり、アルゼンチンの国の恥であると決めつけた。

しかし、アルゼンチンにおける一般大衆の同情は圧倒的にマラドーナ側にあった。ただし、それは社会が情緒的にマラドーナ側について、彼と一体感を示したという単純なものではなかった。そこにはもっと現実的な計算、つまり彼がいないと金や地位や影響力を失う連中がいたのである。良かれ悪しかれ、マラドーナ復活に依存するサッカー産業は一度崩れたら立て直すのは容易ではない。仮にマラドーナが公に謝罪すれば、まさに集団的カタルシスのごとき現象の発生を見たかもしれないのだ。しかし、マラドーナが選んだ道は、陰謀の犠牲に再びはまった不遇の天才のイメージをアピールすることだった。

マラドーナはドーピングの結果発表後の初の記者会見で「やつらは、ぼくの両脚を切り落としたのだ」と述べた後、これまで自分がFIFAの言うがままにならなかったことへの、アベランジェ会長、ブラッター事務総長らFIFA幹部の報復的制裁であると取れる発言を行った。

「実にやり口が汚い。私はアベランジェやブラッターを信じたいが、こうなってしまったからには…、もう話す言葉もない…」

FIFAは加盟国の多くでマラドーナが依然として根強い人気を持っていることを配慮しつつも、さすがにこのマラドーナの告発を否定しないわけにはいかなかった。

96年3月、私がこの本の出版準備にあたっていた最終段階でのインタビューで、ブラッター事務総長はこう力説した。

「私が言いたいのは、世界のサッカー・ファミリーへのマラドーナの復帰のために私が日夜努力を続けているということだ。私は、常々ディエゴ・マラドーナが素晴らしいサッカー選手であると思ってきた。米国でマラドーナのドーピング検査がクロと出たと知った日は、私の人生にとって最悪の日のひとつだった。いろいろ努力はしたものの、結果は大きな失望に終わった」

しかし、その94年の日を境に、マラドーナ発言が引き金になって「謀略説」をネタにひと儲けをたくらむ連中がアルゼンチンに続々出てきた。その中でも想像力の点で抜きん出ていたのがアルゼンチンのジャーナリストで、90年のイタリアのワールドカップの際、メネム大統領を説得して、マラドーナをスポーツ大使に任命させたフェルナンド・ニエンブロだった。

マラドーナの承認ともうひとりの協力を得て、ニエンブロは「イノセント（無実）」という小説を書いた。それは、読者に「すべてのものは、単に可能性があるばかりでなく現実に起こりうる」と納得させるため、事実とフィクションを織り交ぜて書かれていた。ニエンブロ自身の目で見た94年のワールドカップの小説は、大会が秩序良く、またつつがなく開催されるために、マラドーナがCIAのワナにはまったという途方もない筋書きで成り立っている。ある場面では、CIAの情報員のひとりが牧師に扮してマラドーナに飲み物の中に麻薬を入れて飲ませるというシーンも出てくる。

張本人はチェリーニ

だが、事実は違う。ナイジェリアとの試合前にマラドーナに「薬物入りのカクテル」を飲ませたのはCIAのメンバーではなく、マラドーナの友人やアドバイザーで構成される――メンバーが入れ代わり立ち代わる――取り巻きのひとり、ダニエル・チェリーニだった。

チェリーニは93年の夏、マラドーナがナポリを去り、セビリアで短期間プレーした後、アルゼンチンに帰った時に紹介されてマラドーナの取り巻きのひとりとなった。

マラドーナは、不振のシーズンの後で体重は増え体調は不良、精神的にも落ち込んでいた。一方、対照的にいつもリラックスし、いかにも自信に満ちたように見えるチェリーニは、彫刻家がノミで注意深く削り上げてつくったような隆々たる筋肉の持ち主で、顔も常に健康色に日焼けした、ギリシャ神話のアドニスを絵にしたような美男子だった。

チェリーニはブエノスアイレスで「ニュー・エイジ」というジムを経営していた。彼はボディービル選手でもあり、自慢の種は8年前に「ミスター南米青年コンテスト」に優勝したことだった。それ以外の彼の身分証明といえばどこで出したか分からないような体育トレーナーと栄養士の免許であった。しかも、その両方ともアルゼンチンでは正式な職業としては認められていないものだった。

チェリーニと最初に会った瞬間からマラドーナは、彼の体を理想像と考えたふしがあり、チェリーニの言う「体力回復と快調な体づくりのための早くて絶対安全なコース」に簡単にはまりこんだようである。チェリーニの体づくりの方法は、激しい運動とドラスチックなダイエット、そしてビタミンとミネラルの補給というこの3つをミックスし、それに一定期間にわたって体重軽減とそのエネルギー供給のための薬物補給を加えるというプログラムであった。

マラドーナは自らの減量と、アルゼンチンでの新しい所属チーム、ニュエルス・オールドボーイズでシーズン開幕までに調子を取り戻すというふたつの目的のために、簡単に薬物投与のこのプログラムに乗ってしまった。しかも驚いたことに、チェリーニは少なくとも表面上はこのプログラムで、マラドーナの体から余分な脂肪を完全にそぎ落とすとともに、筋肉を見事に磨き上げ、マラドーナの体型を劇的に変えて見せたのである。マラドーナが過去数週間にわたってセビリア・チームで見せていたあの丸っこい顔が、骨までそげたようにやせこけてしまった。

マラドーナがニュエルスで試合をしたのは契約問題のこじれが原因で、わずか7試合だった。しかし、マラドーナはこの7試合の感じから、自分がまだ十分次のワールドカップの代表としてやれるし、やるべきだという考えに達した。そしてこのチェリーニを、これまで長い間自分のトレーナーを努めてきたフェルナンド・シニョリーニとともに自分の専用スタッフのメンバーに加えるべきだと考えた。アルゼンチン代表のプレ・ワールドカップ国際遠征ツアーの数週間前、この3人はアルゼンチン大草原の中央にある人里離れた農場へと出掛けた。これは、いかにもシニョリーニらしいアイデアであり、過去10年彼がマラドーナの個人および職業的生活の観察を通じて生まれたものであった。

「ここを選んだのは、スパルタ・トレーニングができたからだ。ここにはテレビが1台あるが、古くてほとんど映らないし、お湯も出ない。楽しみをもたらすものといえば、音楽とサッカー試合の実況が聞けるラジオくらいのものだった」とシニョリーニは回想し、さらにこう語った。

「到着してすぐ私はこう言ったのを覚えている。『いいかい、ディエゴ、もう一度トップに戻りたかったら、どん底からスタートするしかないんだ。あのハングリーだったビラ・フィオリート時代に戻るんだよ』ってね」

シニョリーニの気掛かりはチェリーニの存在だった。彼のことを知れば知るほど、シニョリーニはチェリーニが信用できなくなった。シニョリーニに依頼されてチェリーニの履歴を調査したひとりが、アルゼンチン国立スポーツ・クリニックの責任者を務めていたネストール・レンティーニ医師だったが、レンティーニによるとチェリーニは、ちゃんとした医師としての資格を持っていないどころか、もっとひどいことに、89年の女子ボディービル・コンテストで彼のガールフレンドがアナボリック・ステロイド使用を理由に追放処分を受けたドーピング事件に関わっていたことが分かった。

このような事実が明らかになったのに、シニョリーニもレンティーニも、マラドーナに対して、チェリーニと縁を切るよう進言しなかった。その理由は、マラドーナの取り巻きグループにあっては、その人間がマラドーナの信用を完全に失わない限り、だれもその人間を非難しないという不文律があったからだ。だからこの種の部族内での悪事も、部族の長がハッピーである限りだれもとがめることなく放置され、チェリーニはマラドーナをそうしたハッピーな気持ちに保つことに成功していたのだ。

マラドーナの医事チーム内の緊張は、ワールドカップが始まる数週間前から水面下で沸騰点に達しつつあった。それまでのワールドカップでは、FIFAの医事コントロールは決勝トーナメントが始まってから初めて抜き打ちによるドーピング検査が行われる程度だと知っていたので、アルゼンチン代表は選手の薬物使用の規則についてはあまりやかましく言わなかった。しかし、米国大会はFIFAが新しく規則を変更し、予選ラウンドからテストができるように改定したのである。

レンティーニはどうにもチェリーニが信頼できず、チェリーニがマラドーナのダイエット・メニューの中に不正薬物を混入させていないかを確かめるために、マラドーナの尿のサンプルを採り常時分析を試みていた。これにはアルゼンチン代表の公認ドクターであるエルネスト・ウバルデ医師も賛同した。彼もまたマラドーナがチェリーニに寄せているほどの信頼を自分が勝ち取ることができないのを不快に思っていたひとりだった。

チェリーニとシニョリーニの間では、マラドーナの理想体重が何キロであるべきかについて絶えず論争が繰り返された。シニョリーニは、チェリーニの食事療法は運動量が少なくて、瞬間的な動きが必要な競技選手に向くかもしれないが、中、長期の時間にわたって動き回るサッカー選手には向かないのではないかと疑っていた。

シニョリーニは、チェリーニのやり方はワールドカップのような大会ではさまざまなリスクをはらんでおり、あまり極端に走らないよう歯止めをかけることにした。その時のことを彼は私にこう話してくれた。

「チェリーニは自分のトレーニングを受けた者が、写真によく写ればトレーニング自体が成功だと判断した。しかし、それだからディエゴがいいプレーをできる保証にはならないと、私は思っていた」

マラドーナがセビリアから帰ってきた時の体重は92キロだったが、彼がニュエルス・オールドボーイズ入りを目指して練習を始めたわずか1カ月の間に、70キロにダウンした。これはチェリーニがワールドカップに必要だと考えていた体重とまさにぴたりだった。一方、シニョリーニが主張する理想体重は77キロだった。ふたりは、脱水症状を起こさせないでいかにスピードや敏しょう性、パワーを保持していくかについて真っ向から対立した。マラドーナが好きな時に好きなだけ食べることを許されたあのメキシコでのワールドカップのようなことは、もはや許されなくなっていたのだ。

このように外部では知られていなかったが、米国でのワールドカップを直前に控えたアルゼンチン代表チームは、内では、マラドーナの体重が論議の争点になっているという、普通ではおよそ想像もつかない状況が生まれていたのである。

ワールドカップ初戦の相手はギリシャだった。マラドーナはこの試合に76・8キロで出場したが、彼はシニョリーニとチェリーニに「かつてないほど調子がいい」と語り、アルゼンチン代表からも「マラドーナの調子は絶好調でやる気満々でいる」という情報も伝わってきた。

しかし、デビュー当時からずっとマラドーナのプレーを見守ってきたある記者は、ボストンの大会前のトレーニングの調子を見て内心不安を抱いていた。ブエノスアイレスの有力紙「クラリン」のベテラン・

サッカーライターのオラシオ・パガニは、当時の不安を次のように回想する。

「米国入りしてみると、私のところにやってくる連中は口をそろえて、ディエゴの体調が実に素晴らしいとほめそやした。でも、私が彼のトレーニングを見た時は我が目を疑った。10分もすればもう息を切らせていたからだ。にもかかわらず、ドーピング検査で彼が尿のサンプルを提出した直後にインタビューした際に、マラドーナはことさらに、自分の状態がいいことを強調した。いまが一生のうちで最高の時だとも言っていた。彼は本当に自分が用いた薬物の正体を知らなかったのかもしれないし、あるいは、そうでなければ希代の大ウソツキだったと言うほかはない」

ナイジェリア戦の2日前、マラドーナが気安くしているもうひとりの数少ない記者のひとり、スペインの日刊スポーツ紙「マルカ」のホセ・マニエル・ガルシアがダラスのホテルにマラドーナを訪ねた。ガルシアは、マラドーナの92〜93年の短期間のセビリア滞在以来、しばらく彼と単独で会ったことはなかった。彼はマラドーナがとても元気そうに見えるのと、以前に比べると非常に積極的でやる気満々なのに強い印象を受けた。ただ、窒息しそうなテキサスの猛烈な暑さとホテル内の冷房の効き過ぎとの落差で彼がどうやら風邪をひいているように見えた。マラドーナは鼻を詰まらせしゃべりにくそうだった。ガルシアは典型的なアンダルシア地方のユーモアでインタビューを締めくくった。

「ディエゴ、お前さんはひどいインフルエンザに見舞われそうだぞ。出ていけと言われる前に、こちらからさっさと退散といくか…」

マラドーナはニコニコしながらソファから立ち上がった。

「心配御無用、これから教授のところへ行く。教授がよく眠れるように、いい薬をくれるはずだ」

教授とは、シニョリーニのニックネームだった。ナイジェリア戦に先立って、マラドーナが服用したのはそのシニョリーニが用意した鼻の治療薬だけではなかった。医療チームはそのほかにも数種類の薬物の服用をすすめ、その中には急激に体重を減らす集中ダイエット・プログラムに使う減量のための補助薬品も含まれていた。

実は米国に着くと、チェリーニはアルゼンチンから持参してきた薬品に代わる物として、その補助剤を購入していたのだ。それは米国では薬屋のカウンターで簡単に購入でき、アマチュアスポーツでは広く使用されている物だったが、その中には、FIFAが肉体的な能力を高める薬物として禁止リストに載せている物質が含まれていた。チェリーニは後になって、自分はこの事実を知っていながらそのまま使ったのではなく、まったく気付いていなかったため試合前にマラドーナにあえてそれを教える理由もなかった、と主張している。またマラドーナのほうは、グラウンドで自分の肉体的能力を高めるのを承知の上で禁止薬物を使ってはならない、と定めているFIFA規則に違反した事実はまったくないと主張した。

テレビカメラへの叫び

94年7月1日、FIFAのワールドカップ組織委員会は、その5日前にマラドーナから採取した尿を検査したふたつの別々の検査所からの検査結果を明らかにした回状を配布した。

「サンプル番号FIFA220、1994年6月25日ボストンで採取、試合番号23、選手D・A・マラドーナ、アルゼンチン、UCLA　CWAO4識別番号」という表題の付いた回状は、マラドーナの尿から検出された薬物を次のように記述している。

サンプルA、サンプルBとも、1994年ワールドカップ大会FIFAスポーツ医事委員会が作成したFIFAのドーピング・コントロール規則3・5A（興奮剤）が禁止薬物として指定した次の成分を含んでいた。

エフェドリン、メトエフェドリン、フェニルプロパノラミン＝ノルエフェドリン（以上禁止リストに記載）、このほかプソイドエフェドリン、ノルプソイドエフェドリン（両物質はリストに載っていないが、化学的な内容物および生物学的効果から見てエフェドリン、ノルエフェドリンに類似した代謝生産物の可能性あり）。

この回状は、FIFAがワールドカップ米国大会に備えて再検討したドーピング・コントロール・システムに準拠して発表された物だった。

マラドーナのケースについて言えば、まずアルゼンチン代表の公式ドクターであるウバルデ医師が自分のチームの選手全員に施された薬剤の名前とその分量を公式フォームに記載した上、試合の72時間前までに行われた医学的な処置をすべて細かく記載する仕組みになっていた。

ウバルデ医師が書き込んでFIFAのドーピング・コントロールに提出したフォームには、禁止薬物についてはまったく触れておらず、ウバルデによれば、試合前に自分の医事チームのほかのメンバーから提供を受けたデータ通りのものであったと説明している。

アルゼンチン対ナイジェリア戦の前半が終わって、FIFAスポーツ医事委員のひとりが、FIFAのコミッショナーと各チームの代表役員ひとりの立ち会いのもと、ふたつの小袋から番号札を取り出した。円形のプラスチックの上にプリントされた1チームふたりの番号のうちのひとつが、マラドーナの背番号

「10」であった。

試合が終わるとマラドーナは、役員立ち会いのもとで尿のサンプルを用意するよう求められた。そのサンプルはふたつの小ビンに分けられ、封印をしてロサンゼルスのFIFAのラボに送られた。最初のテストで陽性が認められると、FIFAは規則に従ってアルゼンチン代表に2番目のビンの尿で再度のテストを要求する権利を認めた。アルゼンチン代表の中で、最初の検査結果にまったく異論を唱えず、検査そのものが公正に行われていることを認めたひとりに、マラドーナの個人弁護士ダニエル・ボロトニコフも入っていた。

マラドーナがフォックスボロのグラウンドを去った後、FIFAがダラスのフォアシーズンズ・ホテルで公式の記者会見を開き、ドーピング検査陽性の結果マラドーナを大会から締め出すと発表するまでに、ほぼ5日間が経過していた。

その間、問題の主人公がほかならぬマラドーナであるということが知れ渡るとFIFA内部では異例とも言っていいほどの秘密協議が始まった。世界で最も強力なスポーツ団体のひとつであるFIFAの歴史の中でも、マラドーナほどFIFAの役員の頭を悩ませた存在はなかっただろう。グラウンドの内外における彼の自制心のなさ、権威に対する暴発的な反抗は、元来は普遍的なルールで自らを規制すべきサッカーというスポーツにとっては、ひとつの厄介な不安定要因になっていた。一方、この何年間にわたって、サッカーが金を生み出す企業になる可能性を、自ら模範になって示したのも、その同じマラドーナであった。彼は、生まれながらにして観客にアピールし、テレビスターになる素質を備えていた。同時に、スポーツの外交官の能力はともかくとして、世界のサッカー界では最高の知名度を持ち、少なくとも第三世界の広範囲では最も愛されたサッカー選手であったことも確かだ。FIFAは、マラドーナが巨額の金を生み出す可能性を持った選手であることを、何度も何度も思い知らされてきたのだ。

マラドーナは、今度は本気でサッカーに取り組もうという固い決意で米国へやってきていた。マラドーナに限らずほかの選手たちも、米国へ来てみてFIFAのテレビ契約のせいで、この炎熱の夏の一番暑い時間に試合をしなければならないことを知ったが、マラドーナは86年メキシコ大会の時のように、それを公に問題にして大騒ぎを起こすような真似はしなかった。

しかし、やがてFIFA内部に警戒警報が鳴り始めた。それはギリシャとの対戦でマラドーナが最初のゴールを決めた後のことだった。マラドーナはテレビカメラの前に走り寄ると、そのカメラにまるでかみつくようにして何かを叫んだ。

マラドーナにしてみれば、単に「俺はカムバックしたぞ」と世界に向かって言いたかっただけかもしれない。しかし、全世界の何十億という人たちにテレビを通じて伝わった彼の狂ったような表情は、何か復讐を感じさせるものがあり、この大会が人々を楽しませるためのスポーツイベントであるという本来の趣旨とはあまりにもかけ離れた行為であった。

本来ならFIFAは自分たちの規則を無視してでも、このテレビショットの一件と米国にやってきて以来のマラドーナの興奮状態を理由に、この時点ですでにドーピングの検査を行ったとしても、いささかの不思議もなかった。いずれにしても、最終的に自分がドーピング検査の対象になったのは、もっと大がかりな謀略の一部だったという彼の主張には、人々を納得させる証拠は何ひとつない。

FIFAに擁護者なし

FIFAにくすぶっていたマラドーナに対する偏見が浮上してきたのは、ドーピング検査がクロと認定されてからのことで、それもまさに復讐の色彩を帯びていた。マラドーナはサッカーのしきたりをまたもや踏み越えた悪ガキであり、いまや役に立たない余計者であった。

米国国民に、サッカーの素晴らしさを見せつけようと必死だったFIFAも、いまやこの反逆者を受け入れる余地はなく、ましてやこの改心のかけらもないドーピング野郎の面倒見などは論外の話だった。

もはやFIFA内部でマラドーナを擁護する幹部はひとりもいなくなった。アルゼンチン・サッカー協会の会長を長く務めてきたフリオ・グロンドーナに至っては、先頭に立ってマラドーナの集中攻撃に加わった。グロンドーナの同僚の中には、彼がもみ消し工作をするものと期待した者もいたが、結果はおよそ逆だった。テストの結果が陽性であることが分かるや否やグロンドーナは非公式ながらFIFAの仲間のメンバーにこう約束した。

「どんなペナルティーが課されても、私は全面協力すると考えていただいてけっこうです」

最も強硬な態度を示したのは欧州サッカー連盟の会長、レナート・ヨハンソンで、そのヨハンソンを支持したのがイタリア・サッカー協会の会長アントニオ・マタレーゼだった。ふたりとも、ヨーロッパでプレーしていた頃のマラドーナのやりたい放題の生活ぶりを注意深く観察した結果、広い観点から見れば、マラドーナがサッカーというスポーツに与えている影響は決して良いものではないと判断していた。そしてヨーロッパのクラブを幅広く見渡しても、そんなに物議を起こさないでもマラドーナに匹敵する才能を持つ選手は十分見つけられると考えていた。特にマタレーゼは、マラドーナが90年のワールドカップでイタリアのサポーターの分断を図ったことは到底許されるべきものではないと考えていたようだ。

しかし、最終的にはＦＩＦＡの公正さと威厳を保ちつつ、マラドーナをどう処罰するかはアベランジェ会長とブラッター事務総長のふたりが決定を下さなければならない問題だった。

それまでのワールドカップをできる限り特定の宗教や政治、倫理問題に絡ませないで保ってきたのはアベランジェの成功と言ってよかった。それが、常に目をグローバルマーケットに向けているアディダスやコカ・コーラといった会社に彼が気に入られてきた理由でもあった。これらの多国籍企業はスポンサーシップという点でＦＩＦＡの財政面での生命線でもあった。

アベランジェは、マラドーナの第三世界での人気を無視できないことは、十二分にわきまえていた。ワールドカップにラテン・アメリカやアフリカ・チームが加わっていることが極めて重要であることも承知していた。こうした考えの中にはアベランジェ個人の強い政治的思惑が働いていた。というのはアベランジェがＦＩＦＡの中で長期政権を保っているのはこうした第三世界の役員たちと戦術的な同盟関係を結んでいたからである。

こうした事情から、彼はブラッター事務総長の助力を得て、一部から出たアルゼンチン代表全員を米国大会から追放すべきだという声には耳を貸さなかった。結局、残り試合にマラドーナは自動的に出場停止という決定がなされたが、大会が終わるまで問題が尾を引くことがないように、３つの別々の調査委員会の結論が出るまで、それ以上の処分は行わないことにした。ひとつの調査はグロンドーナ、あとはＦＩＦＡスポーツ医事委員会のアントニオ・ロサダ（チリ）とイリ・ドボルジャク教授（スイス）が担当することになった。得をしたのはマラドーナで、彼は多額の契約金でアルゼンチンの最終ゲームの解説者を務めるというういうまい話にありつくことができた。

94年8月24日——あのナイジェリア戦のちょうど2カ月後——FIFAのワールドカップ組織委員会は、チューリヒで会議を開き、マラドーナのドーピング問題に関する結論をようやく出した。その中身は「マラドーナは、競技力を上げるために意図的に薬物を使用したとは認められず、減量ダイエットに用いられていた薬物の正確な構成成分が何であるかもまったく知らなかった。しかし、そのような事情はあっても、マラドーナはFIFAのドーピング・コントロールに関する規則には違反している」という裁決だった。

さらにこの薬物をマラドーナに与えたチェリーニにも責任があるとし、マラドーナとチェリーニのふたりに対し、15カ月間いかなるサッカー活動にもたずさわることを禁止するとともに、罰金2万スイスフラン（当時の金で約150万円）を課すことを決めた。処罰がチェリーニだけにとどまらず、選手にも及んだという点で、FIFAは86年メキシコ大会の時より強いスタンスを取ったと言える。

メキシコでのワールドカップでは、スペインの一選手がテストの結果陽性と判明したが、スペイン・サッカー協会の幹部がその責任を巧妙にドクターに転嫁させることによって選手は免責となったいきさつがある。その点、ドーピングに関してマラドーナにも罪ありと判断するに至ったのは、FIFA当局が彼の過去の麻薬歴も考慮に入れたからである。

78年のアルゼンチンでのワールドカップで出場停止処分を受けたスコットランドのウイング、ウイリー・ジョンストンも薬物使用の前歴があり、その点ではマラドーナとの間には類似性があった。この時のジョンストンの出場停止処分はマラドーナより3カ月短かったが、その代わりジョンストンは、ナショナル・チームのメンバーとしてのプレーは以後永久に禁止された。しかし、マラドーナが米国から帰国した時、そのような提案をする勇気を持ったアルゼンチンのサッカー役員はひとりもいなかった。

大統領の嘆願書

それどころか、意外にもFIFAが決定を下した数日後に、アベランジェはマラドーナを救おうとする前例のない嘆願書を受け取ることになった。5ページにわたる手紙で、アルゼンチンのメネム大統領が自国ばかりでなくすべての世界のファンに代わってと前置きしながら、FIFAに特別恩赦を呼びかけたのである。

それはまったく異常な手紙で、マラドーナがアルゼンチンの国家的シンボルと言いながら、大統領自身の政治的な私利私欲むき出しの内容のものであった。大統領の主張は、一口で言えば、マラドーナは特別待遇扱いにすべきであり、あれだけ破廉恥なルール破りを再三にわたってやったにもかかわらず、彼にサッカーを続けさせるべきだというものだった。

「マラドーナが(ドーピング検査の後で)公に『自分は彼らに殺されたようなものだ』と言うのを聞いた時、私はとても深刻な憂慮を抱いた」とメネム大統領は書き、次のように訴えている。

「出場停止が、選手、特にマラドーナのような性格の選手にどんな心理的な衝撃を与えるかを考えると、私はマラドーナに対しては特別な考慮を与えるべきだと思う…アルゼンチン人民の大統領として、私はマラドーナがFIFAの処罰を受けた選手としてではなく、彼のあの魔術にも似たプレーで世界中のファンを喜ばす選手として、彼の選手生命をまっとうできるよう、すべての人の声を代表しているとの確信のもとに上記のように嘆願するものである」

メネム大統領は、自分がアルゼンチンという国を統括してきたやり方と同様、アベランジェも中世の城主のように言論を抑圧し、恩顧を売るというやり方で、FIFAを運営してきたことを百も承知だった。そこで、メネムはアベランジェには直訴したほうが得策だと判断したのだ。

アベランジェにはマラドーナに同情したい気持ちもあり、マラドーナの人気も十二分に承知していた。しかし、彼にはFIFAのルールが厳然たる壁になっていた。一度、FIFAの会議で決定されたものをひっくり返すことは、いくら大統領からの要請でも不可能で、それをやろうと試みるだけでも、大変な騒ぎになることは必至だった。

マラドーナ問題をFIFAがいかに真剣に考えていたかは、処分が決まった直後の内輪の会議の議事録からすでに明らかだった。ブラッター事務総長はアベランジェ会長の脇に座りながら、スポーツ医事委員会のメンバーに対して、これはワールドカップ期間中の「最も憂慮すべきこと」とした上で、彼としてはこの出場停止処分を支持する発言をした。

ブラッター事務総長はさらに、ドボルジャク教授に対し「この問題に関する科学的なサポート」について感謝の言葉を述べた後、次のように締めくくった。

「この決定は結果的には正しかったことが証明された」

次に発言したのが、スポーツ医事委員会の委員長であるベルギーのミッシェル・ドフーだった。彼は、この事件を教訓にして規則をさらに厳しくすることを望むと次のように発言した。

「マラドーナ事件は、ワールドカップ全体に暗い影を投げかけた。今後薬物使用に関する情報は、個人使用を含めてその乱用を防ぐよう改善され、ドーピング・コントロールが今後さらに厳正に行われる事が何よりも肝要である」

同委員会はさらに理事会の今後の検討課題として、今後すべての選手はそれぞれの国のサッカー協会の直接の支配下に入り、その国のチームドクターだけが管理すべきであるとの勧告案を提出した。

この改善策には、各国協会やチームドクターは当然不正なことはやらないし、職業モラルを守っているという前提があった。これ自体がマユツバな話であるのに、さらに見当違いなことは、FIFAによって立つ基本原則、つまりスポーツの倫理性を維持し、選手の健康な肉体と健全なモラルを守るためにはワールドカップの本大会および予選ラウンドでドーピング検査を行うことで十分足りるとの判断をしたことである。しかも米国大会後のFIFA役員のトップ会議では、クラブレベルでのトレーニング中の抜き打ちドーピング検査の導入を却下していた。ところが、本当はFIFAの医事関係者の間でさえも、チームのメディカル・アドバイザーや時にはクラブの役員とも結託して禁止薬物を使用している常習者を根絶させるには、この方式が最も信頼できる抑止力になり得ると考えられているのだ。

だが、ブラッターが招集した会議は「実際問題としてドーピング検査をクラブレベルでのトレーニング段階で実施するのはまったく不可能である」との結論を出した。

しかし、処分の決定と改善勧告を出すに当たって、FIFAはマラドーナの一件については、意識的に本当のことを言っていない。検証してみると、マラドーナ事件については、FIFAが言っているより、もっと多くの人々が責任を追うべきであり、そうした点から考えても政治あるいは興行的な事情を配慮して設けている現行ルールをより厳しいものに変える必要がある。

この問題に深く関わった人たちとのインタビューで得た意見から判断すると、マラドーナ自身のコントロールを含めてアルゼンチン代表内の管理がまさに無秩序で混乱状態であったとしか言いようがない。

例えば、アルゼンチンの医事チームの数人がワールドカップに至るまでの数週間に課した監視システムは、まったく効果を発揮せず、すでにマラドーナが米国に到着した頃には完全に崩壊していた。マラドーナの栄養士であるチェリーニと、チームドクターのエルネスト・ウバルデ医師の間の関係は最悪で相互不信の極致に達しており、自分が何をしているかを相手に伝えて連絡し合うことはまったくなかった。それと同時に、チェリーニはマラドーナへの影響力をさらに強めているように見え、大会の初戦が近づけば近づくほど、ウバルデやマラドーナの個人的なトレーナーであるシニョリーニは、チームの主将であるマラドーナの行動に対して、自分たちのコントロールが利かなくなっていることを痛切に感じ出した。

チェリーニの言いなりになっているマラドーナは、もはや記者や何百万という視聴者が見守る中でワールドカップを目指してトレーニングに励んでいるマラドーナとは別人だった。

自信たっぷりの外向きの姿とは裏腹に、彼は深刻な不安と妄想にとりつかれ、危機的な精神状態に落ち込んでいた。年齢的な限界と長年にわたる肉体の酷使、そしてチームの連中がいかに彼ひとりに頼り切っているかどいうプレッシャー、自分の肩にかかる責任感の重さなどすべてをひしひしと感じていた。

マラドーナの正統的医学に対する不信感は、もはや妄想に近いほどまでに強くなっていた。ほかの医者から見ればチェリーニは「偽医者」に見えたが、マラドーナは自分に魔法の力を生み出してくれた過去何人かのまじない師的医者と同系統の人間として信頼しきっていたのだ。

94年の米国ワールドカップに深く関わったマラドーナの取り巻きグループのひとりが私にこう説明してくれた。

「米国に着いた頃、マラドーナはいわゆる正統的医学に対する不信感を再びあらわに見せ始めた。肉体的にも精神的にも、自分はほかの選手とはまったく違う。したがって自分は自分のステータスに合わせて特殊な扱いを受けて当然だと思っていた。彼はワールドカップで成功することを必死になって望んでおり、それを成功に導くのはチェリーニ以外にはないとも信じていた。もちろん完全に間違った考えであり、ノイローゼ患者にしか考えられないような発想だった」

チェリーニが土壇場になって、マラドーナが使用していた薬剤の中で変更を行ったことは、チームドクターのウバルデに知らせておくべきだった。ウバルデはのちに、自分もシニョリーニもチームの心臓学者のロベルト・ペイドロ博士もこの情報については知らされていなかった、と言っている。しかし、それでもFIFAへの報告書でフリオ・グロンドーナが書いたように、チェリーニの職務怠慢だけを責めるのは一方的に過ぎる。

出場停止処分を受けた後、マラドーナがあわや公にもらしそうになったことだが、チェリーニはアルゼンチンの役員や医師そしてFIFAによって、この件に関する彼らの関わりを隠ぺいするための都合のいいスケープゴートにされたのだった。

確かにこのいささかエキセントリックな栄養士は、関係者以外にはあまり名を知られた存在ではなかったが、まさに悪役にぴったりのタイプだった。だが実際にあれだけのことをやれたのも、アルゼンチンの役員の中にそれを阻止しようとする者がひとりもいなかったからである。

マラドーナが、彼に対して全面的に自分の身を預けている限り、役員たちはチェリーニの好きなようにさせておくしか方法はなかったのである。ともかく一番重要な問題はマラドーナがワールドカップの試合に出てプレーすることであった。どんな形であろうが、彼が出場してくれればよかった。これはFIFAのお偉方たちの考えでもあったのだ。

マラドーナを出場停止処分にし、それ以上の連帯責任の広がりを阻止した裏には、システム上の欠陥があるのではなく、マラドーナひとりに責任をなすりつけることによって、マスコミがセンセーショナルに報じたこのたった一件を除けば、ドーピングのまったくなかった大会ということを世界に示す狙いがあった。それはスポンサーにとっても実に耳に快いメッセージでもあった。

では、マラドーナに個人的な責任はどれほどあったというのだろう。彼の性格上、チェリーニにいろいろとただすことはなかっただろうし、ましてや仮にチームが公式の薬物コントロールを受けるように申し出ても彼はこれを断ったであろう。調査に関わったFIFAの古参役員はFIFAの立場を弁護しながら、私にこう語ってくれた。

「マラドーナは自分が食べたり飲んだりしている物については、まったく無関心だった。いったん人を信頼すると――これはチェリーニの時がそうだったが――とにかく信用するというのが彼の性格だった。自分が使用している薬物が変えられたことで疑義が生じたとしても、彼にはどうでもいいことだった。どんな方法でもいいからただプレーをしたかったのである」

最終的にFIFAは、過去にプレーの上でまやかしの前科を持つマラドーナに対して、事実上は疑わしきは罰せずという寛大な措置を取ったことになる。FIFAは、88年のソウル・オリンピックでIOC

がベン・ジョンソンに対して取った措置とは違って、マラドーナが自らの競技力を高めるために故意に薬物を使用したという告発はしなかった。しかしＦＩＦＡは、明白に薬物操作の対象となり得る選手が「自分は知らなかった」と主張しても、それは言い訳としては通用しないとの見解を示したわけだ。

マラドーナの怠慢と職業意識の欠落、そしてそれに甘えきった態度は、もう少しのところで94年米国ワールドカップの雰囲気を台無しにしてしまうところだった。あの時、米国で起こったことは単に偶発的なスポーツ上の逸脱行為ではなく、若くしてスターになったマラドーナが長い間かかってつくり上げてきた、彼の生活パターンの延長線上の出来事に過ぎなかったのである。

94年米国ワールドカップ第2戦のナイジェリア戦後にドーピング検査に連れていかれ、その後陽性が発覚した

第22章 マラドーナを追って

CHASING DIEGO

コッポラの挽回策

1994年の米国でのワールドカップで、マラドーナのドーピング検査が陽性と判明した後、何者かが操縦する自家用機がボストンのフォックスボロ・スタジアムの上空に姿を現した。その飛行機は後尾に〈マラドーナ、プリマドンナ〉と書いた横断幕をつけて飛んでいった。

それはやがて訪れるマラドーナの運命を暗示する墓標のようにも見えた。

しかし、アルゼンチンに帰ったマラドーナはあきらめなかった。というよりあきらめるわけにはいかなかった。選手としての出場停止期間が続いている間に、彼は監督業もやった。最初は地方の小さなクラブ「デポルティボ・マンディジュ」、次いでそれに飽き足らずトップリーグの「ラシン」の監督に就任した。彼はつい1年前のあるインタビューでは、自分はとても監督の器ではないと明言していた。彼はまだセビリアにいた頃、アルゼンチンの作家アリシア・オルティスに対してこう言った。

「私は自分以外のプレーヤーにはできないことを選手には教えられないのだ」

ディエゴ・マラドーナは、1年前に言ったことなどはすぐ忘れてしまう。結果的には、短期間の彼の監督業は散々なものだった。その理由は単に選手たちが、マラドーナの持つ天賦の才能を真似できなかったばかりでなく、マラドーナも選手たちの才能を十分に引き出せなかったからである。「マンディジュ」はリーグから降格したことがあったが、この降格が決まった試合で、彼がレフェリーに向かって「お前は泥棒でウソつきだ」「金玉のない意気地なしの臆病者だ」と暴言を吐いているシーンがフィルムに収められている。

「マンディジュ」の後の「ラシン」時代も、結局監督としては短命で問題が多かった。彼は数日間家出をして行方不明になった。どこかで酒や麻薬のどんちゃん騒ぎをやっていたに違いない。妻のクラウディアが大統領府に捜索の助力を願い出てやっと発見されるという始末だった。

しかし、これがマラドーナの最終的破局にならなかったのは、ギジェルモ・コッポラが彼の人生の途上に再び姿を現してきたことに負うところが大きい。コッポラは91年、マラドーナのマネジャーをやめたが、以来ゆっくりではあったが着実にマラドーナとの友情の絆の回復に努めてきた。コッポラはアルゼンチンではあまり好まれている人物ではない。マラドーナの友人の中には、マラドーナがナポリで麻薬の世界に落ち込んでいったのもこのコッポラのせいだという人もいる。それでもコッポラ自身は自分とマラドーナとの関係は確固たるものだと自信を持っていた。コッポラは、マラドーナと一緒にやっていくには、わがまま放題にさせておきながら、一方で鋭い的確なビジネス上のアドバイスを与えることが最良の方法だと思っていた。

それよりも何よりも重要な要素をなしていたのは、コッポラがネットワーク作りと確実な取り引きに非常にすぐれた才能を持っていることだった。ナポリでは彼はマラドーナに経理関係をきちんと処理してくれるよう頼まれた。それから8年、マラドーナは自らがはまりこんだ混乱状態から立ち直るために再びコッポラの力を借りることになった。

そしてコッポラは、またもマラドーナを立ち直らせることに成功した。発想を転換したコッポラは、アルゼンチンのテレビ界の支配を強め出したビジネス・グループに、マラドーナを売り込んだのである。入り組んだ仕組みの話だったが、マラドーナのボカ復帰の金銭上の面倒を見てもらう代わりにテレビ局「アメリカ2」に一連の試合の独占放映権が与えられたのである。ドーピング問題でマラドーナの商品価値はワールドカップ以後最低に落ちていただけに、これは大成功と言ってよかった。

さらにコッポラは、マラドーナの国際的イメージを回復するため、マラドーナが直接グラウンドでプレーをしなくてもすむようないくつものＰＲ作戦を展開し始めた。

まず95年9月、世界中のマスコミにマラドーナの個人名でファックスを送り、国際的なプロのサッカー選手の組合結成式に招待した。しかも、この選手の『団結』を示すイベントは、欧州裁判所のカール・オットー・レンツ首席判事が、選手に移籍の自由についてより大きな権限を与える決定を下し大きな波紋を投じていた時期と見事にタイミングを合わせて開かれたのである。

パリの5つ星のホテル「メリディアン・エトワール」に、マラドーナは娘の乳歯でつくったイヤリングをつけ、黒のトレーナー姿で現れた。

我々記者団は、ホテルのロビーでマラドーナの到着を待っていたが、突然彼はホテルの玄関から入ってくると、さっとボディーガードに囲まれプライベートな応接室に連れていかれた。

私は限られた何人かの記者とともにピタっと壁に耳を寄せて中の様子をうかがおうとした。ポーターがスーツケースを引きずっていくと、マラドーナの取り巻きのひとりが叫んだ。

「おい気をつけろよ。その中には薬が入っているんだ！」

私は心の中で叫んだ。「やっぱり、いままでと変わっていないんだ…」

マラドーナが再び姿を現した。一休みしてリフレッシュしてきたように見えたが、それでも34歳の若さにしてはちょっと老けた感じは否めなかった。そして11人、1チーム分のスタープレーヤーも出そろった。彼らはマラドーナ同様ＦＩＦＡやクラブの上層部と問題を起こしてきた連中ばかりだった。例えば、ジャンルカ・ビアリはイタリア代表としてプレーするのを拒否していたし、ジョージ・ウエアは信義にもとる行為でごうごうたる非難の中、パリ・サンジェルマンからＡＣミランに移籍したばかりだった。そして最後はエリック・カントナで、彼は激高したファンに逆にカンフーの蹴りを食らわせてマラドーナ同様、ＦＩＦＡから出場停止の処分を受けているのだった。

この会の集まり具合にマラドーナ個人はホっとしていた。ブエノスアイレスを発つ前は、自分は世界中の仲間からもう信用を失っており、パリでのこの会合も結局のところボストンでのあの事件以上の屈辱に終わるのではないかと考えると、不安でパニック状態に陥っていたのである。

しかし、それでも彼はスター選手たちが努力をしてこの会に参加してくれたことを考えると、今度は参加に応じてくれなかった連中に怒りを向けた。その怒りの対象は、特にペレ、プラティニ、ベッケンバウアーといった連中に注がれた。こうした連中は彼にはまるでFIFAの手先のように思えたのである。

彼はまた、アルゼンチンやスペインに住む仲間がだれひとりとして参加しなかったことにも失望していた。バルダーノやレドンドを含むかつての同僚などはフランス国境のすぐ南隣にいたのに来てくれなかったのだ。

しかし、それでもこのイベントはマラドーナが失望や敗北を過去に押しやって、立派に復帰したことを世界に伝えようとしたものだった。マラドーナは予想以上の数の人が集まったと記者に語ったが、それ以外にも電話で支持のメッセージを伝えてきた者の中にはルート・フリットや、フリスト・ストイチコフが含まれていたことや、先約がなければイングランドのガスコインやプラットなども参加したはずだと語った。

選手組合の結成が発表された後、ほかの選手はその場所から消え、マラドーナだけが残った。それはまさにマラドーナのワンマンショーで、メディアを操る手口は昔ながらのものだった。イングランドのサッカーについて聞かれると、マラドーナはグレン・ホドルとケビン・キーガン両監督の采配ぶりに賛辞を述べ、こう語った。

「イングランドのサッカーはかつてはあまりにも『静的』だった。選手は、まるで飛行機が爆弾を運んでくるのを待っている兵士のように、ただ漫然とボールが自分のところまで来るのを待っていた。だが、いまは違う。みんなすごく動くようになった。ホドルとキーガンがイングランドのサッカーを変えたのだ。だから私は、ブエノスアイレスでイングランドのサッカーを楽しんでテレビで見ている。イングランド・サッカーに敬意を表したい」

その後、アルゼンチンの記者を中心とした記者団に囲まれたが、マラドーナとしては今度の企画をマスコミがさまざまに報道してくれると思うと内心は大満足だった。彼はこの『組合』の役目として、クラブのオーナーやＦＩＦＡ幹部が力を持ち過ぎているという不平や不満を持つ世界中のプロ・サッカー選手を代表し、そうした不平、不満のパイプ役になることだと力説した。

彼の話は延々と続いたが、スイスなまりのひとりの記者がマラドーナに対し、あなたの本当の狙いはＦＩＦＡの大事な財産を取り上げることにあるのではないかという挑発的な質問をした時には、沈黙して答えに応じなかった。彼は、その質問者がＦＩＦＡのアベランジェ会長かブラッター事務総長の命を受けて彼を怒らすために挑発したのではないか、いやひょっとしたらＦＩＦＡのスパイかもしれないと疑ったのだ。

それまでは、この選手組合結成の発表でサッカーを統括するＦＩＦＡの中にも、若干の動揺が見られていた。ＦＩＦＡの関係者としては、革命が起こるのが怖かったのだ。しかし、パリからチューリヒのＦＩＦＡ本部にニュースが届くと、マラドーナ革命軍も、しょせんは『張り子のトラ』であることを知って初めてホッとした。

韓国訪問

翌日、マラドーナはチャリティーマッチが行われるイスタンブールに到着した。そしてイスタンブールからソウル行きの飛行機に乗り、一日遅れでボカに合流した。しかし、この訪問も舞台裏の意見は交錯していた。ボカとマラドーナを呼ぶことに強い疑念を表明したのは、２００２年のワールドカップの韓国政府誘致委員会のアドバイザーたちだった。

そのひとりが後に私に次のように語った。

「我々はマラドーナを呼んでも、彼が何をしでかすか分からないのが心配だった。彼は麻薬使用の経歴を持っているし、プレーでインチキをするという評判の持ち主でもあった。我々の間でも、そうしたイメージに結びつけられるのは得策でないとの判断があった。つまり、マラドーナの韓国訪問がむしろ逆効果になって、誘致のマイナスになるという危険性があったのだ」

それでも韓国はメネム大統領を先頭にアルゼンチン政府からの強い働き掛けを受けていた。大統領は、コッポラはじめアルゼンチン・サッカー産業の代表者から、マラドーナを派遣すれば大統領が予定している韓国訪問の際に外交、通商上で大きなプラスになると吹き込まれていたのだ。

最終的には、韓国政府もマラドーナとボカの訪問は韓国サッカーの存在を世界にアピールすると同時に、ワールドカップ開催国を決定する際に、アルゼンチンの支持を取り付けられるとの判断に達した。（実際には、投票権を持つFIFA理事のグロンドーナ・アルゼンチン・サッカー協会会長は、96年5月チューリヒで2002年ワールドカップの日韓共同開催を決定するまでは日本支持だった）

マラドーナの韓国訪問はまさに純粋な政治問題になった。

「すべてが政府レベルの問題として直接処理された」と、ある韓国役員ものちに回想している。

だが、この役員も後になって後悔することになる。マラドーナはもともと外交官向きではないし、外交官としていい仕事ができるはずがないのだ。彼は感情があまりにも激し過ぎ、あまりにも自分勝手過ぎるのだ。泊まっていたホテルの従業員と騒ぎは起こすし、韓国の子供たちのサッカー教室でも、公式の写真撮影の予定時間になっても姿を現さなかった。

こうしたことはアルゼンチンでは日常茶飯事のことなのだ。韓国訪問の細かい不祥事は本国への報告からは注意深く省かれていた。むしろ、そうした報告は天才マラドーナの復活をうたい上げていた。ソウルにはマラドーナ一族とともに、彼が気の許せる友人、おべっかを使う取り巻き、親類、過去および現在のマネジャー、サッカー役員、テレビ業界の大物やジャーナリストが集結して、マラドーナの復帰に有頂天になった。かくして、さまざまな利権集団が、再びマラドーナの肩にずっしりとのしかかることになり、「神」は再びサッカーの世界に姿を現すことになった。

95年10月、この本を書くにあたっての調査のため再びアルゼンチンを訪問し、5週間にわたってマラドーナの取材をしたが、私はそのわずか5週間の間に自分が過去5年半ブエノスアイレス特派員として、アルゼンチンにおける戦争や政権交代、経済危機などを取材した時以上の注目を現地メディアから集めることになってしまった。

私はアルゼンチンで最も人気のある「オラ・スザンナ」というトークショーに、マラドーナを主題にした特別番組のゲストとして初めて出演することになった。

そのショーのホストであるスザンナ・ヒメネスは年寄りにも若い人にも人気があった。まだ若い女優だった頃、プロ・ボクシングの世界チャンピオン、カルロス・モンソンの恋人として突然ゴシップ欄に登場したこともあった。私が番組に出た時、彼女はちょうど50歳を迎えたところで、アルゼンチンの最も愛されるタレント、セックスシンボル、そしてトークショーのホステスとしての地位を確立していた。

彼女はマラドーナのために、いくつかの番組を作っていた。彼女がかつてモンソンに対して抱いていた気持ちがそうであったように、自分の考えたことを率直に発言し、実行するという点でマラドーナを尊敬していたのだ。また同時にマラドーナをテーマにすれば常に高い視聴率が保証されたことも大きな理由だった。

この番組に彼女が呼んだ私以外のゲストは、コッポラ、アルゼンチンのジャーナリストのフェルナンド・ニエンブロ、アルゼンチン代表チームの元コーチ、カルロス・ビラルド、アルゼンチン・テレビのコメンテーター、マリアノ・グロンドーナ、そして同じくアルゼンチン人のエステバン・ウブナーというオックスフォード大学の大学院生であった。ショーの口火を切るよう頼まれたのはウブナーだった。なぜかというと、この番組が生まれた理由は彼にあったからである。

彼はマラドーナに対してオックスフォードで講義をしてくれるよう頼んだ。ヒメネスはそのことを——実際は間違いだったのだが——「これまで国際的なスポーツマンが与えられた中で最もアカデミックな栄誉」と自分の番組で大々的に取り上げたのである。

トークショーはその後、ビラルドがマラドーナのサッカー技術についての思い出話を語り、コッポラが、マラドーナのボカへの完全復帰を関係者がいかに喜んでいるかを語った。また私自身は、マラドーナがイギリスへ来たら彼はイギリス人の敵意を感じるかもしれないが、と前置きして次のような話をした。

「イギリス人はマラドーナにドーピングのことや、『神の手のシュート』のことを質問するだろう。だが、その反面彼らはイングランド戦で『神の手』の後にやってのけた神業の2点目のシュートのことも忘れていない…」

神の言葉

オックスフォードの弁論講堂での講義は、まさしくそのような形で進行したが、ほんの数人を除けばマラドーナの真実の顔を見抜ける者はいなかった。コッポラ・マネジャーの本来のもくろみは、メディアやサッカー当局から長年にわたって不当な仕打ちに耐えた後、いまやっと世界的に尊敬の念を勝ち得たというイメージの売り込みだったのだ。

マラドーナに与えられた『博士号』は確かに偽の学位――つまりイベントを主催したユダヤ人協会には学位、帽子、ガウンを与える権限などはなかったが、そんなことはこの際どうでもよかった。「神の手」や麻薬に関する質問にしても、マラドーナはユーモアを交えながら巧みにはぐらかした。「私をプレーさせなかったのは薬物使用ではない。私が過ちを犯したことは認めよう」と述べた後、彼はこう力説した。

「サッカーの世界には権力者がいっぱいいる。その連中は私を抹殺し、破滅に追い込もうとするが、それができないのだ。あの連中は、言ってもらいたくないことを私が平然と言うものだから、なんとか私を破滅させようとしているのだ」

マラドーナは「神の手」事件については弁解もしなければ、後悔の色も示すことなく、学生たちから贈られたプラスチック製の「腕」を握りながら、天使のような笑顔でこう語った。

「あれは神の思し召しだった。それだけのことなんだ」

マラドーナは、時々詰まりながら単調で一本調子の『講義』を行った。前もって十分に目を通した形跡もないような棒読みだった。事実、草稿はコッポラとボロトニコフ弁護士のペンによるもので、マラドーナではとても思いつきそうもない哲学的内容を含んでいた。

自分の人生についても、まったくのデタラメではなく、ポイントははっきりと突いていた。

「少年時代からサッカーは私に無類の喜びを与えてくれた。しかし、そのような喜びをもたらす人間が薄っぺらで実のない人間であるはずはない。私はそうした喜びを人に与えるために、この世に生まれてきた…。私の心の中にはただプレーをしたい、そしてスタンドのどよめきと、それが生み出す言葉では言い表せない不思議な雰囲気に喜びを感じたいだけなんだ。サッカーがビッグビジネスであるかどうかには興味がなかった。しかし、それがサッカーの世界の一部である以上は、無視するわけにはいかなかった」

マラドーナの講義は、ＦＩＦＡに対する間接的な批判とサッカーが金権主義によってその純粋性を失っているという指摘で終わった。そして最後に彼は聴衆に対し自分の信条である『４つの高潔な真理』で締めくくった。

「家族、友情、連帯、正義…」

まさに「神」の言葉であった。

95年9月プロ選手組合結成の会見で弁舌を振るう

韓国代表とボカ・ジュニアーズの試合は政治的に仕組まれたものだった

第23章 マラドーナ復活

MARADONA REDIVIVUS

代表監督

2010年1月、南アフリカ・ワールドカップイヤーのブエノスアイレス。マラドーナは一見生まれ変わったように見えた。無責任な態度、記者に対する口汚い暴言によって人気は一時低下したが、アルゼンチン代表監督として信頼を取り戻しつつあった。彼の過去の不貞は許され、元妻が金銭面を取り仕切る中、一番新しいガールフレンドと公に一緒に暮らしていた。娘たちとは和解し、サッカー選手の妻となった娘の子供を祖父として溺愛し、若い女優として成功していたもうひとりの娘にも父としてサポートする姿勢を見せた。スリムな体型を取り戻し、しばらくは健康が危ぶまれることはなく、コカイン中毒もどうやら過去のもののようだ。

公に与える印象はそうだ。しかし、表面の下に切り込むと、私がこの本の取材を始めた頃と変わらない。

マラドーナは予測不能で、不安定な天才なのである。時に暴力に落ちてしまうところは、言うことなすこと彼の生育環境のせいであり、内面に秘めた悪魔のせいでもあった。無法地帯の貧しい街で育ち、長期にわたる薬物中毒、取り巻きや都合のいい時だけ近寄ってくる悪い人物は、彼を利用することを習慣としていた。

アルゼンチンは、その巨大な経済的潜在力を永遠に生かせない、ラテン・アメリカの失敗国家である。政治家や財界人の間では汚職が蔓延し、サッカー・ビジネスではやり手の商売人がトップから底辺までを牛耳っている。マラドーナは人間的な欠陥とともに無駄ともいえるほどの素晴らしい才能を持っているにもかかわらず、既得権益者たちが簡単に出入りできる世界に身を置いており、彼への興味が尽きることがなかった。政治に対して猛烈な態度で声を上げ、大人になってからはブエノスアイレスからバグダッドまで、彼を崇拝する熱狂的なファンたちからエネルギーを与えられてきたのと同じように、マラドーナ自身も権力者から栄養をもらって生きてきたのである。彼の傲慢さと生来の執念深さが、世界中での人気を低下させている。しかし、忠誠心の強いファンの間では、マラドーナが大金持ちになる前に、ゴミ捨て場のような土の広場でボールを自在に操ることを学んだ、天性の才能を持つプレーヤーが生み出す、魔法のような瞬間の記憶が忘れられないのだ。

ボカの南側は、国民的アイドルとしてのマラドーナ神話が最も長く続いている地域である。マラドーナは自分の魂が最も近いクラブがボカ・ジュニアーズだと、いつも公言してきた。ボカ自体が社会からのはみ出し者たちの場所であり続けることを好み、その中心地には浅黒い肌のマラドーナの絵が多数描かれている。マラドーナをプレーヤーとして、狂信的なファンとともに受け入れてきたボンボネーラ・スタジアムやその周辺の壁画や彫刻は、マラドーナの存在を永遠のものにしている。この博物館ではアントニオ・ラティン、ウーゴ・ガッティといったクラブの伝説的な人物たちが多数見られるが、その中でマラドーナは、だれもが認める史上最高のプレーヤーという人々の誇りとして存在している。

引退報道の影

1996年9月のある日の夜、マラドーナはロンドンにあるイタリアンレストランで、私と向かい合って座り、私が手渡したばかりのこの本の初版を見ていた。何カ月にもわたって彼を追って世界中を飛び回ってきた私にとって、この瞬間はまさに彼が自分自身を受け入れるかどうかを見極められる決定的瞬間だった。だが、この夜は過去の行いを暴露する夜になる運命ではなかった。マラドーナの隣には代理人のギジェルモ・コッポラと、ジャンルカ・ビアリがいた。彼らの姿から陰謀を脅迫されているように感じたが、私が彼らの会話の邪魔をしたことは予想できた。マラドーナがチェルシーでのプレーを希望しているという噂と関係のある話をしていたのだと思う。しかし、話の内容が何であろうと、それ以上その話題に触れることはなかった。そしてそのあとすぐにマラドーナがロンドンで一番有名なナイトスポットに消えていったのを見送った。

マラドーナはそれから数日、本に対する反応は見せなかったが、スペイン南部のリゾート地、アリカンテに〝健康のための治療〟に訪れてていた時に、薬物中毒だったことを告白し、私の本に協力してくれた人たち全員を裏切り者だと非難した。スペインのラジオ番組では「バーンズが俺をボロクソにしやがった」と明かしていた。

マラドーナはアリカンテで酒浸りになっていた。早朝にホテルに戻る姿を目撃した者は、とても変な感じで乱れていたという。電気系統の故障でエレベーターに閉じ込められたマラドーナは、足から出血するまでドアを蹴り続け、消防隊に救助されてからも、テーブルやイスを蹴り飛ばしながら喚き散らし、ホテルの支配人が損害賠償の請求を迫るまで収まらなかった。37歳目前にして、プレーヤーとしての絶頂期はとうに過ぎており、どん底に向かっていた。それはマラドーナの波乱万丈な人生の最終章の始まりだったのかもしれない。

その数週間前、国内リーグ戦の大事な時期に5度PKを失敗したマラドーナは、ボカ・ジュニアーズを退団すると発表していた。86年のメキシコ・ワールドカップでは、イングランド戦での不正ゴールを、神の思し召しだったと主張することで正当化したが、この時は不調の理由を負の魔法をかけた魔女のせいにしていた。マラドーナはその頃も薬物依存症に苦しんでおり、何人もの医者に助けを求めていた。

ボカ・ジュニアーズの役員たちはマラドーナが試合中に突然倒れることを恐れていた。薬物依存による心臓への多大な負担が悲劇を引き起こすのではないかと考えたのだ。この時マラドーナは国営テレビで「サッカー選手としてのマラドーナは死んだ」と爆弾発言をしている。結局、マラドーナは97年10月までボカでプレーしたので、その時に流れた、マラドーナがついにスパイクを脱ぐという報道は、世界のサッカー界のヘッドラインとしては時期尚早だった。

00年1月、マラドーナは死に直面する。体重過多と父から受け継いだ心臓の疾患により、ウルグアイのリゾート地プンタ・デル・エステでの休暇中に倒れ病院へ運び込まれたのだ。倒れた原因は高血圧と心拍数の異常であった。コッポラは今回の入院は薬物とは関係ないとメディアに語り、マラドーナの友人でアルゼンチン大統領のカルロス・メネムは「ストレスによるもの」と発表した。後になって、マラドーナの血液と尿を調べたウルグアイ警察は、コカインの過剰摂取を明らかにした。

コッポラはベッドに横たわるマラドーナの姿を手配して放映し、回復していることをアピールした。しかし、現役を引退してから3年が経ち、体重は12キロも増えてしまっていた。顔はむくみ、目の下にくまができていたが、生き延びていた。もし、これがマラドーナでなければその日、死んでいたかもしれない。だが、危機的な状況に陥るたびに、彼の回復力と幸運が医者たちの予想を覆してきた。

マラドーナが21世紀にも生き続けることを知らせる電話を受けた私は、ちょうど世界中のマラドーナファンとオンラインチャットでつながっていた。リバプールのミッキーは、「マイケル・オーウェンよりも多くのクラブで切望されている」と言った。カリフォルニア・サンノゼのチャーリーは「マラドーナはペレより偉大だ」と言い放った。ネパール・カトマンズの人は「マラドーナはサッカーの王様だ」と主張した。アルゼンチンの医師は「アフガニスタンで銃口を向けられた時に、マラドーナの名前を叫んだら解放された」という。マラドーナはいまでも、現役時代の自身の姿のおかげで、世界中のファンから崇拝されているのだ。

87年から93年の間にマラドーナの代理人を務めた国際的なサッカーエージェントのジョン・スミスが、「マラドーナが現役時代は世界市場で最も魅力的な『売れる商品』だったが、その後その価値は一気になくなった」と結論付けたのは、ちょうどその頃だ。90年代の終わりに、マラドーナを監督としてのオファーを携えて、プレミアリーグの3つのクラブと接触したが、すぐに追い返された。

マラドーナに関することで予測可能なものは何もない。ウルグアイで倒れて数日後には、キューバのハバナで友人のフィデル・カストロ議長の好意で治療を受けており、あわせてマラドーナのニュースに飢えている世界中のメディアに対して特別インタビューや写真を提供して、経済的な支援体制を整えていた。マラドーナは他人事のように、自身の差し迫った死を予想する人たちの自己欺瞞をあざ笑った。「自分が天国へ昇るのは、ビートルズの4人全員が（天国で）自分に会う準備ができた時だ」と語った。イングランド人ジャーナリストのデビッド・ジョーンズはハバナから、FIFAが実施した20世紀最優秀サッカー選手を選ぶファン投票で1位になったマラドーナについて、「誇大妄想に陥っているだけでなく、完全に気が狂っている」と指摘する。

マラドーナは、ハバナのラ・プラデラ健康温泉リゾート施設に滞在していたが、その様子はとんだ茶番だった。毎朝遅くに起床し、白い帽子をかぶったふたりのシェフが銀色のワゴンで運んできたフルーツやジュースでブランチをとった。時折、施設の中の小さなジムに顔を出し、ベンチプレス10回4セット、レッグレイズ10回4セット、バーベルのトレーニングを数回行うと、汗だくになり喘息持ちのセイウチのように喘《あえ》ぐ。オレンジ色の髪、チェ・ゲバラの入れ墨のあるたるんだ腕、心臓モニターが付いた腰回り。まるで、昔のコメディアン、ハーポ・マルクスのようだった。

カストロ議長はこうした姿を何も気にすることなく、マラドーナの自国滞在によって政治的資金を手にする方法を見つけていた。地元キューバのメディアは、94年のワールドカップでのドーピングスキャンダル以来、彼の入国を拒否し続けてきた北のゴリアテ——巨人兵士（米国のこと）——とは対照的に、マラドーナを人々の良き指導者として描いた。

「フィデルとの会談で私の心臓は持ちこたえることができた。しばらくは生きながらえることができるだろう」
キューバのリーダーとの会談後にマラドーナは明かした。永遠に続くのではないかという空気をふたりで分かち合っていた。

永遠の「10」

1年後の01年、マラドーナは公の場で涙を流していた。彼が涙を流したのは人生で初めてのことではない。この時のマラドーナは、本当のさよならを言うサッカー人生の終わりのいまでさえ、彼を崇拝してやまないアルゼンチン人選手がまだたくさんいて、彼の代わりに10番のユニフォームを着ることを恐れ多くてだれも受け入れられないのだということ知り、感情的になって涙を流したのだ。

ハビエル・サビオラ、ガブリエル・バティストゥータ、ハビエル・サネッティ、エルナン・クレスポ、ファン・ロマン・リケルメ、アンドレス・ダレッサンドロ、マルセロ・ガジャルド、パブロ・アイマール、ファン・セバスチャン・ベロンといった、01年のアルゼンチン代表選手たちのサインが入った10番のユニフォームは、マラドーナ自身が率いるアルゼンチン代表と世界選抜との間で行われた現役引退記念試合で手渡されたものだ。そのユニフォームには、カルロス・バルデラマ（コロンビア）、フリスト・ストイチコフ（ブルガリア）、エリック・カントナ（フランス）、レネ・イギータ（コロンビア）ら、才能のある選手、悪ガキのイメージもある選手、伝説の男たちも名を連ねていた。

世界選抜との試合は11月のブエノスアイレスで行われた。好天で暖かく、ジャカランダの甘い香りが漂っていた。試合前に、マラドーナはターバンを頭に巻き、不正疑惑で逮捕された友人のメネム元アルゼンチン大統領と会っていた。後の報道によると、マラドーナとその側近たちはブエノスアイレスのヒルトンホテルでイベントを開催し、マラドーナは9・11の後に購入してハバナのパーティーでも着用していたオサマ・ビンラディンの被り物を被り、ホテルの廊下を肩をゆすりながら歩いていた。

イベントの日、マラドーナは背番号10のシャツを着て、地元のロックバンド『ザ・パラノイド・ラッツ』が捧げる「ディエゴには永遠にプレーしてほしい」という一曲を終えるのを待った。そしてマラドーナは、それまで数えきれないほど行ってきたように、愛すべきボンボネーラ・スタジアムに向かって歩き出した。6万人の熱狂的なファンが地響きのような歓声をあげる中、ふたりの娘を連れたマラドーナが登場する。スタジアムは青と黄色のボカカラーと水色と白のアルゼンチンカラーに染まり、アルゼンチン版フーリガン「バラ・ブラバ」がスタンドを埋めた。彼らは飛び跳ねながら「マラドーオーナー……マラドーオーナー……」と叫び、歓喜を爆発させ、「ありがとう、ディエゴ」と書かれた巨大な横断幕を広げた。天才ディエゴが彼らに与えた永遠の記憶への恩返しである。

そのイベントはアルゼンチンの経済危機、政治危機の真っただ中に行われ、マラドーナへの本当にさよならを意味するものだった。ザイール共和国（現コンゴ民主共和国）でプロモーターのドン・キングが実現させたモハメド・アリ対ジョージ・フォアマン戦に匹敵するほど大きなイベントだった。まさに世界中の人々を巻き込んだ、マラドーナ版のキンシャサの奇跡だった。

天才が生きた世界

ボンボネーラ・スタジアムで開催されたこの試合は王座を巡る戦いではなかった。マラドーナは、この芝生の中で、史上最高の選手という地位を不動のものとしていたのである。しかし現実は、まだ40歳なのに84キロと太り過ぎた男がグラウンドを小走りする姿だった。

マラドーナは、自分の人生の意味を、サッカーにおける天才的な才能を取り戻すという意味でそこにいた。97年に暴飲暴食で薬物治療に陥る少し前に、ディエゴは選手としてボカを再び偉大なクラブにして、アルゼンチンを98年フランス・ワールドカップに導くことを約束していたが、残念ながら、それは実現しなかった。彼の夢を果たすことはまた別の日に延期されたが、自己正当化の必要性は継続していた。

00年に出版された自伝「Yo soy El Diego」で、マラドーナは自身が生まれ持った才能について語っている。左足首が異常に柔らかく、普通の人が右手でもするのが難しいことを左足で簡単にできてしまうようだ。左足首を自由自在に動かせることに加えて、グラウンドを広く見渡せる視野が加わり、次のプレーを予測できるようになった。

ホルヘ・バルダーノは86年のワールドカップでのイングランド戦の5人抜きゴールについて好んで語ったものだ。マラドーナに「俺はお前が横を並走しているのが見えたんだが、自分でゴールまでいけると分かったからパスをしなかったんだ」と言われたバルダーノは、「なんてことだ！　何よりも驚いたのはディエゴが自分のことを見えていたということだ！」と驚きを隠せなかった。

しかし、あの夢のようなゴールを正確に描写できるのはマラドーナ自身だけだ。グラウンドの右サイドを駆け上がり、ビーズリー、リードとブッチャーを抜き去り、左側にフリーで並走しているバルダーノの存在を確かめてから、自分で行くことを決断して、フェンウィックを内側にかわして外に抜け、GKシルトンをゴール前から引き出してボールを流し込む。必死に戻ろうとしたブッチャーも間に合わなかった。

「見返すたびに、自分が達成したことはウソなんじゃないかと思う。本当に夢のようだ。確かなのは、俺が人生最高のゴールを決めたことだ」とマラドーナは振り返る。

86年の夏に開催されたメキシコ・ワールドカップでマラドーナが見せたパフォーマンスとアルゼンチンの優勝は、大会前にカルロス・ビラルド監督が率いたチームを批判していた人たちの頬を思い切り引っぱたいたようなものだった。マラドーナは次のように振り返る。

「ワールドカップを手にすると、僕らはロッカールームに戻って一番下品なチャントをみんなで歌ったものさ。俺たちはみんなに歌うように仕向けて、ベンチに立っておかしな人のように叫んだ。そしてこれらすべてのことは、俺たちを批判したアホどもに向けられたものだ」

自身の薬物中毒を認めながらも、マラドーナは、少なくともふたつのドーピング検査は不特定多数による陰謀の一部であり、自身のパフォーマンスを上げるために薬物を使用したことは一度もないと明言している。アステカ・スタジアムで行われたあのイングランド戦については、最初のゴールで手を使ったことは認めたが、後悔も謝罪もしていない。そのゴールは、フォークランド紛争で小鳥のように簡単に殺されたアルゼンチンの若者たちに代わって行ったイギリスへの小さな復讐だったと語っている。それは彼を、ディケンズの小説に出てくる、イングランド人の財布を盗んだスリの子供、アートフル・ドジャーのような気分にさせたようだ。

マラドーナは審判、ＦＩＦＡ、金儲け主義の選手、腐敗した政治家を激しく非難し、予想通りに真のファンの味方についた。

「私は声なき者たちの代わりだ。神に見捨てられて荒れた生活を送っている彼らが声をあげるチャンスはないが、私の前にはいつでもマイクがあり、私が声を代弁してくれると感じる多くの人々を代表している」

76年から83年にかけて9000人から3万人もの犠牲者を出したアルゼンチンの軍事政権の末期に、マラドーナはずっと沈黙を守ってきたが、その事実を正当化する必要がないと考えていた。ナポリ時代に殺戮の場所からほど近い場所でプレーした後――当時、マラドーナの自宅は、悪名高い軍事政権の拘留所から通りひとつ隔てた場所にあった――マフィア組織、カモラ一家のボスたちと写真に納まって喜んでいたのは、彼らに利用されていたのではなく、自分がそれを楽しんでいたからだ。彼は自伝の締めくくりで「40歳になったいま、自分は自分以外のだれも傷つけたことがなく、家族以外のだれにもなんの借りもないと神に誓って言える」と主張した。

スタジアムの中の熱狂

01年、マラドーナは表彰のためボンボネーラ・スタジアムに戻ってきたが、それに向けて再び健康な体を取り戻すために、コロンビアにある病院で膝の手術を受けた。白い粉（薬物）の国で健康な体を取り戻そうとする皮肉に、マラドーナの狂信的なファンは途方に暮れた。マラドーナは試合が開始してはじめて、その自己欺瞞がグラウンドという祭壇に生贄として捧げられていることに気づいた。90分間の試合時間のうち、わずかな時間しかプレーできないほど、体が戻っていないことは、傍から見ても明らかだった。そのため、試合はマラドーナに合わせて行われ、ほかの選手はスピードを落とし、本気でボールを奪いに行かず、マラドーナがなるべく多くボールに触れるように気を使った。彼は頭脳の働きも体の動きも遅く、ほとんどボールを取りにも行けず、パスミスばかりしていた。

だれもが知る世界最高の選手が周囲の選手に情けをかけられている姿を見るのは、とてつもなく悲しいことだった。しかしその悲哀は、マラドーナがＰＫでゴールを決めるというパントマイムによって帳消しにされたが、マラドーナの周囲に膨れ上がった感情を軽視するものであり、マラドーナの尊厳を守るために選手たちがとった共犯関係を事実のものとして浮き彫りにした。

マラドーナがもう自分の力でゴールを決めることができないことは、その酷い体からだれもが分かっていた。ほかの選手が得点しアルゼンチン代表チームがリードしている状態で、マラドーナがゴールを決められるようにＰＫをお膳立てした。マラドーナは前に進み、胸をパンパンに膨らませ、足を木の幹のように動かして、ボールを蹴り込んだ。コロンビア代表のＧＫイギータがほとんど動かなかったこともあって、ボールはネットに決まった。

その後、ゴールから30メートルのところでマラドーナはボールを受けると、イギータの頭上をループシュートで抜こうとした。この時イギータはウェンブリー・スタジアムのイングランド戦で披露したあの伝説の「スコーピオンキック」さながらのプレーで、マラドーナのミスシュートを跳ね返した。試合は後半の終盤に差し掛かっており、マラドーナはほとんど走ることも、歩くことさえもできなくなっていた。汗まみれになって、もたついていた。

彼があれほど愛したサッカーで、折れた柱のようになったマラドーナの姿に、私は同情を禁じえなかった。マラドーナの名誉のために催されていた試合なのに、理想としていた姿とは程遠いものだった。しかし、彼は以前にもこのような状況を経験していた。サッカーへの愛情と自分自身を破滅に追いやる振る舞いとの両立に苦しみながら、それでも常に生き残ってきたのだ。試合が穴の空いた風船のようにしぼみかけた時、激しく息を切らしていたマラドーナは、水の入ったボトルを手に取って、洗礼の儀式のように、頭の上から中が空っぽになるまで掛けた。一瞬だけリフレッシュした後、アルゼンチン代表のユニフォームを脱ぎ、その下に着ていたボカ・ジュニアーズのユニフォームをスタジアムの観衆に見せてアピールした。まるで、彼の人生がスローモーションで再生されているかのようだった。

マラドーナは目に涙を浮かべると、快適なＶＩＰ席を購入したセレブ、政治家、サッカーの役員たちに向かって二本指を立て、スラム街出身の浅黒い肌をした人、失業者、悪党や盗人が陣取る立見席のスタンドに向けて連帯のジェスチャーを見せた。

この時、マラドーナの最も忠誠心の高いファンである、暴れ者、無法者で、上半身裸の男たちといった、ラ・ドーチェ――12人目の選手といわれる熱狂的なファン――が、立見席で、上下にジャンプしてボンボネーラ・スタジアムを揺らしていた。爆竹を大砲の弾幕のように打ち鳴らし、スタジアム全体に火薬の匂いと残響が充満した。男たちの歓声と爆音でスタジアムは熱狂の渦と化した。その熱狂はスタジアムを通り越して、国中、世界中へと響き渡り、世界中のテレビ解説者は言葉を失い、「信じられない！」といった無意味な言葉を繰り返していた。マラドーナはチームメートの肩に担がれ、目を天に向け、人々の熱狂を求めて両手を広げ、この不朽の名声の魅力に酔いしれて、過去の成功や勝利でも見せたことのない姿で泣き始めた。

スタジアムの外の危機

スタジアムの外では、フェルナンド・デ・ラ・ルーア大統領の下で、アルゼンチンという国が最も深刻な危機に陥っていた。財政赤字の急速な拡大と高い失業率に対処できないアルゼンチン政府に対する信頼が失墜し、銀行預金の取り崩しが起こり、「コラリート」で知られる銀行口座からの引き出し禁止が発動されたのだ。ブエノスアイレスをはじめとする各地で暴動が起こった。首都ブエノスアイレスでは、商店や銀行の略奪が相次ぎ、国会議事堂に火が放たれた。デモ隊と警察隊との衝突により、27人の民間人が死亡し、数百人の負傷者を出した。約20年前のフォークランド紛争以来となる、最悪の政治的暴動となった。

アルゼンチン代表は02年に日韓共催のワールドカップに向けて準備を進めていた。78年の優勝時のように、この大会でもチームが国の士気を高めてくれることが期待された。政治崩壊の中でマラドーナがアルゼンチンの副大統領選に立候補するのではないかという噂が流れた。その頃牢獄から出されたばかりの友人である、ペロン党の元大統領、カルロス・メネムの協力を得る算段だった。

デ・ラ・ルーア大統領が辞任した後、アルゼンチンは政治的空白期間に入り、暫定大統領が次々と入れ交わり、政権維持に奔走するも、ことごとく失敗に終わった。デモ隊や一部メディアは「やつら全員いなくなれ!」のスローガンを掲げ、政治家たちを批判した。02年1月、かつてのブエノスアイレス州知事でペロン党のエドゥアルド・ドゥハルデが新しい暫定大統領に就任し、固定金利を廃止したため、ペソの平価が3分の2以下に切り下げられ、その結果国民の半数以上が貧困に陥った。翌年、新たな選挙が行われ、5月25日にまた別のペロン党のネストル・キルチネルが大統領に就任した。かつてはヨーロッパを凌ぐ繁栄を誇り、食料と石油を自給自足していたはずのアルゼンチンだが、結果的には中産階級が疲弊し、国民の多くが栄養失調に喘いでいた。

キルチネルは、ファン・ペロン、エビータのポピュリズムを彷彿とさせる政治用語を響き渡らせて、国の社会問題に取り組むことを約束し、国の膨大な債務の抜本的な再交渉に着手した。外交政策の面では、米国から離れ、ベネズエラのウーゴ・チャベス大統領、ボリビアのエバ・モラレス大統領などのラテン・アメリカの新興民族主義的な指導者との連携を深めて再編することが発表された。軍部による人権侵害問題を摘発する動きや裁判官の腐敗に対する行動を見せたものの、キルチネルの政治スタイルは、かつて務めていた石油資源豊富なサンタクルス州の知事時代の経験を反映したものだった。

キルチネルはアルゼンチンという国を自身の領地とみなして支配するようになり、お金になるビジネス契約といった恩恵を友人に渡し、地域の権利者、労働組合運動、権利を剥奪された社会的弱者の間で、政治的に提携させた。

マラドーナは、新たな政治環境が自身の利益につながることを理解した。04年、ナポリ時代に生まれたイタリア人少年のディエギートこと、ディエゴ・シナグラが実子であることを認めたマラドーナは、幼馴染で長年連れ添った妻のクラウディア・ビリャファネと離婚し、エセイサの近郊の高級住宅街にある新しい家に引っ越した。近くにはアルゼンチン・サッカー協会が所有している代表チームのためのトレーニングセンターがあった。04年当時、この地域は政府と結びつきの強いペロニストの地盤だった。マラドーナの家は地元の弁護士アレハンドロ・グラナドスによって援助されていた。グラナドスの息子は地元のサッカークラブのオーナーで、潤沢な資金を持ち、影の多い怪しいビジネスに興味を持っていた。この高級な住宅をマラドーナがいかにして手にしたのかは、後に、グラナドスや彼の友人、キルチネル家、45年からアルゼンチンの政治を牛耳っていたペロン党の力によるものだったことが明らかとなった。

08年4月、グラナドスはマラドーナがペロン党の党員となり、伝説の「10番」で登録したことを発表した。09年8月には、莫大な収益をもたらすサッカーの放映権が国有化されたが、財政難にあったクラブの収入を増やすために、マラドーナは熱心に政府を後押しした。

「10番の夜」

マラドーナがペロン党の正式党員になる4年前の04年4月18日、彼は命に関わる健康問題にさらされた。コカインの過剰摂取による心臓発作の疑いで、ブエノスアイレスの病院の集中治療室に運び込まれたのだ。しかしまたしても、彼の死の報道は誇張だったことが判明した。それから1年も経たないうちに体調不良と肥満のため、食欲を抑えるために胃のバイパス手術を受けた。術後、厳しい食事制限が課され、食事は消化がよいすり潰したもの、アルコールを禁止された。過去にマラドーナが暴飲暴食だった時、ピザを7枚、ケーキを多数平らげ、大量のシャンパンを飲んだと言われている。コロンビア人医師に胃を縫ってもらってから数週間後、テレビ番組の司会者として登場したマラドーナはかなり細くなったように見えた。

その番組はラ・ノーチェ・デル・ディエス（10番の夜）というトークショーで、マラドーナはペレ、マイク・タイソン、ロビー・ウィリアムズ、フリオ・イグレシアス、そしてお気に入りの政治家であるフィデル・カストロなど、世界的スターを何人も招待した。第1回のオープニングでは、マラドーナとペレがサイン入りの代表ユニフォームを交換し、1分間ふたりでヘディングでのパスを交換し続け、ペレのギター演奏でマラドーナがタンゴの歌を歌った。ペレは麻薬中毒を乗り越えた好例としてマラドーナを称え、麻薬関連の罪で逮捕された自分の息子にも影響を与えたと言った。マラドーナは涙を流しながら、麻薬中毒再発から自分の人生を救ってくれた家族や友人に、感謝の気持ちを伝えた。この放送は高視聴率を獲得したが、だれもが信じたわけではなかった。その数日後、ユーチューブに投稿されたなりすましによる裏話では、マラドーナ人形がイングリッシュパブで女性にわいせつな提案を繰り返し、最後はシュガーボウルから大量のコカインを吸引するという放蕩三昧な姿で終わっていた。

ロビー・ウィリアムズがマラドーナのインタビューを受けた時は、ふたりともアルゼンチン女性が世界で最もセクシーで、ジョージ・ブッシュは愚か者で人殺しという意見で一致し、視聴者はふたりが称賛し合う姿を目にした。政治問題のテーマは、カストロにインタビューした時も続いていた。キューバの指導者にインタビューすることが自分の夢だったとマラドーナは語ったが、実は以前に何度も会っていた。マラドーナがキューバの指導者と意気投合したのは、ブエノスアイレスの貧しい郊外地、ビラ・フィオリートで生き抜いた幼少時代の本能的な反抗心からだった。マラドーナはテレビクルーとハバナに到着する前に、社会主義国のベテラン指導者について「彼は私にとって神だ」と語っていた。収録に5時間もかかったインタビュー（その大部分がカットされて放映）では、キューバの指導者は「我々は何年にもわたって米国と戦ってきた」と語り、マラドーナに対して、当時のラテン・アメリカの国々の反米国帝国主義に連帯する気持ちを見せたことを称賛していた。噂に反して、彼自身もマラドーナも死の淵に立たされていないことを世界に示すことができて満足げだった。

30回続いた「10番の夜」の最終回の視聴率は、番組開始時を下回った。マラドーナはあからさまにセルフプロモーションの練習をしていて、二度目のカムバックはまったく望めそうにない。視聴者はそんな番組にだんだん飽きていったのだ。マラドーナ人気は相変わらず健在だが、それを支えているのは政治ではなくサッカーだと証明されたわけである。

しかしそれから何日かすると、マラドーナは新たな世界へと一歩踏み出した。

05年の第4回米州首脳会議（アルゼンチン・マルデルプラタで開催）にジョージ・ブッシュ大統領が参加していることに対し、抗議の声を上げたのだ。マラドーナがいなければ、リオグランデ川の北から南からテレビリポーターが集まったところで、話題性もなく政治的にも実りのない会議だったろう。しかしマラドーナの姿があるおかげで、この会議には世界中から注目が集まった。当時のテレビ画像がそれを映し出している。

カラフルなデモ隊を先導するマラドーナ。目指す先はマルデルプラタである。そこで「ブッシュにノーを」のスローガンを掲げ結集した何万人というデモ隊に合流する。このデモ隊の仮称はアルバ・エクスプレス。「米州ボリバル代替統合構想」にちなんで付けられた名称である（「アルバ」とはキューバのカストロ議長とベネズエラのチャベス大統領の主導により締結された地域貿易協定である。アルバには「夜明け」の意味がある）。近隣のスタジアムは4万の人であふれかえる。反グローバリゼーション、反ブッシュを叫ぶその群衆の面前にチャベス大統領が立った。傍らにいるのはマラドーナである。

しかし、全員が全員、彼を歓迎したわけではない。親米派のビセンテ・フォックスメキシコ大統領は、マラドーナを指して「政治のことは何も分かっちゃいない」と評し、「ボールを蹴る足はあっても、しゃべる頭はない」と集まった記者に語り、マラドーナに再びスポットライトが当たったのである。

新たな野望

この一件と前後するが、マラドーナは、自分のテレビ番組を持ちながら、古巣ボカ・ジュニアーズに幹部として復帰した。彼はアルフィオ・バシーレを新監督として起用しつつも、選手たちとも密にコンタクトを取り続けることにした。この決断は実を結び、期待外れのシーズンを送ったあと、ファーストチームのパフォーマンスは目覚ましく改善した。ボカは勝ち続け、アルゼンチン・リーグの選手権を制し、コパ・スダメリカーナでも優勝したのである。そしてこの成功が、マラドーナの野望を実現する長い長い活動のファーストステージとなった。野望、それはアルゼンチン代表チームを監督として率いることである。

しかし、その前から「マラドーナ社の国際広報」は順調に滑り出していた。その契機となったのは、英国BBC放送の取材である。BBCは、ゲーリー・リネカーによるインタビューの権利をなんとか競り落としたのだ。当時、サッカー一色の生活から身を退いたマラドーナのインタビューにこぎつけるのは、すでに困難を極めており、報道関係者のほとんどは、大金を積む必要があった。ただリネカー自身には、苦々しい思い出があった。97年、ドキュメンタリー番組の収録のため、はるばるアルゼンチンまで赴いたあげく、このアルゼンチンのスターにすっぽかされたのである。しかし今回、BBCには別の目論見があった。マラドーナが肥満問題、薬物問題を克服しつつあることは報道されていた。ならば、テレビ界のスターになる、そしてボカに復帰するという、新たな生きがいを見つけたマラドーナの姿のほうが、テーマとしては想定しやすい。このドキュメンタリー番組はワールドカップの予選に合わせて放映されるように企画された。86年以降、ワールドカップといえば、マラドーナである。その比類なきパフォーマンスでサッカーの真髄を見せてくれた舞台。それこそがワールドカップだ。

BBCの先発取材班がブエノスアイレスにやってきたのは、06年3月6日のことだった。彼らを率いたのはスポーツディレクターのジェイソン・バーナード、そして「フィクサー」も同行した。そして南半球の猛暑の夏が終わるころ、取材班はさっそく、マラドーナの元妻であり現マネジャーのクラウディア・ビリャファネと面会したが、彼女が一番気にしていたのは、BBCが約束通り、ハンドバッグのカタログをロンドンから持って来てくれたかどうかということだった。その後リネカーが到着したが、バーナードはその2日前にはすでに、マラドーナとディナーを共にし、信頼を勝ち得ていた。

そのあとの5日間、BBCは運よく、さまざまなマラドーナ姿を映像におさめることができた。家族や友人に囲まれるマラドーナ、サッカーをするマラドーナ、テレビスターとしてのマラドーナ、ボンボネーラ・スタジアムのボックスシートからゴールを祝うマラドーナ、そしてリネカーに、まるで長らく音信不通だった親友に再会するかのように話しかけるマラドーナ。リネカーとマラドーナのふたりがこの取材で最初に顔を合わせたのは、マラドーナがマスターズ・ゲームのために着替えている時のことだ。このマスターズ・ゲームにはアルゼンチン版フーリガン「バラ・ブラバ」の大群が、手に手に無料入場券を持ち、詰めかけた。

マラドーナとリネカーの対面が実現したのは、後日の放送でバーナードがリポートした通り、87年ウェンブリー・スタジアムで行われたサッカー生誕100周年の記念試合以来のことである。案の定、リネカーは不安の面持ちだったが、その後はまるで台本があったかのようにことが運んだ。ハグを交わしたあと、最初に口を開いたのはマラドーナだ。「懐かしいね、会えて嬉しいよ」。握手をしながらリネカーがジョークで応じる。「これが、例のあの手？」。悪名高い「神の手」かと皮肉ったのだ。「いやそれは違う」とマラドーナは否定した。「それはこっち。左手だよ」。

スポーツライターのジム・ホワイトに言わせると、リネカーは、「スリムでエレガント、ピンクベージュのシャツにブラックスーツをリッチに着こなす、節制を重ねた男の手本」である。インタビューの受け手となる人間とは対照的だ。「ワールドカップと引き換えに魂を売って、悪魔に追いかけられる」10年を過ごしてきたマラドーナは、ホワイトが直前にテレビで見たところでは「アルコール、ドラッグ、ファストフードへの依存に苦しんでいるようだった」。その姿はさながら「奇術師デビッド・ブレインの耐久技。タイヤに合わせて体を膨らませながらどれだけ生きていられるか挑戦しているに等しい。かつてのサッカーの神童は、バルーンと見まごう姿に変容していた」。

しかし、ホワイトは姿を見せたマラドーナに、いい意味で驚いた。いかにも健康そうに見えたのである。おそらくもっと前に収録していれば、公衆の面前に恥ずかしい姿をさらすだけだっただろうが、結果として話題性抜群のスポーツ番組となった。スペイン語も操る礼儀正しいリネカーが相対するのは、すっかり落ち着いたかに見える上機嫌で人懐こいマラドーナ。離婚してもなお、家族に支えられる彼は、ボカに対する思いのたけを語る。そして話は皮肉としか言いようがない、あの瞬間に及ぶ。審判がハンドの反則を見逃してしまった、あの瞬間のことだ。

イギリスの視聴者にしてみれば、お楽しみはほかにもあった。86年アステカ・スタジアムのネットを揺らした伝説のふたつのゴール。これについてマラドーナ自身の口から煽りコメントでも出れば、ただのエンタテイメントではない。「ほかの選手たちはなかなか駆け寄って来ようとしなかったんだ」。マラドーナは昔の映像にコメントを加える。彼が見ているのは、神の手のゴール後、コーナーに向かってひとりで走っていく自分の姿だ。「俺は言ったんだ『おい、ちゃんと来いよ、とことん祝おう』ってさ」。

それから1カ月ほどしたあと、アルゼンチンは76年、86年に続くワールドカップ獲得を狙った。しかし、ベルリンで行われたドイツとの準々決勝でその夢はついえた。激闘はPK戦に持ち込まれ、2対4で敗れたのである。この試合では両チームの選手・スタッフがグラウンド上で入り乱れパンチが飛び交う騒ぎとなり、90年のローマ大会を彷彿とさせた。前回覇者のアルゼンチンが、論議を呼んだPKの末、西ドイツに王者の座を明け渡したあの試合である。しかし08年になるとアルゼンチンは北京でオリンピックのタイトルを獲得し、国家の威信を取り戻した。この勝利への戦略にはふたつ重要なポイントがあった。ひとつはFCバルセロナの若きエース、リオネル・メッシという並外れたタレントの招集。そしてもうひとつは圧倒的なマラドーナの存在感である。

北京オリンピックで最初のサッカーの試合が行われた時、観客の大半は一方的に中国を応援していた。しかし、リラックスした表情のマラドーナが会場の大きなスクリーンに映し出されると、解説者曰く「いったん静かになった」。そして実況席やスタジアムに彼が姿を現すと、中国への応援は、アルゼンチンに対する歓声へと変わったのである。なぜか。本当のところは知る由もない。スタープレーヤーとしてのマラドーナを讃えたものか、それともカストロなどの革命家を支持したことに対する賛辞か？　ただ言えることは、マラドーナに象徴されるアルゼンチンの人気は、スポンサー、広告代理店、テレビ放映権に関わる人々の間では衰え知らずということだ。彼らにとって、よいゲームとはすなわちビッグマネーをもたらすゲームなのである。

この北京オリンピックで、マラドーナは母国代表チームの采配を振るという夢の実現に向かって、さらに歩を進めた。アルゼンチン代表チームが金メダルを獲得すると更衣室に駆けつけ、実際の立役者であるセルヒオ・バチスタ監督を差し置いて、俺がコーチだと言わんばかりに、選手とともに優勝を祝ったのである。マラドーナのその姿は否が応でも人の目を引いた。バチスタは86年のワールドカップにも出場した歴戦の勇士だ。この少し前にアルゼンチン・サッカー協会のユース部門の監督を引き継いだばかりである。しかしマラドーナにしてみれば、ライバル候補というよりは、むしろ使える仲間であり手先だったのだ。

北京オリンピックが終わるとバチスタ監督の影は薄くなっていったが、マラドーナはその間も、優勝メンバーの一部と交流を続けた。それを可能にしたのは、ガブリエル・エインセとの友情、そしてセルヒオ・〝クン〟・アグエロとの個人的なつながりである。アグエロはマラドーナの次女のパートナーであり、マラドーナの孫の父でもあった。さらにアクションを起こす機会が訪れたのは、同じ年の夏のことだった。この時、アルゼンチンはワールドカップ予選で苦戦を強いられていた。アルフィオ・バシーレが監督に任命されてからは1年足らず。しかし、重圧は日に日に増していくばかりだった。9試合中わずか4勝に終わると、08年の秋、バシーレは監督の座を追われた。その決定打となったのは、チリに0対1で敗れたことである。この隣国に対する敗戦は、実に35年ぶりのことであった。

代表監督の座を巡る策略

この試合の後、さまざまな利権が絡み合い、マラドーナを代表監督の座に据えようという猛烈なロビー活動に発展した。彼の人間性がその任にふさわしくないという懸念があったにもかかわらず、である。アルゼンチン・サッカー協会会長、フリオ・グロンドーナに南米各国の首脳が直接電話で訴えた、とも言われている。電話をかけたのは、チャベス・ベネズエラ大統領、モラレス・ボリビア大統領、そしてアルゼンチンのネストル・キルチネル大統領の3人。いずれもマラドーナが反米主義を唱えた時に、政治的に与したとみなされる人物である。

ゴロンドーナ会長とアルゼンチン・サッカー協会の役員は、マラドーナを監督に据えることでアルゼンチン代表チームの商業的価値がどれだけ高まるかということも、思い知らされた。その一例が、ロシアの大富豪、ヴィクトル・ヴェクセリベルクが所有するレノヴァグループだ。レノヴァは06年にアルゼンチン代表のエキシビジョン・マッチ24試合の権利を1800万ドルで買い上げていたが、マラドーナの復帰で注目が集まれば、その利益は倍増すると見込んだのである。一方、選手の間では、エインセとアグエロが先頭となり、バシーレ監督に対する「更衣室の反乱」を起こした。彼らが扇動したのはいわゆる「足による投票」だ。つまり、代表チームの選手たちに、バシーレのもとを離れ、マラドーナにつくように説得して回ったのである。あるアルゼンチン・サッカー協会関係者は言う。「あれはクーデターそのものだ」。

さまざまな裏工作が行われたが、リケルメにはすべてが手に取るように分かっていた。リケルメはバシーレ・チームのキープレーヤーであり、マラドーナに対する立場をはっきりさせた唯一のメンバーである。ただその信条にエゴも混じっていたことは否めない。リケルメがマラドーナの下で自分の影響力が失われるのを恐れたのは事実だ。しかし、不公正なやり方でバシーレ監督排除が仕組まれたことに、彼は純粋に反発していたのである。

「私と彼とでは、考え方が違う。同じ倫理のもとに行動することもできない」

マラドーナをこう評して、リケルメは代表チームを去った。

リケルメはそのエレガントでゆったりとしたプレースタイルが称賛された選手である。鋭いパスでオープンディフェンスをこじ開ける能力、狙いすました絶妙なフリーキックが高く評価されてきた。欧州で長くプレーしたあとボカに復帰してからは、アイドル的な存在だ。しかしマラドーナ寄りの評論家の中には、彼の強烈な個性はグラウンド上では福音よりも災いをもたらすことのほうが多いと言う者もいた。彼のパフォーマンスが悪ければチーム全体の足を引っぱり、チェンジシステムがしづらいという主張だ。ボカ・ジュニアーズのプレーメーカーであるリケルメは、これまで代表チームの試合に50回以上出場し、17ゴールを決めてきた。マラドーナが指揮を執った最初の2試合に姿を見せなかったのは、表向きには所属クラブの試合に出るためだ。しかし、マラドーナがリケルメ抜きのほうが代表チームはよくなる、と暗にほのめかすと、リケルメは自ら代表辞退を決めた。ことの発端は、あるインタビューだ。マラドーナは毎朝4時に起きてメンバーの選考に思案を巡らせていると語ったが、そのほとんどはリケルメに関することであり、いったいどうすればチームを分裂させずに彼を組み込めるか思い悩んでいた、と告白したのである。

指揮官としての力量

リケルメが外され、マラドーナが指導者として加わると、それまで精彩を欠いていたアルゼンチンのプレーは改善の兆しを見せ、ワールドカップ予選でベネズエラを下したほか、スコットランド戦、フランス戦でも勝利を収めた。しかし続く試合でつまずくと、マラドーナの身に終生つきまとった厳しい批判の声が、再び聞かれるようになった。まずアウェーのボリビア戦では1対6という屈辱的な大敗を喫した。ボリビアのサポーターにしてみれば、この勝利はアルゼンチンに移住した自分たちの同胞が受けている人種差別に対する報復にほかならない。一時期、ユーチューブには勝利を祝う動画が投稿されていたくらいである。残るはあと5試合。このうち4試合続けて負ければ、アルゼンチンは大陸間プレーオフに回される。しかしアルゼンチンとマラドーナは辛うじて面目を保った。ペルー戦ではボカのベテラン選手、マルティン・パレルモがロスタイムの93分に劇的なゴールを決め、2対1で競り勝ったのである。興奮したマラドーナは雨に濡れた芝の上にダイブして喜び、この決勝ゴールを聖パレルモの奇跡とまで言って讃えた。

数日後には、ウルグアイとの対戦が待っていた。両チームにとってワールドカップ本戦出場を確実なものとするには、落とせない試合だ。最終節までの道程は浮き沈みの激しいものだったが、その理由はマラドーナのエキセントリックな采配にあると見る向きが多かった。代表チームを監督・指揮するためのロビー活動をする中で、マネジャー、カルロス・ビラルドとの口論も広く知られるところとなり、アシスタント任命をめぐってアルゼンチン・サッカー協会との不和も生じた。そして監督就任1年目には70人を超える選手を招集。いくつかの戦略を試したが、なにより優先されたのは、朝遅くまで寝ているマラドーナの長年の習慣に合わせるトレーニング方針だった。

そのトレーニング方針――と呼べるとすればの話だが――に困惑したのは、欧州のクラブチームで鍛え上げられた、リオネル・メッシ、ゴンサロ・イグアイン、カルロス・テベスら、スター選手たちである。実はメッシ――マラドーナの後継者と目されていた――は、これより前に所属チームのFCバルセロナから警告を受けていた。マラドーナがアルゼンチン代表の監督を引き継ぐわずか数週間前のことだ。ロナウジーニョと一緒に夜遊びを繰り返す姿が目撃され、バルセロナの次期監督ジョゼップ・グアルディオラから、これ以上、遊び疲れた状態でトレーニングに現れたら即刻クビだと、言い渡されていたのである。

「お前の夢は何だ？」

緊急会議の席上で、グアルディオラはメッシを問い詰めた。

「そうですね…いつか世界一のプレーヤーになることでしょうか。ディエゴのような」

「それならとるべき道はふたつにひとつだ。これからも夜な夜なパーティーに繰り出して、何日もしないうちにここから追い出されるか、それとも早く寝るようにして定刻通りトレーニングに来るか。トレーニングに遅刻しないようにすれば、世界一になるのも夢じゃないぞ」

その数日後、ロナウジーニョは自らバルセロナを去り、メッシはグアルディオラ監督の方針のもと、トレーニングに身を入れるようになった。しかしその方針は、マラドーナのものとはさまざまな意味で対極にあったのである。この一件から数カ月たったころ、メッシもテベスと同様、アルゼンチンのサポーターから、ベストのプレーをしていないと非難を浴びるようになった。しかし選手たちは、マラドーナ独自のマネジメント、目まぐるしく変わるチーム編成・戦略をなんとか受け入れようと、もがいていたのだ。マラドーナが招集した選手は78人にのぼり、ベテラン解説者でさえも、その支離滅裂なやり方にひとつのポリシーを見つけだすことは、なかなかできなかった。

「メール・オン・サンデー」誌のマーチン・サミュエル氏はマラドーナのことをこう評した。

「監督としてのやり方は、子供じみている。FIFA2010という名のプレイステーションのゲームソフトと『水色』のチョコをバケツ一杯もらった幼児と変わらない」

予選突破が決まる戦いで、アルゼンチンはウルグアイを1対0で下した。しかし、大挙して集まったメディアに対しマラドーナがわいせつな暴言を吐いたために、その勝利も水を差された格好となった。マラドーナはこう喚き散らした。

「我々を信じないやつらがいたな、俺を無能呼ばわりするやつらもいた」

そして自分の股間に手をやり、目を剝いて吠える。

「今日、我々は本大会出場を決めた。しかしだれに助けを乞うたわけでもない、これは名誉のための戦いだったんだ。ここにいる女性のみなさんには申し訳ないが、言わせてくれ。我々の力を疑っていたお前ら、俺のイチモツでも喰らえ。いいか、俺は黒か白なんだ、グレーだったことなんて、いままでに一度もないんだ。ざまあみろ」

メディアの犠牲者、戦う騎士、挑戦的な反逆者、口の悪いあらくれ者。すべての立場を同時に主張しながら言いたい放題できるのは、マラドーナくらいなものだろう。この舌禍から2カ月たつと、FIFAから科された処分が解かれた彼は姿を現し、南アフリカのプレトリアに飛んだ。本大会でアルゼンチン代表が使用する施設をチェックするためである。マラドーナが現れれば金になる。ワールドカップの予選が行われる中、彼はいたるところに姿を見せた。アルゼンチンの南米予選での戦いはお粗末なものだったが、神の手が救ってくれる、成功をもたらしてくれると願いながら、決勝トーナメントにまで歩を進めた。

アルゼンチンの代表チームはまさに綺羅、星の如しだ。リオネル・メッシ、ゴンサロ・イグアイン、カルロス・テベス、セルヒオ・アグレロ、ニコラス・ブルディッソ、ハビエル・マスチェラーノ、ディエゴ・ミリートらが顔をそろえていた。それでもなお懸念は残った。明確な個性を持った結束力の強いチーム、相手を打ち負かし、そして運を味方につけことのできるチームを、果たしてマラドーナが作り上げることができるのかと、いまだに危ぶまれていたのである。

多大な責任をその身に負ったのは、FIFA最優秀選手賞に輝き、世界のクラブサッカーきってのパフォーマーであるメッシだった。彼は広報的な役割も少なからず負わされた。FCバルセロナでは、志が高く団結力の強いチームがメッシの天賦の才を支えている。だから彼はプレーヤーとして輝いていられる。しかし、それとは対照的に、南米予選では望ましくないパフォーマンスが散見された。少なくともその一因は、メッシにプレーメーカー、司令塔として頼りすぎたことにあるだろう。それでも後半になると、マラドーナはウルグアイへの対抗策として、メッシとベロンの連携を強化したプレーの組み立てに大きな期待を寄せていたようだ。

マラドーナが監督として指揮を執り、南アフリカがホスト国となる、10年ワールドカップがつまらないイベントになるはずはなかった。「神」の介入、涙、何があってもおかしくはない。

2010年ワールドカップには監督としてメッシなどスター選手たちと臨んだ

第24章 死の予言
A DEATH FORETOLD

継承者育成

　クリスティアーノ・ロナウドの取材を進めている時、ディエゴ・マラドーナに対する永遠に続くと思われる魂と偶然再会した。2019年3月、ユベントスの本部を訪れ、イタリアでのC・ロナウドの1年目についてファンやクラブの役員と話した後、トリノで美味しいと評判のピザ屋に入った時に、伝説的なナポリの10番のユニフォームに出くわしたのだ。

　スカイブルーのユニフォームの近くには、南イタリアのもうひとりのヒーローである喜劇俳優のトトのポスターが飾られていた。ディエゴの姿はそこにはなかったが、トトのようにこの世を去ったわけではなかった。この地球上でのマラドーナの存在と、彼が残してきた数々のレガシー（遺産）は、地元の熱狂的なファンだけにとどまらず、国境、人種、文化を越えて、いまでも人々を魅了し続けている。

19年3月、私はマラドーナをテーマにすることはもう過去のものにして、C・ロナウドとリオネル・メッシというサッカー界を象徴するふたりのライバル関係を探っていた。しかし、世界中のファンは、いまだにマラドーナを比較対象としながら、サッカー選手としての偉大さの意味を決めていた。その夜、私はピザを食べながら、メッシが天国にいるイタリア移民の祖母セリア・クチッティーニ（98年に逝去）に、自分のベストゴールを捧げているのを思い出した。少年時代のメッシに、低い身長は気にしないで、「いつか、マラドーナのような世界最高のサッカー選手になれるよ」と勇気づけたのが彼女だった。

メッシは、世界で史上最高の選手というマラドーナの王冠を継承したとされる、最初のアルゼンチン人のスター選手である。伝説のメキシコ・ワールドカップの前年に生まれたメッシ。選手としてだれもが認める天賦の才よりも、物議と誇張を引き起こす運命にあったマラドーナの足跡をたどることになるのは、なんとも厳しい運命だろうか。

私の記録では、ふたりが短くではあったものの初めて会話を交わしたのは、05年、メッシがバルセロナのトップチームでの1年目のことだ。メッシはスペイン・リーグのアルバセテ戦で初ゴールを決め、カンプノウ・スタジアムの観客を総立ちにさせた翌日だ。メッシが自宅で昼食をとっていると、アルゼンチンから電話がかかってきた。マラドーナは数試合続けて良いプレーを披露したメッシを称え、この先も得点を決め続けられるように勇気づけた。

その夏、マラドーナは、彼自身を世界的に有名にした背番号にちなんでつけられたテレビ番組「10番の夜」に、メッシをゲストとして招いた。その頃マラドーナはコカインから手を引いて、薬物中毒や暴飲暴食によって健康を害して死の危険にさらされていた状態から回復に向かっている途中だった。

番組では、マラドーナはゲストと一緒にサッカーやテニスをプレーするのが恒例となっていた。この日マラドーナは、年齢の近いウルグアイ元代表でリバープレートのスターのエンツォ・フランチェスコリと組み、メッシとカルロス・テベスによる若手スターコンビと対戦した。マラドーナチームは6対10で敗れ、だれもがその敗戦を好意的に受け止めた。勝ったメッシは、たとえそうしたくても、満足そうに笑みを浮かべることはなかった。一方のマラドーナは、これまでの人生でももっと大きな挫折に直面した時と同じように、溌溂とした自信で乗り越えた。さらに、それ以来、マラドーナの頭の中には、自分のプロとしての将来を、メッシと結び付けたいという考えが浮かんだようだ。メッシと歴史上最高の選手の座を競うのではなく、自分がコーチとしてメッシに接するというアイデアだった。

マラドーナはその数カ月後の06年2月に次のように語った。

「アルゼンチン・サッカー界で私の地位を継承する選手を見つけた。その名はメッシだ」

「彼のプレーを見るのは楽しい。水色と白のユニフォームを着た私のようなタイプの選手だ。彼はリーダーでもあり、美しいサッカーの中で高いレベルを提供している。世界中のどの選手にもない特別な力を持っている」

しかしメッシは、マラドーナとはまったく違う生命力を持っていた。

アルゼンチン代表のフィジカルコーチを務め、ふたりと働いたことのあるフェルナンド・シニョリーニは、17年にブエノスアイレスで会った時に語ってくれた。

「フィジカル面、技術面では似ている点は多いが性格は全然違う。メッシはディエゴのように貧しい街の生まれではなく、幼い頃から生きるために戦う必要もなかった。ディエゴはアルヘンチノス・ジュニアーズのユースでプレーしていた時は朝4時に起床して、国中を移動してアウェー・ゲームを戦わなければならなかった。ロッカールームがないグラウンド、お湯が出る施設も照明もない環境の中で、日に日に増していくファンからの暴力にもさらされていた。一方、メッシは12歳の時にバルセロナに連れていかれ、温室に入れて保護された」

ふたりのアルゼンチン・サッカー界のスターの関係性を探ってみて初めて分かったのだが、それはまったくエゴイスティック（利己的）なものではなかった。メッシはグラウンドの内外でエゴを見せるわけでもなく、サッカーの歴史に興味があるようにも見えなかった。むしろ、激しく力強い父親のマラドーナと物分かりのよい息子のメッシが、妻や母親からの愛情を争うのではなく、国家からの称賛を争うという構図だった。

南アフリカ大会

10年の南アフリカ・ワールドカップが迫る中、マラドーナはメッシがキャプテンに向いていないのではという疑念を抱いていたが、アルゼンチン代表監督として勝ち抜けるだけのまとまりのあるチームとシステムを構築するのに苦戦する中で、それは公然とした懇請となっていた。マラドーナは監督としてメッシを最も重要な選手と見なしていたが、キャプテンマークはハビエル・マスケラーノの腕に巻かれていた。そのうち、チームの機能不全の原因はメッシであり、メッシは犠牲者でもあると見なされるようになったのである。大会が進むにつれてようやく、アルゼンチンの失敗はマラドーナの監督としての失敗によると批判された。

マラドーナはメッシのシステム変更の要望に耳を傾けた。メッシはふたりのウイング、ふたりのセンターハーフと2トップを置く4－4－2ではなく、前の3人を攻撃の中心に据えて、守備にも十分な選手を割ける、4－3－1－2か3－4－1－2システムへの変更を希望したのだった。

10年のワールドカップでは、広大なスペースを提供してくれるナイジェリアを相手に、アルゼンチンのこのシステムはうまく機能した。エリスパーク・スタジアムでは熱狂的なアルゼンチン・サポーターが飛び跳ねてスタンドを揺らしながら応援歌を歌い、タッチライン沿いでは太り過ぎで少し自意識過剰なマラドーナが、ジェスチャーを交えながらチームを鼓舞していた。グラウンドの中ではメッシが素晴らしい活躍を見せたが、勝利を決めたのはガブリエル・エインセのゴールだった。

マラドーナはその後、さらに大きな喜びを味わうことになる。メッシの活躍もあり、韓国に4対1で勝利、ギリシャも2対0で退けた。このギリシャ戦は、86年にメキシコで開催された年のワールドカップ準々決勝のイングランド戦で、マラドーナが「神の手」と呼ばれた悪名高いゴールを決めた日から、ちょうど24年後に行われた。当時選手だったマラドーナが今回は監督となり、テクニカルエリアで喜びを爆発させながら勝利を祝った。

ギリシャ戦の後、マラドーナは自分が率いるチームと自分のマネジメント能力に疑問を呈していたメディアに反論し、メッシのパフォーマンスに満足していると語った。「みんな落ち着いて、リラックスすべきだ。チームは持てる力をすべて発揮する」と強がった。しかしアルゼンチン代表チームは、ペップ・グアルディオラが率いるバルセロナが絶頂期に見せた、想像力にあふれた攻撃的サッカーでメッシが組織的に活躍した時のチームの足元にも及ばなかった。

結果、マラドーナとメッシのいるチームの「持てる力」では、ワールドカップを制するには遠く及ばなかった。決勝トーナメント1回戦でメキシコを3対1で下したが、準々決勝でドイツに0対4と完敗。アルゼンチン代表にとって74年以来となる4点差の大敗だった。

アルゼンチン本国では、マラドーナよりもメッシに批判の矛先が向けられた。というのも、マラドーナは選手として、この大会の代表と似たような平凡なチームを、86年に自身の天才的なプレーで優勝に導いたからだった。一方、10年の南アフリカ大会でのメッシの活躍は86年のメキシコ大会のマラドーナには遠く及ばなかった。代表チームがワールドカップでアルゼンチン・サッカー界に屈辱と喪失感を与えたのは、いまに始まったことではない。メッシはアルゼンチンの新たなヒーローとして神のように崇められるまでに至っておらず、マラドーナ自身も、監督としての欠点が残酷に暴かれてしまい、神ではなく普通の人間だったと遅ればせながら認識することにもなった。

それでも、マラドーナをバルセロナ時代から知る古くからの友人のひとりで、チームのフィジカルトレーナーだったフェルナンド・シニョリーニは、南アフリカ・ワールドカップは美しい思い出になったと言う。この大会期間にマラドーナとメッシの関係が深まっていくという特異な状況に参加できたことを光栄に思っていると私に教えてくれた。

「掛けがえのない素晴らしい体験だった。ディエゴはメディアの見えないところでメッシと話す時は、自分より30歳近く離れた若者に対して優しく、敬意をもって接していた。彼らの間にライバル関係があるなんていう噂は、メディアが作り上げた真っ赤なウソさ」

このこの本の初版が出た後、私は80年代にジャーナリストとして働いていたブエノスアイレスを再訪した際に、シニョリーニと再会した。彼は、南アフリカ・ワールドカップの準備期間のトレーニングで、監督マラドーナと選手メッシの素晴らしい場面について教えてくれた。

「トレーニングを始めて40分ほどでディエゴが『終了。みんな、ロッカールームに戻ろう！』と叫んだんだ。全員が戻ろうとした時、レオ（メッシ）がボールを拾い上げて、ペナルティーエリアの左側に置いた。無人のゴールにシュートするが、ボールはクロスバーの3メートル上に外れた。レオは〝やーめた！〟と言わんばかりのジェスチャーで肩をすくめると、頭を垂れて落胆した様子でロッカールームに歩いていった。そこで私は彼に追いついて肩に手を回し『君は世界最高の選手になる道程を歩んでいるのに、あんなクソみたいなキックをしてからロッカールームに引き揚げるなんて』と話し掛けたんだ。すると、ディエゴが『ちょっと待ちなよ』と言って、メッシとまったく同じ位置にボールをセットした。そこから2歩下がってメッシの肩に手を置いて言った。『ボールを蹴る瞬間、そんなに早く足を引いちゃだめだ。ボールがどうしていいか分からくなっちゃうだろ？』。そしてディエゴはボールを真っすぐネットに蹴り込んだ。その瞬間、このふたりの姿にアルゼンチン・サッカー界の歴史が見えた気がした。ディエゴがレオに対して嫉妬していると主張する人々の話とは、完全に矛盾している。嫉妬している相手に何かを教えることなどありえないのだから、嫉妬の噂が真実なわけがない」

確かに、南アフリカ・ワールドカップでマラドーナが監督として放っていたオーラは、ディエゴが中心人物でなくなった4年後の14年大会では、チームからは完全に欠けていた。マラドーナの英語の通訳としても働いたジャーナリストのマルセラ・モラ・アラウージョが教えてくれた。

「メッシがメディアの批判にさらされて難しい時期を過ごしていた時、ファアン・セバスチャン・ベロンが彼を守ろうと擁護するコメントを出した。これに加えて、ディエゴ・マラドーナ監督という最高のエゴを持った人物との絆が、メディアの態度を好転させたのである。大会が進むにつれてマラドーナの愛がすべてを包み込み、アルゼンチンはワールドカップこそ獲れなかったものの、メッシとマラドーナが才能を発揮して楽しんでいる様子が伝わってきて、私たちを楽しませてくれた」

代表監督解任

10年のワールドカップの後にマラドーナは代表監督を解任された。マラドーナは、かつて自分が現役時代に逆境や屈辱を味わった時と同様に、大きな権力による不正の犠牲になったと主張し、アルゼンチン・サッカー協会のフリオ・グロンドーナ（FIFAスキャンダルが明るみのなった後に死去）会長の長期政権と代表チームの歴代統括者や、86年のメキシコ・ワールドカップで優勝したアルゼンチン代表チームの監督であったのに、あまり評価されなかったカルロス・ビラルド——セビージャ監督時代ビラルドは、マラドーナがチームにいたにもかかわらず、いい成績を残せなかった——らを批判した。

11年、マラドーナは350万ユーロ（約4億4千万円）の年俸でUAEリーグのアルワスルの監督に就任した。クラブの本拠地ザビール・スタジアムはドバイ旧市街の外れにある。60年代に石油が発掘されてからドバイは、高級ホテルや10車線の高速道路ができ、大きく変わった。人口は5万人から300万人に爆発的に増えていた。だが、世界的なスター選手たちが、キャリアの晩年にやってくるのには魅力的な場所ではなく、1万8000人収容のスタジアムが半分以上埋まるのは稀なことだった。

アイルランド人のジャーナリストのパトリック・オブライアンが当時のことを振り返ってくれた。マラドーナは8月に、ドバイのリゾート地にある、ジュメイラ・ザビール・サライ・ホテルに到着した。マラドーナは「1時間近く遅れて、シェイク・ザーイド・ロード（高速道路）よりも長い行列の取り巻きを引き連れた、予想通りの登場の仕方だった」。UAEリーグは偉大なキャリアを過ごした選手が休憩する場所だ。ザビール・スタジアムに行くと、何百人もの記者が待ち構えており、目がくらむような好奇心に包まれていた。

彼の健康を害する心配がないこと以外にも、アラブ世界で自分の影響力を広めるのに絶好の市場だった。「ドバイのとてつもなく厳しい法律は、マラドーナにとって好都合だったのかもしれない。砂漠では干上がってしまうことは簡単だ。ドバイにとっても彼の存在はよかった。マラドーナが好きなことはドバイも好きだ。ドバイの自意識過剰の精神は、ビッグネーム、最高級の車、超高層ビルなど、誇示することで成立している。結果はともかく、世界一高い超高層ビル、ブルジュ・ハリファのような派手なサッカー選手たちがやってきた」。

この地域の超高層ビルに頻繁に吹き付ける砂嵐のようにすぐに明らかになったのは、マラドーナが周囲を驚愕させ、挑発し、怒らせるという能力を失っていなかったことだ。現役時代の私生活のように、マラドーナはまったく予測不能だった。

アルワスルはUAEリーグ史上最多の7度の優勝を誇る古豪だったが、過去14年間でリーグタイトルを1回しか獲っていなかった。マラドーナの監督就任でタイトル争いに加わることが期待されたが、悪い結果が次々と出始めた。翌年1月には6試合でわずか1勝しかあげられず、リーグ7位と、トップというより最下位に近い位置に転落してしまった。マラドーナは毎週行われる記者会見で、独特の反抗的な態度を示し、タッチラインのサイドで見せる大げさなジェスチャーはプレッシャーを感じているからではなく、サッカーに対する情熱の表れだと主張した。マラドーナは「サッカーは興奮と歓喜に満ちあふれたスポーツなんだ」と、集まったメディアに対して話した。

ロマンチックな反逆者は、時折、悪魔を抑制しようとする姿を見せながらも、依然として悪魔に呪われていた。マラドーナが握手を拒否したアルアインのルーマニア人監督コスミン・オラロイは、次のように言う。

「マラドーナは自分が選んだ生き方のせいで頭の中がいつもクリアというわけではないんだ。私はクスリをやらない。私の人生は大丈夫だ。変なことは何もしていない。コーチとしてのマラドーナはどうなんだ？ 彼は自分の仕事に敬意を払い、二度と短パンで試合に臨むべきではない」

スタジアムでの撮影で、マラドーナはアルワスルのファンに有名な左足で蹴りを入れた。また、アルシャバブ戦に0対2で敗れた後には、スタンドのVIP席によじ登ってファンと言い争いになっていた。後に聞いたところによると、新しいガールフレンドのベロニカ・オヘダを侮辱されたのだという。

ドバイにいたこの頃に、最愛の母トタが亡くなった。彼の悲しみは深く、彼女の最期を看取るためにブエノスアイレスに戻ったが、間に合わなかったこともショックだった。マラドーナの人生には、さほど大事にされなかった多くの女性は夜間の船のように現れては消える運命にあったが、トタだけは自分の息子の存在を、暗い海に投げ込まれたイカリのように耐え続けたのだ。マラドーナがこれ以上沈むことはないというところまで落ちた時は、厳しいリハビリ生活を献身的に支えた。そしてできる時には、メディアやファン、お金目当てで近づく悪い輩といったほかの悪魔から、マラドーナの盾となって彼を守ったのだ。

12チームのリーグ戦でアルワスルはクラブ史上最低に並ぶ8位に終わった。マラドーナを招聘した役員たちは辞任し、新たな役員とともに新たな監督がやってきた。マラドーナは無冠のシーズンの後、12年7月に解任され14カ月の任期を終えた。

選手としての成功で役立った個性と才能はもはや、グラウンド上での成果を出せなくなった。それでもグラウンド外では話題を巻き起こし、メディアの注目を集め続けた。世界中の最も熱狂的なファンは、86年のワールドカップの栄光の日々の後、選手としてのパフォーマンスは徐々に落ちていたとしても、サッカーの歴史の中で最高の選手であり続けていると信じていた。21世紀に入ると、大幅に太った姿と物事を遠慮なく言う態度から、パロディにされるような存在になりつつあった。

14年2月、ラドーナを再び崖っぷちから救い出すような、奇跡のような契約が結ばれたと発表された。アルゼンチンのプリメラD（5部リーグ）の弱小チーム、デポルティボ・リエストラで、監督として職に就くだけでなく、53歳にして再びプレーする意思を表明したのだ。

このクラブは、ブエノスアイレス近郊のフロレスに本拠地を置いていた。そしてそれまで使用していた3000人収容のスタジアムを捨て、近くにあった1部リーグのチャンピオン、サンロレンソの本拠地である4万4000人収容のペドロ・ビデゲイン・スタジアムに移る計画が明らかになった。

この契約は、マラドーナの親友でもあり、弁護士団の代表でもあったビクトル・スティンファァレの力添えによって実現したという。しかしそれだけでなく、マラドーナの人生を強く印象付ける、大きな力によって生み出された偶然であるように見えた。なぜなら、フロレスはこの頃選ばれたフランシスコ教皇が生まれたすぐ近くの街で、しかも聖職者として召命された場所でもあった。そして熱狂的なサッカーファンである教皇が、小さなころからずっと応援してきたチームがサンロレンソだったのだ。

フランシスコ教皇

その年の秋、マラドーナはチャリティーマッチでローマを訪れフランシスコ教皇に会った。マラドーナは個人な会話を交わし、ふたりは抱擁を交わすと、純粋な愛情と喜びをそこで表現した。「バチカンのような重要な場所でアルゼンチン人に会えるなんて、本当に感動した。過去の法王は政治のことばかり考えて、貧しい子供たちのことをあまり気にかけていなかった」とマラドーナは言い放った。彼はフランシスコ教皇に、魔法がかかったように活躍した時代のアルゼンチン代表の背番号10のユニフォームを手渡した。「僕が子供の頃に持っていたカトリックの信仰を彼が取り戻させてくれた」

マラドーナは私生活では厳格な教会の教義を遵守したことはなく、敬虔な禁欲の生活への改宗なども考えられなかった。しかし、ブエノスアイレスのスラム街で生まれた人々のチャンピオンは、歴代のどの教皇よりもフランシスコ教皇と親しくなったことは間違いなかった。

02年に出会ったヨハネ・パウロ2世とは大違いだった。彼も大のサッカーファンだったが、教義的には柔軟性がなく、強烈な反共産主義者であり、人間的な相性は悪かった。反帝国主義、反資本主義としての暴言を繰り返し、それまでに粗野ではあるものの「解放の神学」を吸収していたマラドーナは、バチカンの金色の天井を見上げて「これだけの金があって、なぜ教皇はこれを売って貧しい人々に分け与えないんだ」と言った。

これとは対照的に、フランシスコ教皇とマラドーナは、アルゼンチンでの社会経験と政治的な類似性から似たバックグラウンドを共有していた。どちらも50年代の大衆主義者であるファン・ペロン大統領とその伝説の妻エビータを熱心に支持する家族の中で育ち、ペロン大統領らによる急進的な富の再分配は、社会経済的正義の黄金時代と言われ、アルゼンチンの労働者階級からは久しく称賛されていた。

マラドーナはグアラニ族を先祖に持つ父と、貧しいイタリア移民の母の間に寂れた街で生まれた。この街の住民は宗教上のアイコンや地域の祈りに癒しを求め、キリスト教の教えである謙虚さ、思いやり、連帯を、祭司たちが見本として体現している場所だ。フランシスコ方法が祭司としての召命を受けたのが、マラドーナが子供の頃過ごしたビラ・フィオリートのように近かった。社会から排除された人々の中に天職を見出し、司教、司祭として周囲に人道の手を差し伸べた。私は著書「フランシスコ」の中で、彼のことを有言実行の教皇と呼んでおり、「神の手」の魂、言い換えると反体制を主張するビラ・フィオリートのアートフル・ドジャー（巧妙なペテン師、マラドーナのこと）の琴線に触れたのである。

最愛なる両親の死

15年6月25日、マラドーナの父チトロとして知られるディエゴ・シニアが87歳でこの世を去った。この時は最期の日々に寄り添うことができた。父は長年呼吸器と心臓血管に問題を抱え、肺炎を患っていた。妻トタが亡くなった後に、彼の健康状態は悪化していた。

マラドーナの子供時代の父との思い出は、我慢強く犠牲を払う姿だった。毎日、地元の工場で働きながら、幼い息子の才能を伸ばすために時間を割き、若くしてプロになったばかりのディエゴを勇気づけた。彼は物静かで控えめ、お酒が大好きでディエゴら息子たちの家族や友人とバーベキューを開催する時が一

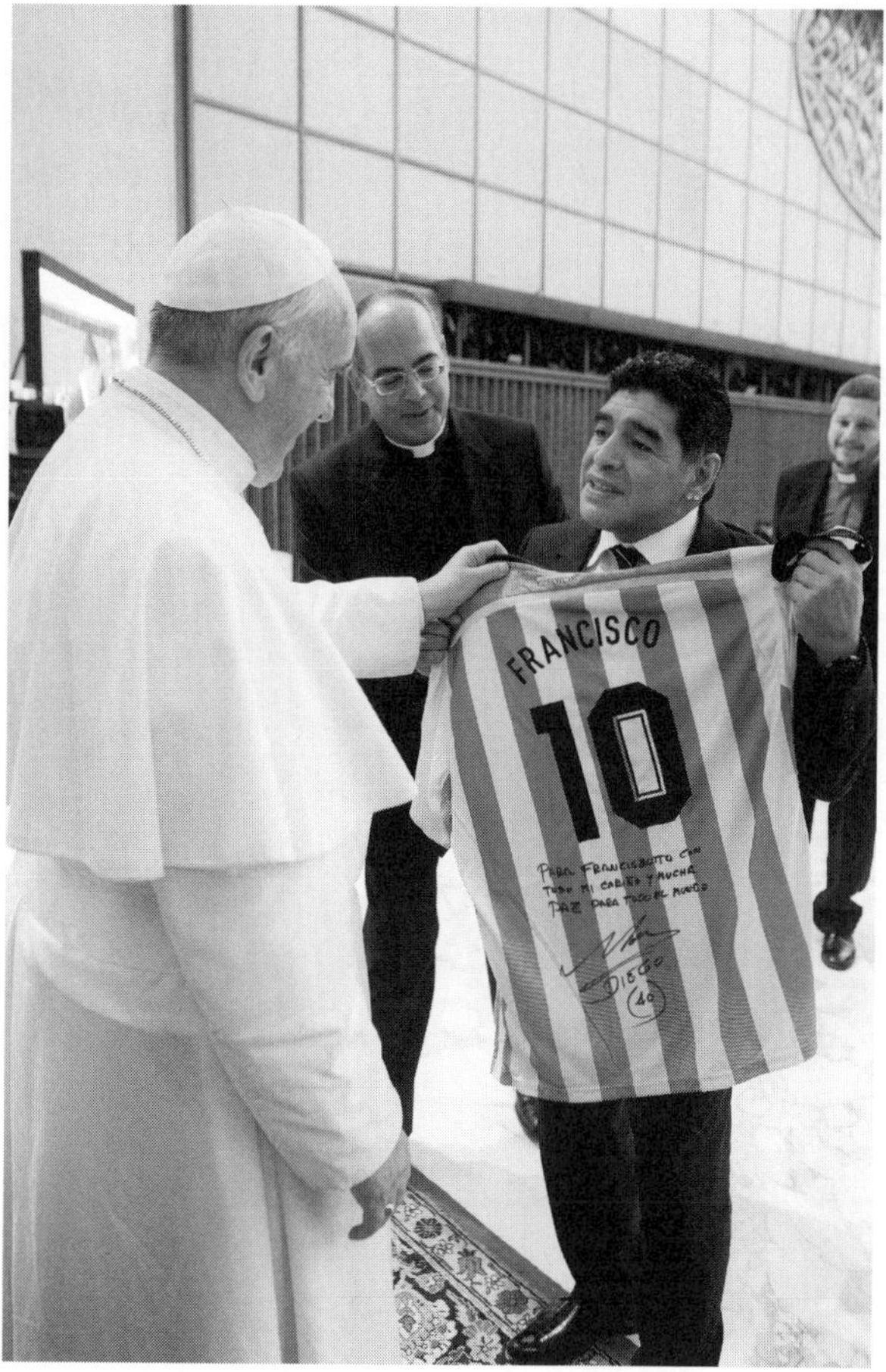

フランシスコ教皇に代表ユニフォームを贈る

番楽しそうだった。86年のワールドカップで優勝したアルゼンチン代表チームをバーベキューに招待したこともあった。

マラドーナは両親を深く弔った。彼らはディエゴが最も助けを必要としている時、いつもそばにいて、彼の拠り所になっていた。彼の人生のベースとなった自分のルーツを思い出させてくれる存在だった。

マラドーナは50代半ばに入り、ナポリやアルゼンチン代表の監督に復帰することを夢見ていた。しかし、その願いはかなわなかった。彼の心と魂であるサッカーは、彼自身を置き去りにしていた。ハイパフォーマンスのエリート選手たちの世界から大きく後れをとり、よく訓練され、賢明で戦術家の指導者にも引き離されて行ってしまった。資金に恵まれたビッグクラブは、厳しいトレーニング体制と、投資に見合う結果を求め、周囲の評判を下落させかねないリスクを冒すことはなかった。

それでもオファーはあった。17年5月にはUAEリーグの2部に所属するフジャイラの監督に就任した。チームを1部リーグに昇格させることを託されたが、果たせずに翌年4月に解任された。

18年の夏に開催されたロシア・ワールドカップでは、メッシは、バロンドールのライバルであるクリスティアーノ・ロナウドと競うように数多くの記録を塗り替えたが、再びアルゼンチンにカップを取り戻すことには失敗した。チームは敗退したものの、選手たちは中年になって膨張した顔と膨れ上がった目を世界中のテレビに映し出されたマラドーナよりは、はるかに健康的に見えた。

マラドーナはアルゼンチン代表のパフォーマンスに対する失望と不満を隠すことができなかった。スタジアムのバルコニー席からアルゼンチン代表の試合を観戦することで、幾分グロテスクなイメージを振り払ったが、許容範囲を大幅に超えて太ってしまい、白目を剥き出しにして2本指を立てて侮辱するポーズを見せ、ローマの劇場におけるサッカーの高貴な皇帝というよりは、自堕落な教皇といった印象を与えた。

そしてもう、メッシは代表チームの仲間たちから何年も失望させられてきたというような、不平を言う解説者はいなかった。監督の指揮が悪いために機能しないチーム、プロフェッショナリズムよりも政治の戦いに注力するアルゼンチン・サッカー協会がその原因だった。バルセロナでプレーする時のほうがメッシは輝くという論争も、なくなった。

アルゼンチンで最も偉大な選手はマラドーナかメッシかという議論が続いていたが、人々は、マラドーナがアルゼンチン代表のために尽くし、勝利につながるゴールを決めてきたことを、欠陥のある人間性よりも天才的なプレーを、記憶に留めていた。そしてナポリでは、多くの貧困層、社会から疎外された恵まれない人々がマラドーナを崇拝し続けていた。

19年にアシフ・カパディア監督が描いた臨場感あふれるドキュメンタリーでは、84年のマラドーナの登場を運命的で奇跡的だと狂喜して歓迎した、ナポリのスタジアムの様子が生き生きと描かれた。どれほどナポリの人々にとって重要だったかは、ナポリに史上初のスクデット——セリエAの優勝盾——をもたらした功績を称えて、偉大なキリスト教の使徒からとったサンパウロ・スタジアムという名前を、ディエゴ・アルマンド・マラドーナ・スタジアムへと名称変更したほどである。サッカーとはそれほどのものなのだ。

シナロア・カルテルの地へ

サッカーの神々の神殿の中で、マラドーナは、現役ではクリスティアーノ・ロナウドとメッシ、より離れた過去の黄金期ではペレとディステファノに、並び評される。しかし、84年のバルセロナからナポリへの移籍の時とは違って、18年のメキシコ2部リーグのロス・ドラドスの監督としての契約は、彼のすべてのキャリアの中で、これほど明らかにハイリスクで、物議を醸したことはなかった。

クラブはメキシコの西海岸のシナロア州の州都クリアカンを本拠地にしている。クリアカンは違法麻薬売買の密輸組織シナロア・カルテルとのつながりで有名な街で、牢獄に入れられたホアキン・〝エル・チャポ〟・グズマンにより悪名で知られるようになった。クラブを支援するハンク一族はメキシコの暴力犯罪産業とのつながりを申し立てられたこともある。そのボス、ホルヘ・ハンク・ロンは貧困層を支援する慈善家としても知られ、カジノ、ホテル、ドッグレーストラックを経営しており、1部リーグで米国のサンディエゴと国境を接するティファアナのクラブ・ティファアナのオーナーでもある。

麻薬中毒だと告白しているマラドーナが、世界でも麻薬で有名な地域で契約を結んだことは、大きな皮肉として世界中のSNSを賑わせた。あるラジオのレポーターは「糖尿病患者がお菓子の店に入っていくようなものだ」と例えた。しかし、この契約は人々が想像するような安心感を得るようなものではなかった。

シナロアの名は、06年にペップ・グアルディオラがドラドス・シナロアを退団した時に、有名になる運命だった。グアルディオラは現役最後の数カ月をそこで過ごし、その後にヨーロッパに戻ってトップ監督の地位を築いていく。しかし、クリアカンという街の名は、野球チームでよりよく知られていた。グズマンの一番好きなスポーツは、サッカーではなく野球だった。トマテロス・デ・クリアカンという地元野球チームのスタジアムは、ドナロス・シナロアが所有するスタジアムを凌ぐ大きさであった。

18年7月、マラドーナはロシア・ワールドカップで見せたワイルドな姿から一転、ベラルーシのFCディナモ・ブレストの新たな会長に就任するという派手な記者発表会が行われた。しかし、ほとんどだれもスペイン語を話せず、本能的にそれほど惹かれていない人々と東欧の厳しい冬を過ごすことになり、いつ新たな契約に飛びついてもおかしくない見通しだった。

ドラドス・シナロアの監督就任の契約を進めたのはアルゼンチン人のサッカー代理人で、マラドーナを顧客に持っていたクリスチャン・ブラガルニクだった。彼が、アルゼンチンでの生活でさらされるプレッシャーから逃れるように、マラドーナを諭した。アルゼンチンという国はマラドーナの中に希望や夢、失敗をすべて託していた。ほかのラテン・アメリカの国々よりも多くのアルゼンチン選手がプレーした歴史を持つクラブで、人々はスペイン語を話し、気候も比較的暖かいドラドスを、ブラガルニクは勧めたのだった。

「マラドーナ・イン・メキシコ」

ロシア・ワールドカップ中のVIP席での不安定なパフォーマンスは、マラドーナの次の悲劇を予感させた。ドラドス・シナロアでの2シーズンは復活ではなく、地元の誇大広告が出すようなチェンジやリカバリーでもなく、むしろ過去との甘美な再会だった。

メキシコで巻き戻されたマラドーナのストーリーは、ネットフリックスの7章からなる密着ドキュメンタリーによって永遠に残ることになった。物議を醸しだすようなテーマで多くの賞を獲得してきたドキュメンタリー制作の専門家、アンガス・マックイーンが担当した。マックイーンは対象を細かく取材して、話題性のある作品をつくることもでよく知られていた。さらに、クリアカンのことをよく知っており、チャポ・デグズマンのドキュメンタリーを製作したこともあった。彼に編集の全権が委ねられたが、前例がないほど数カ月にわたってマラドーナに密着する代わりに、最終場面ではある程度の操作と、弁護士が関わるような繊細な問題を受け入れる必要があった。

マックイーンはマラドーナの人生のさまざまな面が、まるで生まれ変わりのように、新たに浮かび上がってくることに驚いた。マラドーナの情熱と過剰さを目の当たりにしながら、この制作の途中で彼が倒れてしまわないかと心配に思っていた。

ドキュメンタリーの序盤では、ガニ股で体重過多、ほとんど歩くことさえできないマラドーナの姿が映し出され、空っぽのスタジアムで有頂天になっているファンに向かって松葉づえで痛々しく足を引きずりながら向かう場面もあった。場面がロッカールームに切り替わると、マラドーナの満面の笑みが映し出され、大好きなクンビア音楽に合わせて腰を自由に振り、ほかの選手たちと一緒に踊る姿が見られた。

マックイーンはマラドーナの撮影に9カ月費やした。毎日トレーニングに姿を現し、試合も観戦した。マラドーナは、試合では勝利を喜び、敗戦にはひどく悲しみながら、多くの時間を楽しく過ごしているようだった。若い選手たち、特に自分と同じように貧困層出身の選手とは本当の意味での人間関係を築いた。彼の神秘的な雰囲気、サッカーに対する本能的で原始的な熱意によるパワーから、選手たちもモチベーションを高めた。

マラドーナは何人かの選手に、グラウンドの内外で困難に立ち向かっていた、自分の若かった頃を重ね合わせていたようだ。また、スケールはだいぶ小さなものになっているとはいえ、ナポリ、そして86年のメキシコ・ワールドカップで経験した情熱と盲目的崇拝を追体験しているようでもあった。

古い悪魔たちはいまも居続けていた。家族のトラウマ、彼が引き起こした傷は、彼の平和な生活を脅かすのだった。いくつかの出来事はカメラの外で行われた。姉、ふたりの元ガールフレンドが彼の元を訪れ、実子の中で一番幼い6歳の少年はカメラの前にも立ったが、そのカットは使われなかった。

一番の衝撃は、マラドーナの衰えた肉体だった。彼に残された時間が少ないことは明らかだった。マラドーナはマックイーンに、8年間コカインを断っており、クリアカンに滞在している間、彼は違法な薬物に溺れていないと話した。しかし、このドキュメンタリーの中では、マラドーナ抗鬱薬、アルコール、鎮痛剤を飲み続けていたと思われる期間に、たびたび言葉に詰まる場面も収められていた。彼のトレードマークともいわれる火山のような突然の癇癪を起す場面も何度かあった。一度は〝ディエゴはコカインを吸う！〟と歌いながら彼を挑発した男女のファンに対して手を上げたり、スタジアムの選手通路でスマホで記念撮影しようとしたファンを妨害したりしていた。彼の率いるチームがこの直前に、メキシコのトップリーグへの昇格するために勝たなければならない試合で敗れた直後だったからだが、マラドーナの名声の代償はそんなものだった。

マラドーナは本能的にカメラを意識していたが、それがもたらす混乱やダメージについて常に意識しているわけではない。敗戦後のロッカールームではその場から全選手がいなくなったかのような調子で、絶望と自己憐憫に満ちたスピーチを行い、自分の最もわがままでナルシストな姿を見せていた。

そしていま問われるのは、ヘロインの花が咲き、マリファナのプランテーションがあり、サッカーファンはチケットを買うための札を丸めてコカインを吸う真似を冗談でするような街で、いったいマラドーナは何をしに来たのかということだった。マラドーナはとにかくサッカーを愛しており、どんなリーグ、チーム、選手も自分より下に見ることはなかった。

ドラドス・シナロアでは、マラドーナの伝説とその存在から、選手たちはポジティブなエネルギーを感じ取っていた。マラドーナには、スカウティングや、試合を準備するアシスタントによる技術的なサポートもあった。マラドーナの任期中に、チームは2期連続でプレーオフ決勝に勝ち進み、トップリーグ昇格まであと2試合という成績を残した。

だがそれは、マラドーナのサッカー人生のほとんど終わりに近いものだった。子供の頃に受けた体を大きくする注射、現役時代の初期に悪質なタックルを何度も受けてきたことによる体の痛みと摩耗、怪しげな医療介入や偽医者のアドバイス、膨大な量の薬の処方、自身の薬物中毒など、人生の荒波に苦しみ続け、マラドーナはもう、サッカー人生を続けるだけの体を維持できなくなっていた。

迫り来る死の影

19年1月、マラドーナは健康を害し、ブエノスアイレスの病院で胃の出血を止めるための手術を受けていた。そこから回復し、結果的に最後となる2シーズン目を戦うためにドラドスへ戻った。だが、チームは延長戦の末にクラウスラの決勝でアトレティコ・サンルイスに敗れた。マラドーナは健康状態と肩と膝の痛みを理由にクラブを去った。これは彼の平凡ではない人生の最終ステージの始まりだった。

数カ月にわたり、マラドーナの健康状態は悪化していった。それ以前の悪い状態の時と比べても、母国アルゼンチンの古豪クラブ、ヒムナシア・ラプラタでの監督時代は、最後の日々のように見えた。20年1

ヒムナシア・ラプラタが監督として最後のクラブとなった

月にマラドーナはチームカラーの青と白で飾られた模造の「玉座」に座り、サイドラインからホームゲームを観戦する姿は、まるでパントマイムようだった。クラブに資金を調達するために、レプリカの高い背もたれのイスにサインすると約束し、肥大化したマラドーナは王様などではなく、自分自身が最も贅沢な生活をしていた時のパロディのようだった。ただそれさえも欺瞞的だった。

彼は両膝の慢性的な変形性関節症に悩まされており、その影響で頻繁に炎症を起こしていた。減量に失敗したことで体重過多にも苦しんでいた。また、呼吸器と心臓にも問題を抱えていた。

新型コロナウイルスによるパンデミックの影響でアルゼンチン・リーグは延期され、マラドーナはブエノスアイレスの南部にある自身の邸宅でロックダウンの期間、数カ月を過ごした。そこには栄養士、理学療法士、統合医療のセラピスト、医師と、3人のいる娘のうち一番若いヤナが出入りしていた。ヤナはオーガニック野菜を用いて、父のデトックスプログラムを援助した。

ヤナは96年に不倫関係にあったバレリア・サバラインとの間に生まれた娘だ。バレリアがブエノスアイレスのディスコで女性バーテンダーとして働いている時に出会った。マラドーナは、ヤナの幼少期から思春期にかけて自分の娘であることを認めなかったが、15年に初めて顔を合わせた時に和解したのだった。その1年後には遅まきながら、ナポリ時代の不倫相手、クリスチアーナ・シナグラとの間に86年に生まれたディエゴ・ジュニアの存在も認めた。

03年のクラウディア・ビリャファネとの離婚の際、その前後にも隠し子の存在が表面化した。クラウディアはマラドーナの最初のふたりの娘、ジャンニーナとダルマの母親であるが、隠し子はマラドーナの機能不全で自己中心的な私生活の象徴だったと言い、彼の死後、相続をめぐって、昔のガールフレンドや家族が争い始めたのだった。03年にベロニカ・オヘダとの間に自身ふたり目の息子となるディエゴ・フェルナンドが生まれた時は、マラドーナはすぐにその存在を認めた。しかし、19年になって初めて、00年に麻薬中毒の治療を受けていたキューバにも、3人の子供がいることを認めた。

20年10月30日の金曜日にマラドーナは60歳になった。彼は精神的にも肉体的にも壊れてしまい、いまだに悪魔に付きまとわれていた。歳を重ねるごとに苦しめられてきた、身体的な不自由、アルコール依存症と鬱病だった。

マラドーナは、彼の魂の拠り所であるサッカーグラウンドで誕生日を祝ったほうがいいのではないかという提案を受けたが、ファン・カルメロ・スタジアムでヒムナシア・ラプラタ対パトロナートの試合を30分しか観戦することができなかった。

この日は、アルゼンチン・リーグの開幕戦だった。アルゼンチンでは新型コロナウイルスのパンデミックによる死者が3万人を超えており、その影響で開幕日が約8カ月も遅延していた。試合は無観客で行われ、記者、クラブ関係者、選手と、アルゼンチン・サッカー協会のクラウディオ・タピア会長らごく限られた関係者だけが入場を許された。チームの青と白のフラッグ、マラドーナを称える短い花火、マラドーナの60歳を表す「DM60」の文字が入ったユニフォームを着た選手たちでさえも、この嫌な予感であふれた酷い雰囲気を明るくすることはできなかった。

数日前、濃厚接触者となったマラドーナは自主隔離をとっており、自分の「玉座」に座ってから早めにスタジアムを去らなければならなかったことに落胆していた。彼のフェイスブックサイトには、多くの現役、引退後のサッカースターたちから誕生日を祝うメッセージが届き、それ対する感謝の気持ちを返したが、これがマラドーナの最後の別れになってしまった。

60歳を迎えたマラドーナの健康状態は、父チトロの80歳の時とそっくりに見えた。マラドーナはほとんど自力で歩くことができず、ヒムナシアのスタジアムから病院までの間も介助され、その後、人生最後の入院となった。貧血と脱水症状が原因とされていたが、後にくも膜下出血だったことが判明し、脳の手術を受けたというニュースが飛び込んできた。

回復のためには数日間入院を続けて経過を観察すべきとの医療アドバイスがあったが、マラドーナはそれに反して退院し、自宅に戻っていった。

就寝中の心臓発作で亡くなったが、検死によると急性肺水腫と心不全が原因だったようだ。もう彼の体は限界だったのだ。

マラドーナ劇場、終演

ブエノスアイレスの遺体安置所で3人のアルバイトが、開いた棺の中に眠るマラドーナの死体と記念撮影をした写真が、一時SNSで拡散した。3人のアルバイトのひとりがマラドーナの横に寝転がって死んだ振りをした写真とは違い、これはフェイクニュースではなかった。マラドーナは本当に死んだのだ。

マラドーナの体への不謹慎な興味と同様に、追悼、儀式、異常な興奮状態が起きていた。多くのファンが彼の死を悼んでスタジアムに集まった。キャンドルに火が灯され、彼の伝説の10番のユニフォームと追悼メッセージ入りのプラカードが掲げられた。マラドーナの棺は、人々が最後の別れや敬意を告げられるようにブエノスアイレスの大統領宮殿「カサ・ロサーダ」に移送され、大統領宮殿の前のプラザ・デ・マージョ（広場）には別れを惜しむ熱狂的なファンが集まった。

より過激なファンは夏の暑さの中で汗だくになって酔っぱらっていた。警察隊と揉み合い、マラドーナの有名なチャントの大合唱となった。グラウンドの内外で、フォークランド紛争で歴史的な敵を侮辱する伝統の歌「エル・ケ・ノ・バイレ・エス・ウン・イングレス（踊らないのはイギリス人だ！）」が歌われた。だれもがまるで降霊会の儀式のように、マラドーナの存在にしがみついた。

マラドーナの亡くなった木曜日の夜明け、元妻であり、女優からイベント主催者に転身したクラウディアは、ふたりの娘ダルマとジャンニーナとともに最初の哀悼者として、前夜にマラドーナの遺体が移されていた大統領宮殿に入ることを許された。棺は、マラドーナの栄光の日々、祖国の再生、生贄の子羊としての彼自身の、永遠の象徴である、アルゼンチン国旗、ボカ・ジュニアーズとアルゼンチン代表の10番のユニフォームに包まれていた。

クラウディアたちに続いたのが、元ガールフレンドであり、彼の子供の内のひとりの母親であるベロニカ・オヘダだった。3人目の元ガールフレンドは、大統領宮殿が一般公開される前に遺体の元へ行こうとして警備員に止められた。そして元妻は、一般弔問時間を予定より早めてその日の午後4時にするように頼んだが、結局、入口はその日の夜遅くに閉鎖された。

一般弔問時間が終わってから、数人が柵を乗り越えて大統領宮殿に押し入ったが、警備員と衝突し、催涙ガスによって追い返された。暴動を抑えるために、警察隊が高圧放水砲やゴム弾を使って、周囲の大通りを1・6キロ以上に渡って広がった群衆を追い払いった。

大統領宮殿の門が再び固く閉ざされ、遺体周囲の警備が厳重になると、棺は一時的に別室に移され、家族や友人、86年ワールドカップを戦った戦友たちが、クンビア音楽が流れるなか、祈りを捧げた。

マラドーナの人生は、家族、友人、情熱、喪失、妄想、政治、蛮行、混沌を描いた、アルゼンチン独自の背景を持つ国民的オペラだった。崩壊した国家によって作られたショーであり、ディエゴ・マラドーナだけのものだった。グロテスクな茶番劇でもあり、悲劇でもあったが、マラドーナの人生の終わりにふさわしく、彼自身と彼が生まれた国のためのショーだった。

90年代半ばに、マラドーナの本を書き始めた時、私は「唯一確実なのは、マラドーナが死んだ時、その葬儀はエビータ（エバ・ペロン）の時のように盛大なものになるだろう」と書いた。エビータは、彼女の「上半身裸の信者」デスカミサドスたちから、政治的アイコンと同時に聖人とみなされていた。

そしていま、神としてのマラドーナについて、15年前にどのように人々の記憶に残りたいかを話した時のことを振り返る。05年にマラドーナ自身が司会を務める人気テレビ番組「10番の夜」で、自分自身に質問をして、自分の葬式の日に人々はなんと言うかと尋ねた。

「サッカーをやってくれてありがとう。サッカーは私に最大の喜びと自由を与えてくれたスポーツだ。まるで天国を手にしたようだった。墓石には『ボールをありがとう』とだけ書かれていればいい」

20年11月26日、プラザ・デ・マージョ（広場）にはマラドーナを崇拝する人々が集まり、その周囲の通りにも人々があふれ返っていた。そしてマラドーナの棺を載せた霊柩車を一目見ようと、道路にも列を作っていた。マラドーナの棺は、もうサッカーシャツに包まれておらず、国葬の告別式のように国旗で包まれていた。彼が大人になってからいつも付き添ってきた賛辞と興奮の後、マラドーナにとっては珍しいことだが、埋葬式が親近者のみで慎ましく、ベラビスタ庭園墓地で行われた。

ベラビスタ庭園墓地は、より有名なブエノスアイレスのレコレタ墓地と異なり、富豪の霊廟はなく、周囲を木々が囲む芝生の中に、墓石がパッチワークのように敷き詰められた簡素な墓地であり、墓石の下に死者を埋葬している。

マラドーナの埋葬に立ち会ったのは、数人の家族と親しい友人だけだった。その中でも特に有名なのは、80年代から90年代にかけてマネジャーを務めたギジェルモ・コッポラだ。マラドーナの選手として最高の時期であると同時に、グラウンド外で最悪の過ちを犯した時期に、ともに歩んできた人物だ。マラドーナは、最愛の両親チトロとトタが眠るこの場所で、安らかに眠りについた。両親が生前と同様に死後もマラドーナの支えとなるように、この平和な場所を選んだのである。

安らかに眠れ

すべてが語り尽くされた後も、私は86年のメキシコ・ワールドカップを振り返ってしまう。サッカーの歴史の中に、マラドーナが特別なニーチェ像を彫った、最も荘厳な瞬間だった。ブエノスアイレスのボカ・ジュニアーズやナポリのクラブで、彼が成し遂げたことよって崇拝されていようとも、やはりアルゼンチン代表での功績のほうが強く記憶に残っている。マラドーナの選手としての才能は限りなく大きく、独特のものだった。攻撃的な選手が、複数のテレビカメラに見られるでもなく、レフェリーに守られることもなく、ディフェンダーから絶え間ない破壊的なファウルを受けていた時代に、素晴らしく芸術性と動きを提供した。マラドーナがグラウンド外でのジェットコースターのような生活が、選手としての絶頂期を短縮してしまったとしても、自分の才能を浪費した姿は彼を最後のサッカー界のロックスターにしたと言っていい。マラドーナが、現在のサッカー界でトップ選手たちが必要とするトレーニングや体調管理、プレースピードと戦術に順応する姿など、想像もできない。

記録によると、途中空白の時期もあったが、21年間のプロ選手としてのキャリアで、マラドーナのトロフィーの数は、クリスティアーノ・ロナウドやメッシに比べてかなり少ない。彼の巨大なエゴと破壊的性格が、必然的にダークなストーリーを紡いだのだ。

しかし、マラドーナには、無情なまでの身体能力至上主義と巧妙なセルフプロモーション術を備えた現代のスター選手たちに比べ、よりロマンチックで、人間臭さが魅力だった。政治に関しては、マラドーナは反抗的で反体制であったが、コロナ禍で何人かの若い選手たちが積極的に貧困や人種差別のような問題に取り組んだことは、新しい世代が間違いなくより本物の道徳的目的を持っていることを物語っていると言えるだろう。

最後に彼の伝記作者として、マラドーナにまつわる神話や自己欺瞞の多くは、アルゼンチンの精神から切り離せないものだということを伝えたい。政治的・経済的な失敗から立ち直るための救済者を探し続け、そして見つけられなかったのだ。

マラドーナの相反する感情を持った人生と死は、予測不可能な苦しみと断絶の時期、人々が癒しと希望を求めた時期となった、コロナ禍で共鳴した。プラザ・デ・マージョ（広場）に集まったマラドーナを奪われた人々が、二度と繰り返されることのない時間と個性を持った、サッカーの天才の記憶へのノスタルジーというウイルスの大量拡散を引き起こした。世界中の多くの人々がマラドーナの死を悼んだ。彼の死のニュースを受けて私はこうツイートした。

「天才でありながら悪魔でもあなたは、私たち人間の可能性とその脆さを映す鏡であった。あなたの華麗なるプレーは永遠に残るだろう。Que en Paz Desanses. 安らかに眠れ」

2020年11月25日、神であり、
反逆者でもあった人生の幕が下りた

訳者あとがき

私は一度だけ、東京の国立競技場でディエゴ・マラドーナのプレーする姿を見たことがある。1979年、世界ユースのアルゼンチン代表として来日した際、小柄で少しやせ気味な少年が、実に素晴らしいダッシュでドリブルしてゆくのを目にして、思わず感嘆の声を上げたことを記憶している。

この翻訳を始めた時も、当時のことが心に浮かんだが、一ページ、一ページと仕事を進めてゆくうちに、私は自分の目からウロコが落ちていくような感じにとらわれた。スラム街で発見された天才少年を「金になる」一流プレーヤーに仕上げるために、8歳ですでに筋肉増強のための薬物を投与したとの医師の証言にまず驚かされた。

さらに86年のメキシコ・ワールドカップ大会で世界の頂点に立つスターになりながら、「金」「女」「ドラッグ」のトラブルで、普通の人間ならボロボロになりかねないのに、94年米国ワールドカップにはアルゼンチンの主将として出場する。しかし、これもサッカーの処女地。米国での大会を興行的に成功させるためには、米国で知名度の高いマラドーナが絶対必要であるとして、FIFAのブラッター事務総長が移籍を絡めて、複雑な裏工作をしていたという事実を知り、私は巨大なビジネスになったサッカーのさまざまな側面をうかがい知ることができた。

著者バーンズは序章で「マラドーナを政治的、社会的、そして宗教的な現象として追及する」と述べた。

しかし、私は、同じことかもしれないが——マラドーナを通して逆にサッカーという世界における政治、社会的問題、そして宗教的な意味を本書で知り、あるいは考えさせられた。確かにマラドーナは正規な教育も受けず、人間的欠陥と彼自身の性格がゆえに、あたら天賦の才能を台無しにしたのかもしれない。しかし、マラドーナには、第三世界特有の貧困から抜け出そうというプレッシャーがあったし、いったんスターになれば、周りにはいかがわしい人物や、彼を利用しようとする人物が寄生虫のように群がった。そして、何よりも政治的勢力やコマーシャリズムに利用し尽くされて、その犠牲者となったことも否定できない。

それだけに、FIFAの権力構造と体質の問題について、マラドーナはFIFAの権力者に本能的に反発するが、著者バーンズは冷たくメスを入れる。マラドーナのコカイン漬けは論外としても、バーンズは米国大会のマラドーナの薬物違反の取り扱いをめぐって、FIFAの薬物コントロール対策の消極性を批判している。最近、フランスのスポーツ誌「レキップ」がドーピング特集記事で、イタリアのセリエAの一流クラブの薬物使用問題（特にストレスの大きいGKの大麻使用）を指摘しているのも、バーンズの批判を裏付けているように思える。

世界に知られる英経済紙「フィナンシャル・タイムズ」の記者バーンズがこれほど踏み込んで書いたのは、根っからのサッカーファンであると同時に、マドリード生まれでスペイン語を母国語のように話す上に、アルゼンチン特派員の生活が長かったからである。彼は自分の専門とする「調査報道」の手法で、マラドーナのスラム時代の友人仲間、隣人に始まって、アルゼンチン代表の監督やチームメート、医師、エージェント、取り巻き連中、クラブ役員やFIFA関係者を直接面接取材している。またアルゼンチンはじめ欧州各国のサッカー・ライター数十人と情報を照合し、さらにアルゼンチンの貧しい辺境の両親の故郷で、住民の古老からマラドーナ家の話を聞き、一方でマラドーナが転々と滞在したバルセロナやナポリの豪華ホテルの従業員の話まで聞いている。

こうして世界初のマラドーナ伝が生まれたのであるが、実は著者にとっても、マラドーナ本人にとっても、〝マラドーナ・ストーリー〟はまだ続いているのである。97年4月26日付の「フィナンシャル・タイムズ」紙で、バーンズはその月初めに本書のアルゼンチン版を出すためブエノスアイレスを訪れた報告を書いているが、出発前に脅迫状が舞い込み、到着してみると地元出版社の代表から「あなたの本にだれも手を出そうとしない。みんな〝アンチ・マラドーナ〟と疑われたくないのだ。どうもマフィアが絡んでいる」と言われる。

ラジオのトークショーに出演すると、電話出演のコッポラ・マネジャーは「本に書いてあることは、全部ウソだ」と言い、予定のテレビ出演も〝上層部の命令で中止〟。また会う約束ができていたはずのビラルド元監督がホテルで、顔を合わすやひと口著者に罵声を浴びせて姿を消してしまう。また録音テープがあると説明しても、マラドーナ・プロの会計担当フランキ氏は前言をすべて否定したという。これらの反応について、アルゼンチンの友人は著者にこう意味深い忠告をしている。

「元ペロン大統領夫人のエビータは〝処女で死んだ〟という点でまだ議論が続いているように、我が国では〝神話〟はなかなか死なないのだ」

自らを神話に創り上げたマラドーナも、今の時点ではPART2と言うべきか、PART3と言うべきか、彼の場合もストーリーは明確なエンディングに向かっていない。

現在、ボカ・ジュニアーズでリーグ復帰したマラドーナは、8月下旬、リーグ開幕早々、さっそくドーピング検査に引っかかり、出場停止処分。これに対してマラドーナ側は〝謀略説〟を主張、またもお決まりの〝薬物騒動〟になっている。裁判所では薬物が発見された尿が「本人のものかどうか」を確かめるためのDNA鑑定が必要だとして、出場停止の一時解除を命じ、鑑定結果の出る10月末までのプレーを認めている。が、〝マラドーナ・ウォッチャー〟の中には選挙キャンペーンの関係で「メネム大統領に近い裁判官が10月末まで引き延ばした」と推測する向きもある。が、この間「メディアがうるさい。ダイアナ妃と同じだ。引退して、尊敬するカストロのいるキューバに移住する」と語ったかと思えば、その3日後には89分プレーしてボカの勝利に貢献した後、「親父チトロと話した結果、プレーを続ける。親父に困ることがなければ……」と意味深長な発言をしている。本書が出版になる頃には、10月30日で37歳となるマラドーナのお騒がせ人生が、劇的な局面を迎えていることも十分予想できる。

なお、翻訳中に一時夏場の病でブランクが空いた。友人の加藤博夫兄の助力がなければ、そのブランクは到底埋まらなかった。深く感謝する。同じく、総合的な指導、アドバイスをしていただいたベースボール・マガジン社の千野圭一サッカー・マガジン編集長と、我慢しながら本作りをしていただいた出版局の村上晃一氏にも、心から感謝の意を表したい。

1997年10月
宮川 毅

(1997年発行の日本語版初版より)

1981年	●2月:ボカ・ジュニアーズに加入 ●アルゼンチン・リーグで40試合出場28得点 ●アルゼンチン・リーグ優勝 ●記者選定アルゼンチン年間最優秀選手
1982年	●スペイン・ワールドカップに出場(5試合出場2得点、2次リーグ敗退) ●FCバルセロナ(スペイン)に加入 ●12月:肝炎を患う
1983年	●スペイン・リーグで20試合出場11得点(82-83) ●コパ・デル・レイ優勝(82-83) ●リーグカップ優勝(82-83) ●9月:左ヒザを負傷して約3カ月欠場
1984年	●スペイン・リーグで16試合出場11得点(83-84) ●SSCナポリ(イタリア)に加入
1985年	●イタリア・リーグで30試合出場14得点(84-85) ●イタリア・リーグ8位(84-85) ●イタリア・リーグのMVPワールド
1986年	●メキシコ・ワールドカップ優勝(7試合出場5得点。大会MVPを受賞) ●イタリア・リーグで29試合出場11得点(85-86) ●イタリア・リーグ3位(85-86) ●記者選定アルゼンチン年間最優秀選手
1987年	●イタリア・リーグで29試合出場10得点(86-87) ●イタリア・リーグ優勝(86-87) ●コッパイタリア優勝(86-87)
1988年	●イタリア・リーグで28試合出場15得点(87-88) ●イタリア・リーグ得点王(87-88) ●イタリア・リーグ2位(87-88)
1989年	●イタリア・リーグで26試合出場9得点(88-89) ●イタリア・リーグ2位(88-89) ●UEFAカップ優勝(88-89)
1990年	●イタリア・ワールドカップ準優勝(7試合出場場0得点) ●イタリア・リーグで28試合出場16得点(89-90) ●イタリア・リーグ優勝(89-90)
1991年	●3月:15カ月の出場停止処分(イタリア・リーグが決定) ●イタリア・リーグで18試合出場6得点(90-91)
1992年	●セビリア(スペイン)に加入
1993年	●スペイン・リーグで26試合出場5得点(92-93) ●ニュエルスに加入 ●アルテミオ・フランキ・カップ優勝(代表)
1994年	●2月:ニュエルスを解雇される ●ニューウェルスで5試合出場0得点(92-93) ●アメリカワールドカップ出場(2試合出場1得点) ●15カ月の出場停止処分(FIFAが決定) ●デポルティボ・マンディジュを率いる
1995年	●ラシンを率いる ●10月:ボカ・ジュニアーズに加入
1996年	●アルゼンチン・リーグで24試合出場5得点(95-96)
1997年	●アルゼンチン・リーグで1試合出場0得点(96-97) ●10月25日:現役最終試合(リーベル・プレート1-2ボカ・ジュニアーズ) ●10月30日:現役引退を発表 ●アルゼンチン・リーグで5試合出場2得点(97-98)
2001年	●11月10日:現役引退記念試合
2008年	●10月:アルゼンチン代表の監督に就任
2010年	●南アフリカ・ワールドカップに監督として出場(準々決勝敗退) ●7月:アルゼンチン代表の監督を解任される(18勝6敗)
2011年	●5月:アルワスル(UAE)の監督に就任
2012年	●7月:アルワスル(UAE)の監督を解任
2017年	●5月:フジャイラFC(UAE)の監督に就任
2018年	●4月:フジャイラFCの監督を辞任 ●9月:シナロア(メキシコ)の監督に就任
2019年	●6月:シナロアの監督を辞任 ●9月:ヒムナシア・ラプラタの監督に就任
2020年	●6月:ヒムナシア・ラプラタの監督を辞任 ●11月25日:心不全のため死去。享年60歳

マラドーナ略歴

氏名:ディエゴ・アルマンド・マラドーナ
Diego Armlando Maradona
国籍:アルゼンチン
生年月日:1960年10月30日
出身地:ラヌース(ブエノスアイレス州)
ポジション:MF、FW
身長・体重:165cm・71kg

●所属クラブ(選手)
アルヘンチノス・ジュニアーズ(アルゼンチン、76年〜80年)
ボカ・シュニアーズ(アルゼンチン、81年〜82年)
バルセロナ(スペイン、82年〜84年)
ナポリ(イタリア、84年〜91年)
セビリア(スペイン、92年〜93年)
ニュエルス・オールドボーイズ(アルゼンチン、93年〜94年)
ボカ・シュニアーズ(アルゼンチン、95年〜97年)

●所属クラブ・チーム(監督)
デポルティボ・マンディジュ(アルゼンチン1部、94年〜95年)
ラシン(アルゼンチン1部、95年〜96年)
アルゼンチン代表チーム(08年〜10年)
アルワスル(UAE1部、11年〜12年)
フジャイラ(UAE2部、17年〜18年)
シナロア(メキシコ2部、18年〜19年)
ヒムナシア・ラプラタ(アルゼンチン1部、19年〜20年)

主な経歴

1960年	●10月30日:アルゼンチン・ブエノスアイレスのラヌースに生まれる
1969年	●「セボジータス」(後にアルヘンチノス・ジュニアーズの傘下へ)に加入
1974年	●アルヘンチノス・ジュニアーズとプロ契約
1976年	●10月20日:アルゼンチン・リーグに史上最年少(当時)でデビュー(15歳と11カ月20日) ●11月14日:プロ初ゴール(16歳と15日) ●アルゼンチン・リーグで11試合出場2得点
1977年	●2月27日:アルゼンチン代表に史上最年少でデビュー(16歳と3カ月28日。対ハンガリー) ●アルゼンチン・リーグで49試合出場19得点
1978年	●アルゼンチン・リーグで35試合出場26得点
1979年	●6月2日:代表初ゴールを記録(対スコットランド) ●ワールドユース1979日本大会で優勝(5試合出場6得点。大会MVPを受賞) ●アルゼンチン・リーグで26試合出場26得点 ●アルゼンチン・リーグ年間得点王(前期後期)※4期連続最多得点 ●記者選定アルゼンチン年間最優秀選手 ●南米年間最優秀選手
1980年	●アルゼンチン・リーグで45試合出場43得点 ●アルゼンチン・リーグ年間得点王(前期後期)※4期連続最多得点 ●記者選定アルゼンチン年間最優秀選手 ●南米年間最優秀選手

開催日	勝敗	スコア	対戦相手	得点	カテゴリー
1986年3月26日	●	0-2	フランス		親善試合
1986年4月30日	●	0-1	ノルウェー		親善試合
1986年5月4日	○	7-2	イスラエル	2	親善試合
1986年6月2日	○	3-1	韓国		ワールドカップ
1986年6月5日	△	1-1	イタリア	1	ワールドカップ
1986年6月10日	○	2-0	ブルガリア		ワールドカップ
1986年6月16日	○	1-0	ウルグアイ		ワールドカップ
1986年6月22日	○	2-1	イングランド	2	ワールドカップ
1986年6月25日	○	2-0	ベルギー	2	ワールドカップ
1986年6月29日	○	3-2	西ドイツ		ワールドカップ
1987年6月10日	●	1-3	イタリア	1	親善試合
1987年6月27日	△	1-1	ペルー	1	南米選手権
1987年7月2日	○	3-0	エクアドル	2	南米選手権
1987年7月9日	●	0-1	ウルグアイ		南米選手権
1987年7月11日	●	1-2	コロンビア		南米選手権
1987年12月16日	○	1-0	西ドイツ		親善試合
1988年3月31日	●	2-4	ソビエト連邦	1	4カ国対抗
1988年4月2日	●	0-1	西ドイツ		4カ国対抗
1988年10月12日	△	1-1	スペイン		コパ・ヒスパニダード
1989年7月2日	○	1-0	チリ		南米選手権
1989年7月4日	△	0-0	エクアドル		南米選手権
1989年7月8日	○	1-0	ウルグアイ		南米選手権
1989年7月10日	△	0-0	ボリビア		南米選手権
1989年7月12日	●	0-2	ブラジル		南米選手権
1989年7月14日	●	0-2	ウルグアイ		南米選手権
1989年12月21日	△	0-0	イタリア		親善試合
1990年5月3日	△	1-1	オーストリア		親善試合
1990年5月8日	△	1-1	スイス		親善試合
1990年5月22日	○	2-1	イスラエル	1	親善試合
1990年6月8日	●	0-1	カメルーン		ワールドカップ
1990年6月13日	○	2-0	ソビエト連邦		ワールドカップ
1990年6月18日	△	1-1	ルーマニア		ワールドカップ
1990年6月23日	○	1-0	ブラジル		ワールドカップ
1990年6月30日	○	0-0(3PK2)	ユーゴスラビア		ワールドカップ
1990年7月3日	○	1-1(4PK3)	イタリア		ワールドカップ
1990年7月8日	●	0-1	西ドイツ		ワールドカップ
1993年2月18日	△	1-1	ブラジル		FIFA100周年記念試合
1993年2月24日	△	1-1	デンマーク		アルテミオ・フランキ杯
1993年10月31日	△	1-1	オーストラリア		ワールドカップ予選
1993年11月17日	○	1-0	オーストラリア		ワールドカップ予選
1994年4月20日	○	3-1	モロッコ	1	親善試合
1994年5月18日	△	3-3	チリ		親善試合
1994年5月25日	●	0-1	エクアドル		親善試合
1994年5月31日	○	3-0	イスラエル		親善試合
1994年6月4日	△	0-0	クロアチア		親善試合
1994年6月21日	○	4-0	ギリシャ	1	ワールドカップ
1994年6月25日	○	2-1	ナイジェリア		ワールドカップ

通算91試合34得点　※ワールドカップ =ワールドカップ

アルゼンチン代表選手としての出場記録

開催日	勝敗	スコア	対戦相手	得点	カテゴリー
1977年2月27日	○	5-1	ハンガリー		親善試合
1977年8月24日	○	2-1	パラグアイ		フェリックス・ボガド杯
1977年8月31日	●	0-2	パラグアイ		フェリックス・ボガド杯
1978年4月19日	○	3-1	アイルランド		親善試合
1979年4月25日	○	2-1	ブルガリア		親善試合
1979年5月22日	△	0-0	オランダ		FIFA75周年記念試合
1979年5月26日	△	2-2	イタリア		親善試合
1979年5月29日	△	0-0	アイルランド		親善試合
1979年6月2日	○	3-1	スコットランド	1	親善試合
1979年6月25日	●	1-2	ワールド11	1	親善試合
1979年8月2日	●	1-2	ブラジル		南米選手権
1979年8月8日	○	3-0	ボリビア	1	南米選手権
1980年4月30日	○	1-0	アイルランド選抜	1	親善試合
1980年5月13日	●	1-3	イングランド		親善試合
1980年5月16日	○	1-0	アイルランド		親善試合
1980年5月21日	○	5-1	オーストリア	3	親善試合
1980年9月18日	△	2-2	チリ		親善試合
1980年10月9日	○	2-0	ブルガリア		親善試合
1980年10月12日	○	2-1	ポーランド	1	親善試合
1980年10月15日	○	1-0	チェコスロバキア		親善試合
1980年12月4日	△	1-1	ソビエト連邦	1	親善試合
1980年12月16日	○	5-0	スイス	1	親善試合
1981年1月1日	○	2-1	西ドイツ		コパ・デ・オロ
1981年1月4日	△	1-1	ブラジル	1	コパ・デ・オロ
1982年3月9日	△	0-0	チェコスロバキア		親善試合
1982年3月24日	△	1-1	西ドイツ		親善試合
1982年4月14日	△	1-1	ソビエト連邦		親善試合
1982年5月5日	○	2-1	ブルガリア		親善試合
1982年5月12日	○	1-0	ルーマニア		親善試合
1982年6月13日	●	0-1	ベルギー		ワールドカップ
1982年6月18日	○	4-1	ハンガリー	2	ワールドカップ
1982年6月23日	○	2-0	エルサルバドル		ワールドカップ
1982年6月29日	●	1-2	イタリア		ワールドカップ
1982年7月2日	●	1-3	ブラジル		ワールドカップ
1985年5月9日	△	1-1	パラグアイ	1	親善試合
1985年5月14日	○	2-0	チリ	1	親善試合
1985年5月26日	○	3-2	ベネズエラ	2	ワールドカップ予選
1985年6月2日	○	3-1	コロンビア		ワールドカップ予選
1985年6月9日	○	3-0	ベネズエラ	1	ワールドカップ予選
1985年6月16日	○	1-0	コロンビア		ワールドカップ予選
1985年6月23日	●	0-1	ペルー		ワールドカップ予選
1985年6月30日	△	2-2	ペルー		ワールドカップ予選
1985年11月14日	△	1-1	メキシコ	1	親善試合
1985年11月17日	△	1-1	メキシコ		親善試合

アルゼンチン代表監督としての戦績

開催日	勝敗	スコア	対戦相手	カテゴリー
2008年11月19日	○	0-1	スコットランド	親善試合
2008年3月28日	○	4-0	ベネズエラ	ワールドカップ予選
2009年2月11日	○	2-0	フランス	親善試合
2009年4月1日	●	1-6	ボリビア	ワールドカップ予選
2009年5月20日	○	3-1	パナマ	親善試合
2009年6月6日	○	1-0	コロンビア	ワールドカップ予選
2009年6月10日	●	0-2	エクアドル	ワールドカップ予選
2009年8月12日	○	3-2	ロシア	親善試合
2009年9月5日	●	1-3	ブラジル	ワールドカップ予選
2009年9月9日	●	1-0	パラグアイ	ワールドカップ予選
2009年9月30日	○	2-0	ガーナ	親善試合
2009年10月10日	○	2-1	ペルー	ワールドカップ予選
2009年10月14日	○	1-0	ウルグアイ	ワールドカップ予選
2009年11月14日	●	1-2	スペイン	親善試合
2009年12月22日	●	2-4	カタルーニャ選抜	親善試合
2010年1月26日	○	3-2	コスタリカ	親善試合
2010年2月11日	○	2-1	ジャマイカ	親善試合
2010年3月3日	○	1-0	ドイツ	親善試合
2010年5月5日	○	4-0	ハイチ	親善試合
2010年5月24日	○	5-0	カナダ	親善試合
2010年6月12日	○	1-0	ナイジェリア	ワールドカップ
2010年6月17日	○	4-1	韓国	ワールドカップ
2010年6月22日	○	2-0	ギリシャ	ワールドカップ
2010年6月27日	○	3-1	メキシコ	ワールドカップ
2010年7月3日	●	0-4	ドイツ	ワールドカップ

通算25試合18勝7敗49得点31失点
※カタルーニャ州選抜との試合はAマッチには含まれない

著者

ジミー・バーンズ

Jimmy Burns

1953年スペイン・マドリード生まれ。英「エコノミスト」誌を振り出しに、「オブザーバー」紙を経て、世界的権威を誇る英経済紙「フィナンシャル・タイムズ」の外国特派員ののち、同紙の調査報道の主任メンバー。世界で初めてマラドーナの本格的伝記を書くため、アルゼンチンはもちろん近隣諸国そして欧州でも取材、周辺をはじめ同僚選手、監督、トレーナー、医師などおびただしい数の証言を集めた。アルゼンチンとフォークランド紛争に関する著書「The Land that lost its Heroes」は、88年に「サマセット・モーム賞(ノンフィクション部門)」を受賞。マラドーナの自伝「The Hand of God」は、日本、中国、スペインなど、世界各国で翻訳出版された。

訳者

宮川 毅

みやかわ・つよし

1925年米国生まれ。東京大学文学部卒業。共同通信社元論説委員。日本オリンピック委員会元名誉委員。訳書には「ブランデージ回顧録」「キラニン回顧録」。野球では「黒人初の大リーガー、ジャッキー・ロビンソン自伝」など、伝記もの多数。サッカーでは旧友のアルバド・チャナディ元IOC理事(48年W杯ハンガリー代表の遺著「チャナディのサッカー」も翻訳している。64年東京オリンピック、72年札幌オリンピック組織委員会の海外担当、国際オリンピック委員会五輪オーダー(功労章)受章。95年勲四等旭日小綬章受章。

※本書の序章前半と第２～22章の翻訳を担当

ディィエゴ・マラドーナの真実《しんじつ》
〔追悼《ついとう》・増補版《ぞうほばん》〕

2021年10月20日 第1版 第1刷発行

著　者　ジミー・バーンズ
訳　者　宮川 毅《みやかわつよし》
発行人　池田哲雄
発行所　株式会社ベースボール・マガジン社
〒103-8482 東京都中央区日本橋浜町2-61-9
TIE浜町ビル
電話 03-5643-3930（販売部）
03-5643-3885（出版部）
振替口座　00180-6-46620
https://www.bbm-japan.com/
印刷・製本　大日本印刷株式会社
装幀・DTP　吉村雄大、鈴木光枝
写真　サワベ・カツヒト（表紙）、Getty-images

Printed in Japan　ISBN 978-4-583-11424-8 C0075